浙江省高校思想政治理论课名师工作室（浙教
浙江经贸职业技术学院省部级及以上教育类培育项目（21SBJP02）

高校育人机制
与大学生社会实践能力培育

王兆婷　著

中国原子能出版社

图书在版编目（CIP）数据

高校育人机制与大学生社会实践能力培育 / 王兆婷著. — 北京：中国原子能出版社，2022.8
ISBN 978-7-5221-1979-3

Ⅰ. ①高… Ⅱ. ①王… Ⅲ. ①高等学校 – 人才培养 – 研究 – 中国②大学生 – 社会实践 – 研究 – 中国 Ⅳ. ① G649.2 ② G642.45

中国版本图书馆 CIP 数据核字 (2022) 第 103752 号

内容简介

本书是一本系统研究高校思想政治教育与教学方面的著作，内容由高校育人理论、育人机制创新发展、育人视角下大学生社会实践能力培育概述、大学生社会实践活动及大学生社会实践能力培育总体思路等部分组成。全书着眼于新时代高等教育高质量发展推动建设教育强国的新形势，围绕高校育人的重要使命，对高校育人机制的创新发展及其重要性进行阐述，并从育人视角下针对大学生社会实践能力现状，就大学生社会实践能力培育进行系统分析和深入探讨。本书为新形势下高校育人工作的改革创新和发展提供理论和实践参考。

高校育人机制与大学生社会实践能力培育

出版发行	中国原子能出版社（北京市海淀区阜成路 43 号　100048）
责任编辑	王　丹
装帧设计	河北优盛文化传播有限公司
责任印制	赵　明
印　　刷	北京天恒嘉业印刷有限公司
开　　本	710 mm×1000 mm　1/16
印　　张	13.5
字　　数	240 千字
版　　次	2022 年 8 月第 1 版　　2022 年 8 月第 1 次印刷
书　　号	ISBN 978-7-5221-1979-3
定　　价	78.00 元

前言

育人是教育的生命和灵魂，也是教育的价值诉求和本质要求。高校育人就是要坚持以人为本的基本理念，将学生看作教育活动的主体，充分尊重学生的发展规律，并通过组织和开展一系列的教育活动，对学生进行知识结构、思想品德、能力素质等多方面的教育和培养，不断提高学生的综合素质与可持续发展的能力，最终使学生成长为德智体美劳全面发展的社会主义建设者和接班人。进入新时代，我国高等教育的质量问题越来越受到社会的广泛关注。培养高素质人才是高校落实立德树人根本任务、为党为国育人才的第一要务。为此，高校只有不断创新育人机制，才能真正提高育人质量。这已然成为时代的呼唤、人民的期盼，成为加强国家实力和改善民生的重要内容，成为全面深化改革、全面建设社会主义现代化强国的重要环节。

在高校育人的视角下，如何有效培育大学生的社会实践能力，是每一位高校教育工作者需要认真思考的问题。社会实践能力是一项综合性的能力，针对大学生社会实践能力的培育不能仅仅局限在某个方面，而是要从多个方面着手，并通过社会实践活动，进一步将诸多能力融合起来，从而使大学生的社会实践能力获得长足发展。

另外，大学生社会实践能力培育也是一项系统工程，需要高校进行宏观架构，以广袤的社会作为大学生成长的一个重要教材，同时引导大学生主动将理论和实践有机结合起来，从而在不断加深大学生理论认知的基础上，促进大学生社会实践能力的发展。当然，大学生社会实践能力的培育还需要政府、社会组织、企业以及基层村、社区的协同，通过整合各方资源，构建大学生社会实践能力培育的强大合力，进而形成全员、全程、全方位的实践育人协同模式，以促进高校育人的科学发展。

本书结构框架清晰，语言简洁，便于读者阅读，但由于笔者理论研究水平有限，书中难免存在瑕疵和不足之处，恳请读者朋友提出宝贵意见，以便在今后的研究和实践探索中加以改进和完善。

目 录

第一章　高校育人概述

“育人”是一种教育理念，是高校工作的核心。可以说，高校一系列教育教学工作都是围绕这一核心展开的。因此，要针对高校育人机制进行研究，首先需要对高校育人有一定的认识。本章便是围绕高校育人相关的基础性内容展开论述的，主要包括高校育人的内涵、特点、功能、原则以及理论基础。

第一节　高校育人的内涵与特点

一、高校育人的内涵

育人的观念在我国传统文化中渊源深厚、由来已久。关于育人，在《现代汉语词典》中有三种解释：一是生育之意，如生儿育女等；二是养活之意，如养育等；三是教育之意，如智育、德育、体育等。这三种不同解释的核心都是个体的成长，体现了教育促进人的全面发展的思想。本书所论述的育人是第三种意思，即教育，而高校育人就是指在高校中针对学生开展的教育，包括智力、道德、身体素质等各方面的教育。其实，关于育人，早在先秦时期便已经出现相关的思想了。比如，孔子在教育过程中，就提出了“君子博学于文，约之以礼”（《论语·雍也》）的教育理念，即要求学生学习教师教授的内容，不仅包括各种文化知识，还包括社会的行为规范和道德礼数。随着儒家思想的进一步发展和演化，一系列比较系统的“仁”“义”“礼”“智”“信”等教育思想也逐渐形成了。《大学》系统地给出了“格物”“正心”“修身”等一系列做人和育人的准则。这些传统的育人理念，对中国古代传统文化和传统教育产生了重要影响，也一直为后世尊崇和传承。

教育家陶行知说过：“先生不应该专教书，他的责任是教人做人；学生不应该专读书，他的责任是学习人生之道。”[①] 这明确强调了教师的主要责任不是简单地传授知识，而是注重教授学生做人的道理。教育家徐特立也指出：“教育不仅是传授知识，更重要的是教人做人。”[②] 同时，他还提出教师是“人师与经师的合一”，这样才能符合教师的要求。以上两位教育家指出的“教人做人”正是育人的理念和方向，强调应该把育人工作放在教育的第一位，而不仅是停留在简单的知识传播和教授的阶段。这些教育思想直到今天仍然具有很强的指导意义。

新中国成立以来，我国始终将育人工作摆在教育的中心位置，并在落实具体的教育方针中提出了明确要求。例如，在《1954 年文化教育工作的方针和任务》中明确指出：“中等教育和初等教育，应贯彻全面发展的教育方针……为培养社会主义社会的建设者而奋斗。”1961 年颁布的《教育部直属高等学校暂行工作条例（草案）》中提出：“教育必须为无产阶级政治服务，必须同生产劳动相结合，使受教育者在德育、智育、体育几方面都得到发展，成为有社会主义觉悟的有文化的劳动者”。1981 年的《关于建国以来党的若干历史问题的决议》提出：“用马克思主义世界观和共产主义道德教育人民和青年，坚持德、智、体全面发展，又红又专，知识分子与工人农民相结合，脑力劳动与体力劳动相结合的教育方针。”2007 年 10 月，胡锦涛在党的十七大上提出：“要全面贯彻党的教育方针，坚持育人为本、德育为先，实施素质教育，提高教育现代化水平，培养德智体美全面发展的社会主义建设者和接班人，办好人民满意的教育。”2018 年 9 月，习近平在全国教育大会上指出，“要努力构建德智体美劳全面培养的教育体系，形成更高水平的人才培养体系。要把立德树人融入思想道德教育、文化知识教育、社会实践教育各环节，贯穿基础教育、职业教育、高等教育各领域，学科体系、教学体系、教材体系、管理体系要围绕这个目标来设计，教师要围绕这个目标来教，学生要围绕这个目标来学”[③]。

从上述党的教育政策和国家领导人讲话可知，虽然我国的教育政策在不断调整，但始终围绕着“育人”这一根本核心，其目的都是要促进学生的全面发展。由此可见，育人是教育的生命和灵魂，也是教育的价值诉求和本质要求。当然，要想深入理解高校育人的内涵，就不能仅仅停留在对相关政策的阐

① 陶行知．行知书信集[M]．合肥：安徽人民出版社，1998：109.

② 徐特立．徐特立教育文集[M]．北京：人民出版社，2006：89.

③ 习近平．坚持中国特色社会主义教育发展道路 培养德智体美劳全面发展的社会主义建设者和接班人[N]．人民日报，2018-9-11(1).

述上，还需要结合其本质对其做深入的解读。笔者认为，可以从如下四个方面着手。

第一，高校育人要将以人为本的理念作为思想指导。人是人类历史和社会发展的主体，以人为本突出了人的主体性，表达了自觉的人的含义，集中体现了人类能够在把握社会历史客观规律的基础上，推动社会发展并实现自己的最终目的[①]。以人为本是中国共产党的执政理念，是我国经济社会发展的根本出发点。所以，大到社会建设，小到高校育人，都需要将以人为本的理念作为基础和根本，把促进人的全面发展作为最终目标和终极理想追求。

第二，高校育人要遵循人的发展规律。站在事物发展的角度去看，任何事物的发展都有一定的规律，人作为社会重要组成部分，自然也有其独特的发展规律，而教育的开展必须遵循人的发展规律。如果我们将视线从“人”这一宏观主体聚焦到某个人这一个体，会发现不同的人在发展需求、发展程度等方面也存在差异。因此，在高校育人中，需要细化到对个体发展规律的关注，并尊重每一位学生的价值、意义和尊严，从而使每一位学生都能够在其自身发展规律的基础上获得应有的发展。

第三，高校育人要以“育”为核心。教育活动是人类实践形式的一种，它是在人类长期的实践活动中形成和发展起来的，是使人从自然人转变为社会人的一个重要途径。人在发展之初更多具备的是自然属性，随着人类社会的发展，教育活动逐渐形成，使人更多具备了社会属性，成为一个更加具体和更为丰富的人，这是人的本质属性。由此可见，“育”是教育活动的中心，也是高校育人的核心，即通过“育”这一形式可使学生获得更加全面的发展。

第四，高校育人要尊重学生的主体性。在教育活动中，学生是认识的主体，也是实践的主体，所以针对学生开展的育人教育不能忽视了学生的主体地位，仅仅从学校和教师的角度出发，这样不利于学生主体作用的发挥，也不利于育人目标的实现。高海清在《哲学的奥秘》一书中指出：“人总是在不断地呼喊、焕发和弘扬自身的主体性。”[②]大学生的身心发展已经相对成熟，也已经形成了较强的自我意识，他们有凸显主体性的需求。此外，现代教育也一直在强调学生主体作用的发挥，主张将“教”和“学”统一起来，使教育者和受教育者相互配合、相互促进，从而更好地促进学生的全面发展，实现育人的终极目标。

---

① 李慎明．“以人为本”的科学内涵和精神实质[J]. 红旗文稿，2008(1): 2-5.

② 高清海．哲学的奥秘[M]. 长春：吉林人民出版社，1997: 79.

二、高校育人的特点

高校育人工作以现代教育理论为指导，以大学生为参与的主体，通过采取形式多样、内容丰富的教育活动，使大学生获得更加全面的发展。高校育人的本质内涵决定了高校育人所具有的特点，具体表现为如下四点（图 1–1）。

图 1–1　高校育人的特点

（一）导向性

导向性是指使事物向着某个方向发展的特性。高校育人的目的，就是要通过各种教育活动的开展，使学生获得全面的发展，实现育人的目标。因此，高校育人必然具备导向性的特征，其指引的方向是学生的全面发展。如果对其导向性做进一步的分析，高校育人在明确目标的引导下，也会构建更加具体的育人计划，并针对育人计划的实施进行监督，包括对育人时间、育人方式、育人效果的监督，以此来保证计划实施的效果。这种导向是对过程的导向，是必不可少的，因为相较于结果而言，过程无疑更为重要，也是整个育人工作的核心，所以高校育人导向性的特征必然同时体现在结果导向和过程导向两个方面。

（二）参与性

现代教育强调学生主体作用的发挥，主张将“教”和“学”结合起来，从而让学生在积极的参与中获得更好的发展。尤其在实践活动中，学生的参与不可或缺，他们是实践育人的对象，也是开展实践教学、社会实践活动的主体。上述因素的存在，使得高校育人具备了参与性的特征。如果对其参与性的特征做进一步的阐述，可以从两个方面着手。一方面，学生是育人活动实实在在的参与者，无论是在教师的引导下参与，还是学生的自主参与，大学生都需要参与育人活动的全过程，并在参与中改造自己的世界观，获得综合素养的提升。另一方面，在实践活动中，大学生可以结合自己的实际情况选择适合自己的实践内容、实践方式，甚至可以自行设计、自行组织，在这种完全由学生主导的实践活动中，学生既是主导者，也是参与者，同时他们也能够更加快速地获得成长与发展。

（三）渗透性

高校育人工作涉及的范围非常广，除了借助课程育人，还会借助各种各样的实践活动，以达到育人的目标。无论是在课程育人中，还是在实践育人中，渗透性的特征越来越凸显。简单来说，渗透性的教育模式就是将育人的目标隐藏起来，不以学生发展的目标为说辞去对学生进行说教，而是给予学生一定的空间，让学生自己去感悟。这种模式最大的优点就是能够避免学生产生反感心理，因为大学生虽然身心发展已经比较成熟，而且大多也都过了叛逆期，但自我意识相对较强，他们对说教教育比较反感，认为观念是自我的选择，而不是被人赋予的，如果将观念强加于他们，只会引起他们的排斥。因此，教育工作者应将目标淡化或隐藏起来，通过课程或实践活动对学生开展渗透性的教育，让学生在一种相对自由的环境中去自由的感受，让学生认为其观念是自己的选择，这样才能够更加深入学生心灵。

（四）综合性

育人是一项系统且复杂的工程，其工作的开展涉及多个方面，这决定了高校育人具有全面性和综合性的特征。具体来说，高校育人的综合性主要体现在两个方面。一方面，高校育人工作的展开不仅需要高校自身的努力，还需要政府部门、企事业单位以及社会的大力支持和配合，从而在多方的相互配合下提高育人工作的效益。另一方面，高校育人工作的开展需要渗透到各学科的教育教学之中，并通过理论和实践相结合的方式共同推动育人计划的落实，进而保障育人目标的实现。

第二节　高校育人的功能与原则

一、高校育人的功能

育人功能是高校育人目标实现的一个重要支撑，正是这一功能促进了目标的实现。具体而言，高校育人的功能主要体现在三个方面：教化与规范、激励与引导以及熏陶与辐射。

（一）教化与规范

教化即教育感化的意思，指用教育去感化个体，让个体的道德素质得到提升。在上面就人的属性进行分析的时候，笔者提到了人的两种属性——自然属性和社会属性。从属性的角度着手，教化的一个目的就是要减弱人自然属性的部分，增加人社会属性的部分。所谓社会属性，是指人在社会生产生活以及社会交往中需要具备的特性，如社会主义核心价值观中的“爱国、敬业、诚信、友善”。学生在接受基础教育的过程中，其社会属性在不断增加，但由于基础教育阶段学生的身心发展还不成熟，其社会属性并不稳定，这就要求高校继续对学生进行全面的教育，进一步发挥高校育人的教化功能，从而使学生的社会属性趋于稳定。

虽然规范与教化在功能上相似，但在程度上有所不同。规范有约束的意思，即通过对学生的教育，使学生的言谈举止得到规范。需要注意的是，规范的约束作用并不是限制学生的自由，而是要限制学生不礼貌、不道德的言行，让学生能够遵守基本的道德规范。其实，在现实生活中，人的自由发展必定是在一定的社会规范的基础上进行的[①]。如果超出了这一规范，人会因为太过自由而变得不自由。比如，遵守交通规则会让人的出行变得更加自由，而不遵守交通规则会因人的一系列错误行为导致人的出行受限。因此，在现实生活中，每个人都需要遵守一定的社会规范。高校育人的规范功能就是要引导学生认识到规范言行的重要性，并让学生在日常生活中能够遵守基本社会规范。

（二）激励与引导

高校育人的激励功能是建立在认知教育的基础之上的，因为只有对一些事物形成认知，才能够产生相应的动机，进而在动机的驱使下产生相应的行为。比如，大学生作为中国特色社会主义事业的建设者和接班人，他们需要坚定在中国共产党领导下为实现中华民族伟大复兴中国梦而奋斗的理想信念。而高校育人的激励作用就是通过一系列的认知教育来激发大学生的爱国主义情感和社会责任感，使大学生主动肩负起国家建设的重任，并为实现中华民族伟大复兴的中国梦不懈奋斗。

引导功能是指引导学生提升和发展的功能，主要包括对学生文化素养、道德素养、健康素养、艺术素养和社会适应能力五个方面的引导。文化素养主

① 陈万柏，张耀灿．思想政治教育学原理[M].2 版．北京：高等教育出版社，2007: 71.

要表现在学生学习方面，如积极的学习态度，能够运用多种方法提高学习水平，能够结合所学知识独立分析问题、解决问题，能反思和总结自己的学习过程，听取他人意见，善于与他人进行交流。道德素养主要表现在学生言行规范性上，如爱国奉献、诚实守信、勤劳勇敢等。健康素养主要指学生掌握和应用基本的体育与心理健康知识和运动技能增强体能；培养运动的兴趣和爱好，养成坚持锻炼的习惯，具有健康的生活方式，良好的心理品质，形成积极进取、乐观开朗的生活态度等方面的素质。艺术素养主要指学生能够感受并欣赏生活、自然、科学和艺术中的美，具有健康的审美情趣；综合运用音乐、美术、舞蹈、戏剧等艺术知识与技能等方面的素养。社会适应能力主要指学生在社会生存的能力，如与他人沟通交流的能力、社会实践能力等。笔者在上文多次强调，高校育人的目标就是使学生获取全面的发展，这也是高校育人功能的一个重要体现，所以引导学生全面发展应贯穿学生教育的始终。

（三）熏陶与辐射

熏陶与辐射的功能主要体现在实践育人活动中。在实践活动中，学生的言行、思想认识等都会受到耳濡目染的熏陶作用，同时学生自身的行为也会对其他学生以及整个社会群体产生辐射作用。学生作为实践活动的主体，在参与活动的过程中，会不自觉地接受实践活动的设计、安排和组织，并随着实践团队成员的相互影响，不断地强化对实践内容的认同，潜移默化地接受实践过程所传达的各种教育思想，进而逐渐内化为自身的素养和能力。此外，实践活动中实践任务的完成或者目标的实现，会对大学生的创新能力、创新思维、实际动手能力以及大局意识、集体合作意识、奉献意识等有较高的要求，并使这些能力在实践过程中不断强化，使之外化为大学生的行为习惯和价值认同，内化为大学生的良好品质，增强大学生的道德自觉和情感意志，提升大学生的品格情操和思想境界。

大学生彼此之间往往有着较强的影响力，一部分大学生在实践活动中表现出的行为以及获得的成长常常会对其他大学生产生正面的引领和辐射作用，从而引导更多大学生参与到社会实践活动中，进而提升整个学校的校园文化活动层次。例如，当一部分学生参与志愿活动时，他们所传递出的“奉献、互助、友爱、进步”的精神常常会影响其他学生，进而吸引更多大学生参与到志愿活动中。此外，大学生作为社会群体中的一员，他们一些积极的行为也会对社会产生正面的辐射作用，甚至对于人们践行社会主义核心价值观也能起到一定促进作用。与此同时，整个社会道德水平的提升也将为大学生的发展提供良好的外部环境，进而实现大学生个人发展与社会进步的良性互动。

二、高校育人的原则

高校育人工作的开展应遵循一定的原则，这样才能进一步保障高校育人工作的成效。笔者认为，我们需要在准确把握高校育人工作现状，全面分析高校育人所面临的时代机遇和挑战的基础上，从顶层设计的框架中去制定相应的原则。综合来看，高校育人应遵循的原则至少要包含如下五点（图 1–2）。

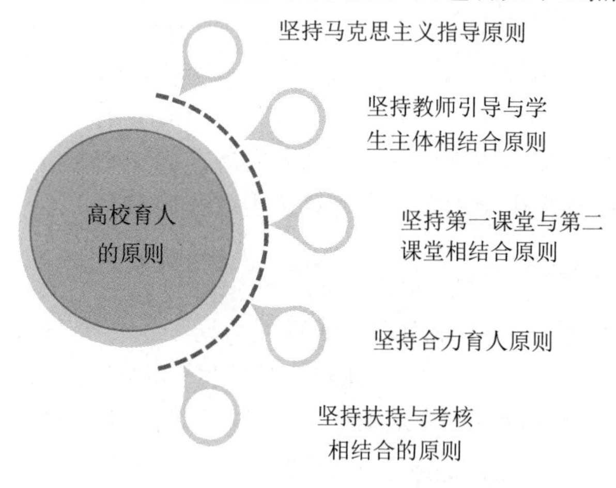

图 1–2　高校育人的原则

（一）坚持马克思主义指导原则

马克思主义是对客观存在的事物本质及其规律的正确反映，其生命力在于它与具体社会实践相结合，能够指导人们运用新理论、新技术、新方法去解决新的矛盾和新的问题。马克思主义随着时代的发展而不断发展、不断完善，表现了与时俱进的理论品质。诚然，随着时代的变迁和社会的发展，人类的社会面貌以及思维水平等都发生了翻天覆地的变化，但在这一过程中，马克思主义始终与时代的发展相契合，并为人类的社会实践活动提供理论指导。

关于马克思主义对高校育人的指导作用，我们可以从教育体系论的角度着手。在教育体系中，哲学方法、教育理论、教育理念等居于第一层，具有指导意义；一般科学方法居于第二层，具有普遍应用意义；基本教育方法居于第三层，具有中观层面的操作意义；具体教育方法居于第四层，具有微观层面的操作意义，整体关系如图 1–3 所示。从上到下，所处层面越高，指导性越强，所处层面越低，操作性越强。显然，马克思主义属于哲学方法论，它是人们科学认识世界、改造世界的一种哲学方法，是适用于人类社会的高度广泛的方法，居于第一层，对教育相关工作的开展具有普遍性的指导意义。因此，在高校育人工作中，必须坚持马克思主义指导原则，并使抽象的哲学方法逐渐与具体实践相结合，从而在宏观上把握高校育人工作的框架构建与具体实施。

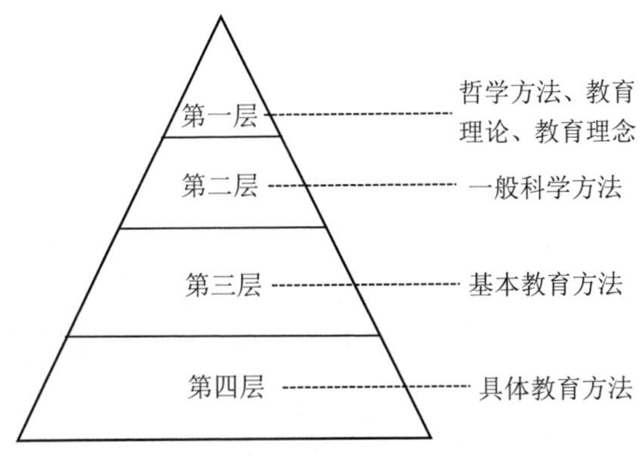

图 1-3　教育体系论示意图

（二）坚持教师引导与学生主体相结合原则

在高校育人活动中，教师和学生扮演着不同的角色，教师是引导者，学生是主导者，他们发挥着不同的作用，但都不可或缺。因此，在高校育人工作中需要坚持教师引导与学生主体相结合原则。

对于教师来说，在传统教学模式中，他们扮演着主导者的角色，主导着学生的学习，主导着学生的成长，这种模式忽视了学生的主体作用，并不利于学生的成长和发展。因此，在如今的高校育人模式中，教师不再是教育活动的主导者，而是更多地开始扮演引导者的角色。具体而言，教师的引导作用主要体现在三个方面。第一，教师引导着学生发展的方向。虽然大学生的身心发展已经相对成熟，但在认识上仍旧存在一定的局限性，同时受个人主观性的影响也较大，这就导致大学生在自我规划发展方向时难免会出现偏差，此时便需要教师发挥引导作用，帮助学生纠正偏差，保证学生朝着正确的方向前进。第二，教师引导学生的具体实践。实践育人是高校育人工作的重要一环，在实践活动中，学生可能会由于欠缺实践经验而导致出现各种各样的问题，此时便需要教师给予适当的指导，以保障实践活动的效果。第三，教师对教育资源的协调。教育资源在高校育人中发挥着重要的作用，而教师作为教育工作者，能够在一定的权限内协调教育资源，用于支持教育活动。

对于学生而言，在新的育人模式下，他们不再是被动的服从者，而是成为自我发展的主导者。为了充分调动学生的主观能动性，发挥学生的主体作用，高校育人工作者必须把握如下两个方面。第一，在实践活动中尊重学生自主选择的权利。实践活动对于促进学生的发展具有积极的作用，但由于学生之间存在着性格、能力、兴趣等方面的差异，所以在组织实践活动时，应给予学生自主选择的权利，让学生结合自己的兴趣、性格和能力选择适合自己的实践活动，这样能够最大限度地调动学生的主观能动性，从而使实践活动的效益最大化。第二，教育活动的开展要以学生的需求为出发点。同样以实践活动为例，在策划实践活动时，需要站在学生的角度去考虑，如采取问卷调查、访谈、座谈等方式，收集学生的意见，以此来确定实践活动的形式和内容。

总之，在高校育人活动中，教师和学生应对其自身的角色形成正确的认知，并充分发挥自身角色的作用。教师是引导者、组织者，其职责在于引导、在于组织、在于服务，要时刻关注学生的发展情况，并及时提供引导和帮助；学生是主导者，其职责在于参与、在于亲身实践、在于自主探索，要在教师的引导下积极思考、认真反思，从而有所收获。教师和学生作为高校育人活动中的两个重要角色，他们并不是一带一的关系，而是一加一的关系，而且通过有效结合，能够产生 1+1>2 的效果。

（三）坚持第一课堂与第二课堂相结合原则

第一课堂和第二课堂分属两个不同的教育阵地，它们所发挥的作用也不同，但共同承担着高校育人的使命。将第一课堂和第二课堂有机地结合起来，也能够取得 1+1>2 的效果，所以在高校育人工作中，需要遵守第一课堂和第二课堂相结合的原则。

第一课堂是指高等学校按教学计划和教学大纲组织的教学活动，包括讲课、实验、作业、考试、实习、毕业设计（论文）等各个教学环节[①]。第一课堂是高校育人的主阵地，理论知识的传授主要在第一课堂完成。如今，第一课堂的教学模式越来越丰富，教师可以结合所讲的理论知识选择相应的教学模式。需要注意的是，虽然在第一课堂中，教师负责知识的讲授，但教师不能完全主导课堂教学，仍旧要注意学生主观能动性的发挥。

第二课堂是指高等学校在教学计划之外，引导和组织学生开展的课外活动，包括学术性、知识性、健身性、娱乐性、公益性等方面的活动。它是第一

① 李进才．高等教育教学评估词语释义 [M]. 武汉：武汉大学出版社，2016: 154.

课堂教学的必要补充，也是高等学校育人的重要载体[①]。相较于第一课堂而言，第二课堂在形式上更加丰富，而且由于第二课堂在课外，学生的主观能动性也更容易被激发。此外，在理论知识学习的基础上，其实也需要实践予以补充和延伸，这样才能对理论知识形成更加深刻的认知，正如陆游诗中所言“纸上得来终觉浅，绝知此事要躬行”。

第一课堂和第二课堂作为高校育人的两个重要阵地，第一课堂传授理论知识，第二课堂组织实践活动，两者相互联系，相辅相成，共同为高校育人目标的实现而服务。

（四）坚持合力育人原则

在高校育人工作中，高校虽然发挥着主要的作用，但要进一步提高育人的成效，就需要高校协调多方的力量，包括家庭、政府和社会，构建四位一体的育人体系，从而切实保障学生的发展。在整个育人体系中，学校发挥着主要的作用，是育人的主要平台；家庭则配合学校的工作，在家校联动下共同解决学生存在的一些问题；政府则发挥引导和保障作用，即从政策上为高校育人指导方向，并提供必要的教育保障；社会是一个广阔的舞台，是学生开展实践活动的一个重要平台。四者的关系如图 1-4 所示。

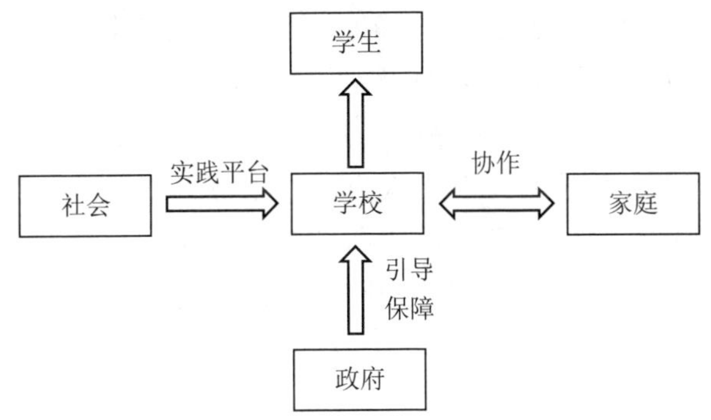

图 1-4　学校、政府、家庭、社会四位一体育人模式框架图

在高校育人工作中，学校、政府、家庭、社会分别发挥着不同的作用，虽然离开了政府、家庭和社会，依托于高校这一平台依旧能够开展育人工作，但其育人的成效必然会受到影响。比如，在第三条原则中，笔者指出了第一课堂和第二课堂相结合的重要性，这反映了社会在育人工作中所扮演角色的重要

① 李进才．高等教育教学评估词语释义[M]．武汉：武汉大学出版社，2016：154.

性，如果缺失了社会这一“角色”，第二课堂的开展也就无从谈起。因此，在高校育人工作中，高校应以自身为各项工作的着力点，然后协调政府、家庭、社会三方的力量，推动形成政府主导、家长参与、学校组织、社会支持的高校育人工作格局，共同为学生的成长成才服务。

（五）坚持扶持与考核相结合的原则

扶持和考核是高校育人体系中两个不同的方法，扶持的重心在于“拉”，即通过政策保障、资金支撑、载体建设等促进教育工作者育人工作的实施；而考核的重心在于“验”，即通过成果验收、教师评价、学生评价等方式确定育人的成果。扶持和考核虽然属于两种方法，但两者是相辅相成的关系，共同为高校育人目标的实现而服务。

在高校育人工作中，扶持是一个重要的前提，这是为教育工作者注射的一剂强心剂，能够调动教师参与的积极性。具体而言，在高校育人工作实施过程中，应注意三个方面的扶持。第一，强化政策支持。为了实现高校育人的目标，高校应制定相应的支持政策，出台具体的文件，用以指导教育工作者的工作。第二，强化载体支持。高校育人活动的实施离不开相应载体的支持，如教学实训基地、社会实践基地等，所以高校应注重育人载体的建设，并规范载体的运作模式，提升载体的育人功能。第三，强化资金支持。有些育人活动的实施需要比较充足的资金支持，为此高校要设立专门的育人专项经费，并建立育人经费常态化增长机制，以此来保证育人活动的顺利实施。

考核是保障育人效果的一个有效方法。虽然考核这一方法非常古老，但科学合理的考核能够发挥激励、选拔和导向的作用，从而有效提高高校育人的成效。在开展考核工作时，需要从两个方面着手：一是学生；二是教育工作者。针对学生的考核，主要是评价学生发展的情况，而为了全面了解学生的发展情况，就需要从多个维度对学生进行评价，包括学生自评、学生互评和教师评价，并且对学生德、智、体、美、劳等多个方面进行评价，这样才能获得更加准确的评价结果。针对教师的评价，除了考虑最终的成效，还需要考虑教师工作的过程，即将结果评价和过程评价结合起来，这样得出的评价结论才会更加客观和全面。

考核与扶持作为两种方法，在高校育人工作中共同发挥着重要的作用，两者相辅相成，缺一不可，缺少了扶持的考核将成为无根之木，缺少了考核的扶持容易导致教育工作者放任自流，只有坚持扶持与考核相结合的原则，才能促进高校育人工作效率的提升，推动高校育人目标的实现。

第三节　高校育人的理论基础

一、自然主义教育理论

教育语境下的“自然”指的是人的天性以及人身心发展的自然规律。自然主义教育理论强调人天性的重要性，并倡导教育要顺应人类天性的自然发展，从而使人的身心得到自由的发展[①]。自然主义教育理论的代表人物是卢梭，关于他的教育思想，我们可以从教育目标、教育方法和教育过程三个层面进行分析。

（一）教育目标：培养“自然人”

此处的“自然人”是指能够顺应人自然天性而培养起来的人。在卢梭看来，人的发展有其内在规律，教育应该顺应这一规律，并保护学生的自然天性，从而使学生顺着其身心发展规律成长和发展。卢梭认为，理想教育培养出的人应该是能够听从内心声音，按照自己思想行动的人；是能够独立思考，有主见的人；是心灵、理智、身体、道德、审美等各方面得到全面发展的人。当然，卢梭强调的“自然人”也是在一定社会规范下发展起来的人，他所强调的自由也是在自然规范下活动的自由，而非无所约束的自由。概而言之，卢梭的自然主义教育理论是将人作为核心，教育的实施要以人为本，尊重人的革新，遵循人身心发展的内在规律，而不是压迫、强制学生学习，这样才能使学生成长为一个各方面都得到发展的“自然人”。

（二）教育方法：因材施教

在卢梭看来，教育要实现对人的身心发展规律的遵循，就需要了解不同阶段学生的身心差异，并由此确定不同的教育目标、教育方向和教育要求，即因材施教。卢梭依据人的身心发展特点，将教育划分为四个阶段：婴儿期、儿童期、少年期和青年期，不同的阶段应设定不同的教育目标、教育内容，并采取不同的教育方法。比如，婴幼儿时期（0～6岁）主要目的是使儿童有强健的身体，因此以体育为主要教育内容。儿童时期（6～12岁），孩子还处于感

① 滕大春.外国近代教育史[M].北京：人民教育出版社，2002：82.

性认识阶段，要用“自然后果法”让孩子学会自省。少年时期（12～15岁）的教育任务主要是劳动、教育和学习。卢梭主张让孩子自己去发现问题，主动学习，进而获得知识，并且主张培养孩子的学习能力及运用知识解决问题的能力。青年时期（16～28岁）的教育任务主要是道德教育、信仰教育，这一时期的主要目标是培养青年的情感、判断力和意志力，使其学会自律，远离不利于自己成长的诱惑①。

其实，早在春秋时期，孔子便提出了因材施教的思想，他在回答子路的问题时说道：“求也退，故进之；由也兼人，故退之。”这句话的意思是冉有遇事畏缩，所以要鼓励他；子路遇事轻率，所以要加以抑制。无论是中国古代的孔子，还是西方的卢梭，都认为教育要顺应人的本性，要因材施教。虽然孔子和卢梭关于因材施教的论述存在一定的时代局限性，但他们的思想对于我国高校育人工作具有重要的指导价值和启发意义。

（三）教育过程：实践—体验—反思—感悟

卢梭反对灌输教育，他认为学生是教育的主体，要让学生去自主探索，并在实践中体验、反思、有所感悟，然后再进入下一轮“实践—体验—反思—感悟”的过程，如此反复，如图1-5所示。在卢梭看来，每个人天生便具有求知的欲望，教师需要呵护学生求知的欲望，并善于利用学生求知的欲望，让学生在求知欲的驱使下，自主开展实践活动，自主进行知识的探索，并通过对实践的反思有所收获。在现代教育中，之所以很多学生学习的兴趣较低，一个重要的原因就是教师忽视了学生发展的内在规律，缺乏对学生有效的引导，导致学生的求知欲被压制，进而影响了学生的成长和发展。因此，教师应转变传统的教学思维，在遵循学生身心发展规律的基础上，积极组织实践活动，通过实践让学生去发现问题、解决问题，并将知识内化为自己的能力，进而获得真正的成长。

① 黄怡婧.高中思想政治课“唤思教学”的实践与探索[M].广州：广东高等教育出版社，2019: 36.

图 1-5 “实践—体验—反思—感悟”的教育过程

二、人的全面发展理论

马克思关于人的全面发展理论是马克思主义教育思想的重要组成部分，是我国社会主义教育方针的一个重要理论基石。马克思主义从分析现实的人和现实的生产关系入手，指出人的全面发展的条件、手段和途径。人的全面发展有其基本内涵，它包含人的体力、智力及思想道德等方面的全面发展；包含人在社会众多领域的才能及其创造；也包含在既定的历史条件下，人的个性的自由发展和如愿从事各种社会活动。这与高校育人的目标具有一致性，所以人的全面发展理论对于高校育人具有重要的指导价值。

马克思关于人的全面发展理论经过本土化后更加符合我国的国情，在指导我国教育方针的制定中发挥了重要的作用。进入新时代后，人的全面发展理论也发生了一定的变化，其内容在不断丰富。具体而言，新时代人的全面发展理论的主要内容大致包括两个方面：人的素质的全面发展和人的能力的全面发展，内容如下所述。

（一）人的素质的全面发展

人的素质的全面发展可以概括为三个方面：科学文化素质的全面发展、思想道德素质的全面发展以及身心健康素质的全面发展。

1. 科学文化素质的全面发展

从内容层面来看，科学文化素质包括科学素质和文化素质两个基本素质。其中，科学素质是指掌握科学知识，树立科学思想，以及运用科学方法解决问题的能力。文化素质是指掌握人文社科知识，如文学、艺术、历史、社会等学科的知识，以及运用这种知识解决问题的能力。从古至今，科学和文化都是推动人类社会发展的两个重要动力，缺少了科学技术和文化知识的支持，社会发展的速度必然会放缓，甚至会停滞。因此，在人的素质的全面发展中，科学文化素质的全面发展是重中之重。

2. 思想道德素质的全面发展

关于思想道德素质的全面发展，我们可以用三个词来归纳总结——大德、公德和私德。大德指国家情怀、民族责任方面的“德”。作为国家、民族的一分子，我们要做具有大德、大爱、大情怀的时代新人，要树立远大的理想抱负，立志扎根于人民、奉献社会，为中华民族的伟大复兴而奋斗终身。公德指社会公共环境中表现出的“德”，主要体现在三个方面：第一，体现在人与自然的关系方面，如节约资源、保护环境、敬畏生命等；第二，体现在人与社会关系方面，如爱护公物、维护公共利益、捍卫公序良俗等；第三，体现在人与人的关系方面，如乐于助人、诚实守信、尊老爱幼等。公德对于社会秩序的维持发挥着重要的作用，是人思想道德素质中最核心的素质。私德是指个人修养方面的“德”，主要体现在个人的道德品质方面，如坚韧不拔、言行如一、以己度人等。总而言之，大德、公德、私德共同构成了个体的思想道德素质，这也是人的思想道德素质全面发展的主要内容。

3. 身心健康素质的全面发展

从内容层面来看，身心健康素质包括身体素质和心理素质两个基本素质。身体素质是指人的各种生理素质的总和[①]。身体是革命的本钱，没有健康的体魄，便不能完成学业，更不能进行社会建设。因此，身体素质是人素质全面发展中的基础。为了提高国民的身体素质和健康水平，国务院在 2021 年印发了《全民健身计划（2021—2025 年）》（以下简称《计划》），《计划》指出：“到 2025 年，全民健身公共服务体系更加完善，人民群众体育健身更加便利，健身热情进一步提高，各运动项目参与人数持续提升，经常参加体育锻炼人数比例达到 38.5%，县（市、区）、乡镇（街道）、行政村（社区）三级公共体育健身设施和社区 15 分钟健身圈实现全覆盖，每千人拥有社会体育指导员 2.16 名，带动全国体育产业总规模达到 5 万亿元。”在全民健身的大背景下，无论大学生，还是社会群众，都应该重视健身的重要性，并通过锻炼提升自己的身体素质。

① 黄小华．思想政治教育价值实现论 [M]. 北京：光明日报出版社，2019: 190.

心理素质是指所有与自我意识和以情绪为内核的心理活动相关的机能①。心理素质同时受先天因素和后天因素的影响，在先天的基础上，通过后天的环境影响或者教育培训、实践活动等都可能影响人的心理素质的发展。心理素质是一项非常复杂的心理机能，它表现为个体的自我意识、情绪、情感、认知能力、气质、性格、心态、意志品质等。心理素质的发展对个体的心理健康具有重要作用，甚至会对个体的身体素质产生影响。因此，无论大学生，还是社会群众，都应该加强对自身心理素质的关注，并加强自身心理素质的建设。

（二）人的能力的全面发展

人的能力的全面发展可以概括为三个方面：认知能力的全面发展、建设社会能力的全面发展和开发自然能力的全面发展。

1. 认知能力的全面发展

认知能力的全面发展包括战略思维能力的发展、历史分析能力的发展、辩证思维能力的发展和创新思维能力的发展。

战略思维能力是一种从全局视角看待问题的能力。看待事物时，我们虽然不能忽视细节，但也不能处处拘泥于细节，而是要高屋建瓴，以宏观的眼光去看待事物的发展。

历史分析能力是一种在把握历史规律基础上总结经验的能力。社会历史发展虽然是复杂的，但并非没有规律可循，我们要善于分析历史发展的规律，并从中总结出一些适用于现代社会的经验。

辩证思维能力是一种用辩证性思维看待事物的能力。世间万物并非孤立存在的，而是相互影响、相互联系、相互制约的，事物之间的这种联系性决定了我们在看待事物时不能以孤立的观点看待问题，而是要从广泛的联系性出发。

创新思维能力是一种以崭新的思维方式看待问题的能力。创新思维能力表现为不拘泥于传统的观念和思维方法，而是能够从习以为常的思维中跳脱出来，敢于用新的思维方式解决问题。

2. 建设社会能力的全面发展

建设社会能力的全面发展主要体现在三个方面：解决社会矛盾能力的发展、协调社会关系能力的发展以及认识自我与社会关系能力的发展。

在社会发展过程中，社会矛盾是起决定性作用的矛盾，只有解决了社会

① 夏青．情绪管理学[M]. 北京：光明日报出版社，2018: 173.

矛盾，才能保证社会的平稳发展。习近平总书记在党的十九大报告中指出："中国特色社会主义进入新时代，我国社会主要矛盾已经转化为人民日益增长的美好生活需要和不平衡不充分的发展之间的矛盾。"[①] 面对这一矛盾，要想有效地解决，就需要我们具备解决社会矛盾的能力。

在社会生产生活中，我们必然会与他人产生交往，而在交往的过程中，难免会产生摩擦和矛盾，这就需要我们具备协调社会关系的能力，从而更好地解决社会交往中遇到的种种问题。

社会发展建立在以人为本的基础之上。在社会发展的过程中，每一个人都是建设者，每一个人都发挥着一定的作用，我们应认识到自身的价值，并不断发展自身的能力，从而为社会的发展贡献一份力量。

3. 开发自然能力的全面发展

开发自然能力的全面发展主要体现在三个方面：探索自然规律能力的发展、利用自然资源能力的发展以及人与自然和谐相处能力的发展。

探索自然规律是指要透过复杂的自然现象，解释其背后的规律，从而在把握自然规律的基础上克服自然资源开发的盲目性。

自然资源并不是取之不尽、用之不竭的，面对有限的自然资源，有效地利用是关键，这样才有助于人类的可持续发展。

无论是对自然规律的探索，还是对自然资源的利用，都需要遵守人与自然和谐相处的原则。人与自然是相互依存、相互渗透的，人不是自然的征服者，更不是自然资源的攫取者，我们应培养自己与自然和谐相处的能力，并构建一种崭新的"生命共同体"的关系。

三、认知发展理论

（一）认知发展理论的基本观点

认知发展理论是由著名儿童心理学家皮亚杰提出的，虽然该理论以儿童为主要的研究对象，但对各个阶段的教育都具有一定的指导意义。皮亚杰认为，儿童是积极主动的环境探索者，他们对知识的接受不能通过外在的机械刺激，而是需要主动探索，并在探索的过程中得到发展。要进一步理解皮亚杰的认知发展理论，我们应该从四个基本概念着手：图式、同化、顺应和平衡。

① 习近平 . 决胜全面建成小康社会夺取新时代中国特色社会主义伟大胜利——在中国共产党第十九次全国代表大会上的报告 [N]. 人民日报，2017-10-28(1).

1. 图式

图式即认知结构。“结构”不是指物质结构，是指心理组织，是动态的机能组织。图式具有对客体信息进行整理、归类、改造和创造的功能，以使主体有效地适应环境。认知结构的建构是通过同化和顺应两种方式进行的。

2. 同化

同化是主体将环境中的信息纳入并整合到已有的认知结构的过程。同化过程是主体过滤、改造外界刺激的过程，通过同化优化并丰富原有的认知结构。同化使图式得到量变。

3. 顺应

顺应是指当主体的图式不能适应客体的要求时，就要改变原有图式，或创造新的图式，以适应环境需要的过程。顺应使图式得到质的改变。同化表明主体改造客体的过程，顺应表明主体得到改造的过程。通过同化和顺应了建构新知识。

4. 平衡

平衡是主体发展的心理动力，是主体的主动发展趋向。皮亚杰认为，儿童一出生，就是环境的主动探索者，他们通过对客体的操作，积极地建构新知识，通过同化和顺应的相互作用达到符合环境要求的动态平衡状态。皮亚杰认为，主体与环境的平衡是适应的实质。

（二）学生认知发展的四个阶段

皮亚杰依据认知结构的演变过程，将儿童的认知发展划分为四个阶段。笔者在分析皮亚杰认知发展理论的基础上，将其适用范围进一步扩大，总结为学生认知发展的四个阶段，具体内容如表 1–1 所示。

表1–1　学生认知发展的四个阶段

阶　段	年　龄	特　征
感知运动阶段	0 ～ 2 岁	该阶段儿童的认知结构为感知运动图式，儿童借助这种图式可以协调感知输入和动作反应，并依靠动作去适应环境
前运算阶段	2 ～ 7 岁	该阶段的儿童建立了符号功能，能够借助心理符号进行思维，但其思维方式主要以自我为中心，且不具备逻辑性

续　表

阶　段	年　龄	特　征
具体运算阶段	7～11岁	该阶段学生的认知结构转变为运算图式，以自我为中心的思维方式也开始减少，并且思维开始具备逻辑性，能够运用数字、类别、空间等重新构建世界
形式运算阶段	11岁以后	11岁以后，学生的思维逐渐抽象化，对事物的认识摆脱了具体实物的束缚，能够合乎逻辑四运用抽象概念进行假设、推测、归纳，并在此基础上形成观点

（三）认知发展理论的指导意义

认知发展理论和教育是密切相关的，它对现代教育产生了很大影响，对于高校育人工作也有重要指导意义。

1. 育人活动应适应学生的认知发展水平

上文将学生的认知发展分为四个阶段，虽然大学各年级都属于第四阶段，但笔者在实际的教育工作中发现，不同年级的大学生在认知上也存在差异，所以针对大学生开展的育人活动也需要进一步分析大学生的认知发展水平，并制定适应学生认知发展水平的育人活动。

2. 育人活动应帮助学生不断建立新的平衡状态

由认知发展理论可知，学生认知发展的过程是一个平衡不断构建的过程，智力正是在有机体作用于环境（同化作用）和环境作用于有机体（顺应作用）两种机能作用下，经过不平衡—平衡—不平衡的不断循环往复，才从低到高不断发展和丰富①。因此，在高校育人活动中，教育工作者需要不断打破学生原有的平衡，并帮助学生建立新的平衡，从而不断促进学生认知水平的提升。

3. 育人活动应充分发挥学生的主体作用

认知发展理论从本质上指出了学生认知形成的过程，这是一个学生自主建构的过程，学生在与外部环境不断地相互作用的过程中，促进了学生认知水平的发展。因此，在高校育人活动中，要充分发挥学生的主观能动性，让学生积极地进行探索，而教师只作为引导者和帮助者，在必要的时候予以学生帮助。

① 陈瑞芳，郑丽君．皮亚杰认知发展理论及其对当代教育教学的启示[J]. 当代教育论坛（校长教育研究），2007(5)：44-45.

四、多元智能理论

（一）多元智能理论的内容

多元智能理论是由哈佛大学认知心理学家霍华德·加德纳提出的，他认为每个人都拥有八种智能：语言智能、数理逻辑智能、空间智能、运动智能、音乐智能、人际交往智能、内省智能、自然观察智能。在传统教育中，学校过于关注学生的语言智能和数理逻辑智能，但这两种智能并不是人类智能的全部，如果仅仅关注这两种智能，显然是无助于学生全面发展的。此外，不同的人在智能表现上也存在差异，有的人空间智能较强，有的人语言智能较强，有的人人际交往智能较强，等等。因此，了解学生的智能倾向，是教育学生的一个重要前提。

关于霍华德·加德纳提出的八种智能，其内容简述如下。

1. 语言智能

语言智能指有效运用口头语言和文字的能力，即听说读写的能力，表现为高效地运用语言或文字表达思想、描述事件和与他人进行交流。

2. 数理逻辑智能

数理逻辑智能指运用数字和推理的能力，它涉及对抽象关系的认识和使用，也涉及计算、量化、思考命题、假设以及进行复杂数学运算的能力。

3. 空间智能

空间智能指对空间信息（如色彩、线条、形状、结构等）的知觉能力以及将知觉的信息加以表现的能力。空间智能可分为抽象的空间智能和形象的空间智能两类，抽象的空间智能为几何学家的特长，形象的空间智能为画家的特长。

4. 运动智能

运动智能指人调节身体运动以及运用双手改变物体的能力，表现为能够较好地控制自己的身体，在面对某些事情时能够做出恰当的身体反应以及正确使用身体语言表达自己的思想。

5. 音乐智能

音乐智能指察觉、辨别、表达和改变音乐的能力，表现为对音调、旋律、节奏、音色的敏感性以及通过演唱、演奏、作曲等方式对音乐的表达。

6. 人际交往智能

人际交往智能是指理解他人及其关系以及与他人交往的能力。人际交往能力主要包括四个要素：组织能力、协商能力、分析能力和人际联系能力，四个要素缺一不可。

7. 内省智能

内省智能指正确认识自己的能力，表现为对自己长处、短处的认知，对自己情绪、欲望、动机、意向的把控，对自己生活的规划等。

8. 自然观察智能

自然观察智能指认识周边自然事物（如动物、植物、自然环境等）的能力。自然观察智能可进一步引申为探索智能，包括对自然的探索和对社会的探索。

（二）多元智能理论对高校育人的指导意义

多元智能理论推翻了传统的智能理论，对高校育人工作具有积极的指导意义。具体而言，其对高校育人的指导意义主要体现在如下三个方面。

1. 对学生观的指导意义

在学生观上，多元智能理论认为，每个学生都是聪明的，但由于其智能存在差异，所以在具体的表现上也会出现差异。对教育工作者来说，学生智能上的差异不是教育的负担，而是一种宝贵的资源，教师要学会用欣赏的眼光去看待学生，要充分挖掘学生的智能，并施以正确的引导，从而使每个学生的智能都能够得到良好的发展。

2. 对教育观的指导意义

从传统的智能理论来看，学生的智能表现在语言智能和数理逻辑智能两个方面，所以一些教师认为只要针对这两种智能开展教育，便可以使学生获得发展。不可否认，语言智能和数理逻辑智能是学生多种智能中重要的两种智能，但并不是全部，而且有些学生在这两方面并不擅长。因此，针对学生的教育不能采用统一的方法，而是要关注学生之间存在的差异，并根据学生的差异采取多样化的教学模式，这样有助于学生智能的开发，也有助于学生学有所得、学有所长。

3. 对育人目标的指导意义

高校育人目标是促进学生德、智、体、美、劳全面发展，而针对“智”的发展，在目标确定上，学校应认识到学生在智能上存在差异，不能将学生多个智能的同步发展作为目标，而是要结合学生的情况，将某个智能作为重点发展目标，将其他智能作为次要发展目标，这样才能最大限度地激发学生的潜能，并使学生获得应有的发展。

第二章　高校育人机制的多角度分析

在对高校育人相关的基础性内容有了一定的认知后，笔者将视线进一步聚焦到高校育人机制上，针对高校育人机制从多个角度进行深入的分析。具体而言，本章针对高校育人机制的分析主要从动力机制、运行机制、评价机制和保障机制四个角度着手。

第一节　高校育人的动力机制

一、高校育人动力机制的概念与特点

（一）高校育人动力机制的概念

动力有两种解释：一是物理学中使用机械做工的各种力；二是推动各项事业发展的力量。此处所提到的动力显然不是物理层面的力。机制原指机器的构造方式或工作原理，运用到社会活动中，是指系统的内在机能与运行方式，是保持系统持续有效运行的要素功能的强化及重组[①]。动力机制就是将两者结合起来，指在事物运动与发展过程中各种动力的作用原理与传导过程，其本质是描述动力和事物运动与发展的内在联系。高校育人动力机制就是将其限定在高校这一范畴内，即高校育人的动力源和作用方式，是能够推动高校育人工作实现高效、优质运行并达到预期目标的一种机制。如果对其概念进行衍生，它涵盖了一切可以推动高校育人工作的力量。

① 杜跃平．资源型产业集群的动力机制与生命周期研究[M]．北京：中国经济出版社，2010：103.

（二）高校育人动力机制的特点

作为推动高校育人工作的一种机制，高校育人动机机制具有和其他机制不同的特点，主要表现在如下四个方面（图 2–1）。

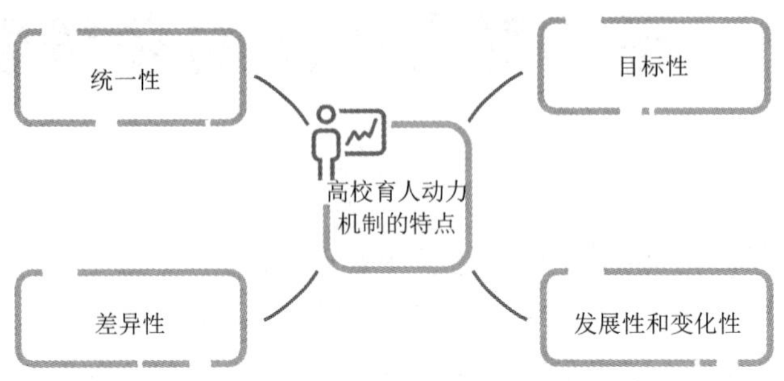

图 2–1　高校育人动力机制的特点

1. 目标性

高校育人动力机制的目标是清晰且明确的，它指向的就是高校“培养什么样的人、怎样培养人以及为谁培养人”这一根本性的问题。对于高校来说，其对学生的培养不仅是让学生成长成才，更需要明确学生培养的方向，让学生成长为对社会有用的人才。由此可见，高校育人动力机制具有鲜明的目标性和方向性。

2. 发展性和变化性

从发展论的角度看，事物都是在不断发展和变化的，无论是内生的动力，还是外生的动力，都会随着时代的发展而发展和变化。首先，从内生动力看，内生动力和人的需求具有紧密的联系，而人的需求是具有层次性和发展性的，所以随着人需求的变化和发展，内生动力也会随之变化和发展。其次，从外生动力看，高校育人动力机制常常会受国家政策以及社会大环境的影响，当国家政策和社会大环境发生变化之后，高校育人的动力机制也会随之变化。由此可见，无论是从内生动力的角度看，还是从外生动力的角度看，高校育人动力机制都具有发展性和变化性的特点。

3. 差异性

高校育人动力机制的差异性也可以从内生动力和外生动力两个角度展开分析。从内生动力的角度看，人与人之间是存在差异的，这种差异性必然导致内生动力的差异性。而从外生动力的角度看，不同地区、不同高校在政策上、经济上也会存在或多或少的差异，这种差异又会导致外生动力的差异，进而使高校育人的动力机制由内到外都呈现出一定的差异性。

4. 统一性

高校育人的动力来源于实践主体内生和外生两个方面，内生动力和外生动力之间不是相互孤立的，而是相互联系、相互作用、相互促进的关系，两者共同构成了高校育人的动力机制。实践主体的内生动力是实践主体内在发展的需要，这是人的自然性和社会性的统一；而人才培养目标又是国家和社会对人才的素质要求，即“培养什么样的人”这一问题的具体体现，是高校育人机制外生动力的现实表达。外生动力会强化实践主体的内生动力，内生动力又会反作用于外生动力，使外生动力得到调整，最终在外生动力和内生动力的相互作用下构成协调统一的动力机制。

二、高校育人的内生动力与外生动力

在上文阐述高校育人动力机制的特点时，笔者谈到了内生动力和外生动力，这是高校育人动力机制的两个要素，两者是相互联系、相互作用、相互促进的关系，缺一不可。下面，笔者分别针对高校育人的内生动力和外生动力做进一步的阐述。

（一）高校育人的内生动力

高校育人的内生动力来源于哪里？在笔者看来，内生动力是基于人产生的，所以内生动力的逻辑起点是人的未完成性，人的需求是原生动力，理想人的生成是终极目标。这三点不仅是高校育人的内生动力之源，而且在高校育人中构成完整的内生动力链。以下就围绕这三点做简要论述。

1. 人的未完成性是内生动力的逻辑起点

人是具有未完成性的存在物，由于存在未完成性，所以人具有不确定性，也具有无限的可能性。从某种意义上说，人永远不可能成为一个“完人”，但人还是会不断的学习和发展，以便使自己不断的完善，这是人和动物的一个本质区别。此外，人的发展是具有无限可能的，这也是驱使人不断学习和发展的一个重要动力。总之，正是因为人存在未完成性以及存在弥补未完成性的需求，所以催生了人不断学习和发展的动力，并为高校育人提供了客观的依据。

2. 人的需求是原生动力

人的需求是人的本性，也是人的固有属性。所谓人的需求，是人未能得到维持生存与发展自我的满足而又产生的外向欲求与期望状态，是对自身生存与发展的条件性期望与理想性追求，表现为对外部世界的占有欲望与对未来的内在追求。人的需求往往是和自身的目标联系在一起的，目标越大，需求也就越强，同时，它也和需求满足的状态有关，不满足感越强，需求感也会越强。从某种意义上来说，人始终存在需求，也一直处在对需求满足的追求之中，这是人发展的原动力，也是决定人行为的一个直接动力，可以说，人的行为都是围绕需求展开的。从高校育人的角度来看，学生也存在各种各样的需求，它驱使学生参与到教育活动中，并在教育活动中提升自我、发展自我、完善自我，进而满足学生发展的内在需求。

3. 理想人的生成是终极目标

从应然和实然的角度来看，人是双重存在的，一个是“应然的我”（可以称为“理想的我”），一个是“实然的我”（可以称为“现实的我”）。通常情况下，人都不满足于成为“现实的我”，都想成为“理想的我”，这是进取精神的一种体现，也是人生存与发展的动力之源。从高校育人内生动力的动力链去看，成为理想的人是终极目标，虽然这一目标的实现很难，而且随着人的发展，人对于理想人的定义也会发生变化，但人天生有超越自我的追求，这是人的一种固有本性。而在理想人这一愿景的指引下，学生的内生动力不断得到强化，进而支撑学生的发展。

（二）高校育人的外生动力

高校育人的动力机制是一个内外互相联系的体系，其中，内生动力是根本，而外生动力既会对内生动力产生影响，也会对整个机制产生影响。关于高校育人的外生动力，笔者认为，可以从两个方面的需求展开分析：一是教育发展的需求；二是社会发展的需求。

1. 高校育人机制的创新发展是外生动力的根本

创新人才培养机制是国家对高校提出的最明确、最直接的要求，也是当前高校教育发展的一个本质需求。当前，从我国高等教育的现状来看，虽然经过初步的改革已经取得了一定的成效，但仍旧存在一些不足，如人才培养与社会需求相脱节、学生实践能力较弱等。因此，在高等教育改革中，应始终将人才培养质量的提高作为工作的一个重心。而要解决这个问题，就需要对高校育人机制进行创新。当前，在新的时代背景下，高校育人工作也发生了新的变化，从原来的“三育人”（即教书育人、管理育人、服务育人）变为当前的“十大育人体系”（即课程育人、科研育人、实践育人、文化育人、网络育人、心理育人、管理育人、服务育人、资助育人、组织育人）。面对新时代新要求，高校育人机制也必然需要创新，这样才能持续发挥育人机制的作用，为高校育人工作提供源源不断的动力。

2. 国家发展需求是外生动力的一个促进因素

高校人才培养是与国家发展需求紧密联系在一起的。作为高级专业人才培养的重要场所，高校需要结合国家发展的需求去培养人才。当前，随着国家的快速发展，国家对人才的需求也在不断发生变化。关于这一点，习近平在2021年9月27日中央人才工作会议上指出，要面向国家重大需求，深入实施新时代人才强国战略，全方位培养、引进、用好人才，加快建设世界重要人才中心和创新高地，为2035年基本实现社会主义现代化提供人才支撑，为2050年全面建成社会主义现代化强国打好人才基础。在这一背景下，高校必然需要针对其人才培养机制进行创新，这样才能不断满足国家发展对人才的需求。

三、高校育人动力机制运行应遵循的原则

高校育人动力机制对推动高校育人工作、促进高校育人目标的实现起着重要的作用。而在运行高校育人动力机制的过程中，需要遵守一定的原则，这样才有助于高校育人动力机制作用的进一步发挥。具体而言，高校育人动力机制运行应遵守的原则主要体现在三个方面：内生动力和外生动力辩证统一原则、人的能动性与受动性辩证统一原则以及尊重人的需求的原则。

（一）内生动力和外生动力辩证统一原则

笔者在上文已经指出，高校育人动力机制的内生动力和外生动力是相互联系、相互作用、相互促进的关系，两者协调统一，共同构成了高校育人的动力机制。高校育人的内生动力是学生自生成、自发展的心理动力，而外生动力则是外部环境对育人工作的作用与影响。两者虽然不同，但都是依附于学生存在的。其中，内生动力直接依附于学生，而外生动力则需要借助内生动力发挥作用，所以是间接依附于学生。当然，在围绕学生发挥作用的过程中，两者又是相互依存、相互影响的。内生动力需要外在环境的刺激，才能保持其动力的持续性，并使其效能最大化；而外生动力需要内生动力去体现，如果学生主体不认可学校的育人工作（外生动力），那么外生动力的作用将不能得到体现，学校的育人工作将会流于形式。因此，在高校育人动力机制运行的过程中，不能只关注一个方面，而是要遵循两者辩证统一的原则，使内生动力和外生动力形成良性的互动，进而使高校育人工作在内外两种动力的相互作用下高效地完成。

（二）人的能动性与受动性辩证统一原则

关于人的能动性和受动性，马克思曾指出："人作为自然存在物，而且作为有生命的自然存在物，一方面具有自然力、生命力，是能动的自然存在物，这些力量作为天赋和才能、作为欲望存在于人身上；另一方面人作为自然的、肉体的、感性的、对象性的存在物，和动植物一样，是受动的、受制约的和受限制的存在物。"[①] 由马克思的这一论述可知，人同时具备能动性和受动性。当然，人的受动性和动物的受动性不同，它不是一种完全盲目的受动，其中存在着一定的自觉性，虽然自觉性的程度不同。另外，人的受动也不是奴隶式的受动，人在受动的过程中通常存在一定的目的性。概括来说，人的受动总是从自己出发的。

引申到高校育人中，能动性和受动性同时体现在教育者和受教育者身上。对于教育者来说，实践育人的能动性体现在他们对教育内容、教育目标、教育方法的把握上，也表现在对教育资源的协调上，但教育者的教学行为并不是随心所欲的，而是会受到环境的制约，甚至会在一定程度上受受教育者的制约，这体现出了教育者的受动性。对于受教育者来说，其能动性体现在自我要求、自我发展、自我完善等方面，受动性则体现在教师的约束、学校的约束以及社会大环境的约束等方面。从某种意义上来说，能动性可以看作内生动力，受动性可以看作外生动力，两者也是相辅相成、相互依存的关系。因此，在高校育人动力机制运行的过程中，必然需要遵循人的能动性与受动性辩证统一原则，使人的能动性和受动性形成良性的互动。

（三）尊重人的需求的原则

从上文对内生动力的论述可知，人的需要是原生动力产生的根本，所以在高校育人动力机制运行的过程中，必然需要对人的需求进行充分的考虑，包括对教育者需求和受教育者需求的考虑。无论是教育者，还是受教育者，其需求都呈现出多元化、多层次性的特点，这是由于教育者与教育者之间、受教育者与受教育者之间存在性格、兴趣、能力等方面的差异，所以其需求也必然存在差异。面对教育者和受教育者多元化、多层次的需求，高校应从多方面着手，为教育者和受教育者需求的满足提供支撑，以此来保证教育者和受教育者动力的持续性，进而推动高校育人工作的高效完成。

---

① 马克思，恩格斯．马克思恩格斯全集（第42卷）[M]．中共中央马克思恩格斯列宁斯大林著作编译局，译．北京：人民出版社，2016：167．

第二节　高校育人的运行机制

一、高校育人运行机制的概念与特点

（一）高校育人运行机制的概念

运行机制是指一个组织生存和发展的内在机能及其运行方式，是引导和制约决策并与人、财、物相关的各项活动的基本准则及相应制度，是决定组织行为的内外因素及相互关系的总称[①]。在高校育人工作中，各要素都发挥着重要的作用，且他们之间相互联系、相互作用。为了保障育人工作的高效实施，必然需要建立一套灵活、协调、高效的运行机制。

（二）高校育人运行机制的特点

高校育人运行机制既有与其他机制相同的共性，也有自身的独特性，具体可归纳为三个方面：开放性、协同性和长效性。

1. 开放性

高校育人是一个复杂的系统，也是一个开放的系统。在其运行的过程中，高校并不是封闭的，而是开放的，它需要与政府、企事业单位、社会组织、家庭等保持合作，从而在多方的协调下推动高校育人工作有序、有效进行。与此同时，高校也应时刻保持着开放的态度，随时欢迎社会其他力量的加入，从而构建一个更大的共享机制和共享平台。

2. 协同性

根据协同理论可知，系统整体的运行与各子系统的协同与否有着很大的关系，当各子系统能够协同运行时，就可以产生 1+1>2 的效果；反之，如果各子系统之间相互割裂，会导致内耗的增加，各子系统必然难以发挥其应有的效用，整个系统的运行也会陷入无序的状态。高校育人作为一个复杂的系统，在长期的探索与发展中，形成了鲜明的协同性特征，主要体现在两个方面。一方面，高校育人需要协同多个育人主体，包括学校、政府、企事业单位、社会

① 刘曙霞．地方应用型本科高校工商管理学科“U-G-E”协同育人的模式与运行机制研究[M]．北京：中国经济出版社，2019：223.

组织、家庭等；另一方面，高校育人需要协同多方面的育人内容，包括课堂育人内容、实践育人内容等，而且由于不同年级大学生之间存在差异，所以还需要针对其特点形成不同的教育内容，而不同阶段大学生的教育内容也需要协同，从而形成一个规范的内容体系。总之，在高校育人运行的过程中，既要求各个环节的“无缝”对接，又要求各主体间的有效协同，这样才能确保高校育人运行机制的高效性。

3. 长效性

高校育人既是一个复杂的系统，也是一项长期且艰巨的工程，绝非一蹴而就，这就赋予了高校育人运行机制长效性的特点。其实，高校的一个使命就是育人，所以我们不能将其看作一个命题，搞“运动式”的体验，而是要将其当成常态化的教育形式，并秉承科学化、规范化的原则，脚踏实地地予以落实，从而确保高校育人的长效性。

二、影响高校育人运行机制的要素

影响高校育人运行机制的因素有很多，其中影响比较突出的要素有四个：育人主体、育人客体、育人环境和育人内容。四个要素虽相互独立，但又相互联系、相互影响，其关系如图 2-2 所示。

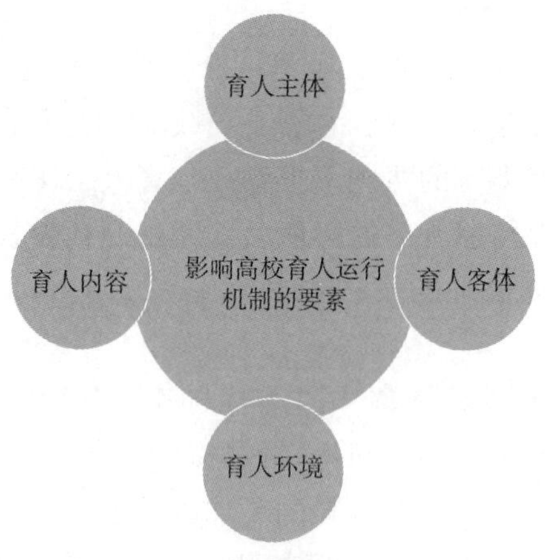

图 2-2　影响高校育人运行机制的四要素及其关系示意图

（一）育人主体

主体指对客体有认识和实践能力的人，是相对于客体而言的。在高校育人运行机制中，教育者无疑是一个重要的主体，而学生虽然是受教育者，但现代教育理念强调学生主体作用的发挥，所以学生也是一个不可或缺的主体，而且相较于教育者这一主体而言，学生的主体作用更加重要，教育者应注重学生主观能动性的调动，引导学生积极参与到育人活动中，接受教师教育并积极进行自我教育，自觉发展自我、完善自我。教师作为育人主体之一，发挥着引导、帮助的作用，他们需要在学生发挥主体作用的过程中加强对学生的关注，并在学生需要的时候予以必要的帮助，从而帮助学生更好地成长成才。

（二）育人客体

客体指客观存在的世界，如果具体到高校育人活动中，则指经过教育者对客观世界的选择而提供给学生的教育资源，包括育人方法、育人内容、育人载体等。育人客体作为高校育人运行机制的一个重要因素，只有具有鲜明的时代特征，才能对学生产生具有时效性的影响。因此，高校应站在时代发展的前沿，不断对育人客体进行创新，并通过开展内容丰富、形式多样的育人活动，将育人目标渗透到育人活动的每一个环节中，使学生在活动中不断地深化认知、完善自我，最终全面提升自身的综合素质。

（三）育人环境

育人环境是指高等学校在建设和发展中所形成的校园自然环境、物态环境、文化环境和学校制度环境的总和，包括办学中的硬件与软件、外显文化与隐性文化[①]。育人环境在高校育人工作中发挥着重要作用。具体而言，主要体现在如下两个方面：

第一，育人环境是育人活动赖以存在的必要条件。育人活动总是在一定的环境中进行的，无论是家庭教育，还是校园教育，都离不开各自的环境因素，如果离开了育人环境，育人活动也就无所依存。

第二，育人环境是实现育人目标的客观手段。高校育人目标是使学生实现德智体美劳全面的发展，而要实现这一目标，校园文化建设、教育制度建设等都是非常重要的，缺少了这些客观手段，育人目标的实现无疑会变得非常困难。

如果从更加微观的角度着手，育人环境还对学生具有价值引导、规范约束、精神陶冶、群体凝聚、心理构建等作用。综上所述，加强对高校育人环境的建设至关重要。

① 李进才．高等教育教学评估词语释义[M].武汉：武汉大学出版社，2016: 3.

（四）育人内容

高校育人的内容主要是指在育人过程中运用什么载体、开展什么活动来达到育人的目的。高校育人所涉及的内容非常丰富，从大类上划分主要包括课堂育人和实践育人，而每一大类又包含诸多内容。以实践育人为例，实践育人包括教学实践、社会实践、军政训练等系列内容，不同实践内容的要求与运行方式往往存在着一定的差异，而且对学生发展所起的作用也不同。此外，学生对实践内容体验的深刻与否也会影响学生的认知，通常体验越深，学生越能够将体验中的认知内化于心，育人的成效也越明显。因此，在实践育人活动中，高校应着力构建长期与短期相结合、学科优势与实际需求相结合、人才培养目标与活动组织体系相结合的立体化、综合化、全面化的实践育人内容体系，从而最大限度四提高实践育人的成效。

三、高校育人工作运行的环节

高校育人的运行过程可以归纳为“三阶段、五环节”，三阶段是指顶层设计、组织实施和评价反馈三个阶段，而五环节则是在三阶段基础上的进一步细化，包括理念引领、顶层设计、组织实施、评价反馈和改进完善，如图 2-3 所示。由于评价反馈以及改进完善等内容会在下一节做系统的论述，所以在此笔者就针对前三个阶段做简要论述。

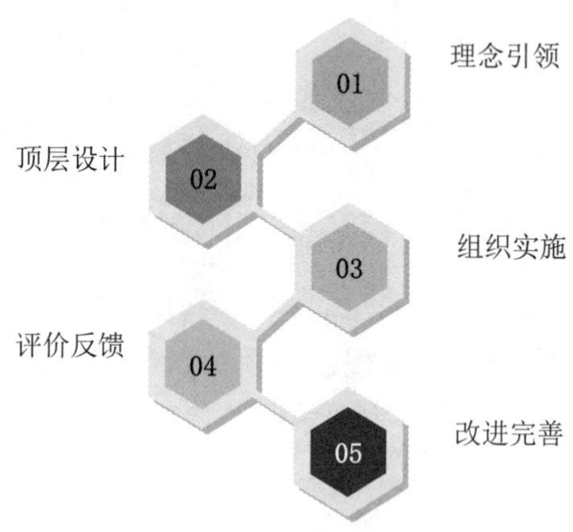

图 2-3　高校育人工作运行的环节

（一）理念引领

理念是行动的先导，有怎样的理念，便会产生怎样的行为。在高校育人工作中，理念是引领高校育人工作运行的核心思想，所以树立正确的育人理念就显得尤为重要。高校育人的运行在理念上需要从教育本质、教育规律和教育现状三个维度出发，处理好共性与个性、特殊性与普遍性、面和点之间的辩证关系，树立以人为本、尊重学生个性差异、注重特色发展的育人理念。

1. 以人为本

以人为本是高校育人的一个本质内涵，也是高校育人的一个核心理念。从教育的本质看，其核心就是人（学生），如果离开了人这一主体，教育的价值和意义都将无从谈起。因此，在高校育人工作运行的过程中，要始终坚持以学生为中心，以学生为尺度，以学生为目的，关注每一个学生的特点和需求，将学生培养成全面发展的、对社会有用的人才。

2. 尊重学生个性差异

大学生客观上存在着个体上的差异，包括性格、兴趣、能力等多个方面，而每个差异都可能导致发展需求的不同。面对不同的发展需求，在高校育人工作运行过程中也需要引入个性化、差异化的育人理念，从学生客观存在的差异出发，组织不同的育人活动，以达到差异化育人、个性化育人的目的。

3. 注重特色发展

每所高校在长时间发展的过程中都形成了独具自身特色的文化积淀和学科积淀，这是其优势所在。因此，在高校育人工作运行的过程中，高校应立足本校实际，结合本校优势开展育人活动，以使本校的文化或学科优势得到充分的发挥。在此基础上，各高校之间还可以加强交流合作，借鉴彼此的优势和成果，从而实现共同发展。需要注意的是，高校育人的特色发展不能忽视了育人的本质——促进学生的全面发展，所以在高校育人工作运行的过程中，高校要始终坚持学生培育中德、智、体、美、劳五位一体的育人目标，从而在充分发挥本校优势的基础上进一步提高育人的成效。

（二）顶层设计

顶层设计指高校育人运行机制的总体布局，它是推进高校育人工作的重要依据。站在高校的层面来看，高校育人的顶层设计需要在育人理念的引导下，结合学校实际，科学规划，合理布局。具体来说，高校育人运行机制的顶层设计主要包括如下两点。

1. 统筹规划

顶层设计作为高校育人运行机制的总体布局，必然需要对育人的所有工作内容进行统筹规划，包括校内校外、隐形显性、课内课外等育人资源。与此同时，还要将育人目标和社会发展需求结合起来，从而形成资源共享、机制共建、多方共赢的育人工作体系。高校育人是一项复杂的工程，涉及的内容非常广泛，所以在进行顶层设计时，必然需要进行统筹规划，这样才能更有效地协调各方资源。

2. 分层设计

在统筹规划的基础上，还需要针对育人运行机制进行分层设计，具体包括五个层次：意识引导层、知识学习层、信息交流层、实践体验层和评价反馈层。每个层次的内容不同，所发挥的作用也不同，高校应从五个不同的层次为学生提供全方位的教育，同时尊重学生客观存在的差异性，从而使学生在每个层次中都能够得到发展与提升。

（三）组织实施

在高校育人工作运行的过程中，教育理念是先导，顶层设计是布局，但关键还是在实施，只有实施取得了成效，教育理念和顶层设计的价值才能得以体现。在组织实施的过程中，主要包括三个机制：组织、实施和保障。其中，组织机制是前提，实施机制是主体，保障机制是支撑。

1. 组织机制

科学合理的组织机制是高校育人工作可持续发展的一个基础。由于高校育人是一个复杂的系统，涉及的内容很多，所以高校可以在现有组织框架的基础上，结合具体的育人内容构建次一级的组织框架。例如，针对实践育人部分，学校可以成立实践育人工作领导小组，组长由校领导担任，校外各参与单位负责人和校内相关部门负责人为成员，领导小组负责学校实践育人平台建设、环境营造、经费保障、监督考核等系列工作。各学院可以成立实践育人工作办公室，配合学校实践育人工作领导小组的工作。在学生层面，可以组建大学生社会实践协会，负责志愿者服务、假期社会实践、勤工俭学等实践活动的开展。这样，便形成了一个多层次、广覆盖的科学合理的组织框架，能够最大限度保障组织的顺畅运行。

2. 实施机制

在高校育人工作实施的过程中，应按照“思想引领、课堂为主、实践延伸”的总体思路，并在各方的协同下有序进行育人工作。思想引领是高校育人方向性的保证，高校要在正确思想的引领下沿着正确的方向育人。课堂作为各学科教学的主阵地，在育人中发挥着主要作用，尤其在知识的学习上，课堂的作用是不可替代的。实践是课堂的延伸，学生通过实践体验能够将认识转化为情感、意志和行为，从而使学生的素质和能力得到进一步的深化。总之，在育人工作实施的过程中，思想、课堂、实践缺一不可，它们共同构成了组织实施这一环节的主体内容。

3. 保障机制

关于高校育人工作运行中的保障机制，笔者将在本章第四节进行系统的论述，在此仅针对其所包含的内容做简要阐述。保障机制主要包括条件保障、政策保障、经费保障和师资保障。

（1）条件保障

条件保障主要指教学资源方面的保障。以实践育人为例，条件保障主要包括平台建设和场地支持。实践育人离不开相应的平台和场地，包括校内平台、场地以及校外的平台、场地。而平台和场地的建设需要较多的资金投入，所以在资金条件有限的情况下，可以采取和校外社会组织合作的方式，共同构建实践平台和场地，用以支持学生的实践活动。

（2）政策保障

高校育人工作要想取得预期的成效，必然要做到有章可循、有规可依，因此，高校要以国家的教育方针为指导，着眼于本校实际，制定相关的规章制度，以确保高校育人运行机制的规范性和有效性。

（3）经费保障

在高校育人工作中，很多方面都需要投入资金，这就需要有比较充足的资金保障。高校可以建立政府、学校、社会“三位一体”的资金筹措体系，在该体系中，政府、社会、学校发挥着不同的作用，如图 2-4 所示。

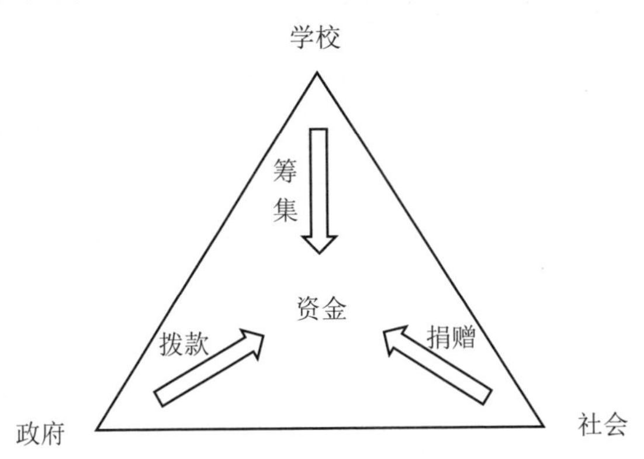

图 2-4 政府、学校、社会“三位一体”的资金筹措体系

（4）师资保障

师资队伍建设是深化高校育人的基础性工作。高校要立足学校实际，坚持以用为主，做到专兼职结合、校内外结合、产学研结合，统筹学校教师资源和社会智力资源，实现校内师资与校外师资良性互动，构建相对完备的育人团队。

第三节　高校育人的评价机制

一、高校育人评价机制的概念与实施路径

（一）高校育人评价机制的概念

高校育人评价机制是指评价育人的内容体系、标准依据、方法措施等各种要素间相互关系和运行方式的总称。在高校育人工作中，评价是一个极其重要的环节，它具有鉴定、导向、激励、诊断等功能。从严格意义上来说，高校育人的评价机制还应该包括反馈机制，因为只有得到了反馈，才能做进一步的调整和修改，评价的意义才能得以体现。由此可见，如果缺少了反馈，评价也将变得没有意义。因此，本节论述的评价机制并不是单纯地针对评价而言的，而是针对评价反馈而言的，这一点是需要注意的。

（二）高校育人评价机制的实施路径

由上文对高校育人评价机制含义的分析可知，高校育人评价机制的实施路径大致分为两个环节：评价反馈和优化，这两个环节和本章第二节提及的理念引领、顶层设计、组织实施构成了一个完整的运行体系。评价反馈可以继续细化为评价和反馈两个阶段，而站在评价机制的视角下，其实施路径可以细化为三个环节：评价、反馈、优化。当然，在具体的实施中，有时一次优化并不能使评价机制得到完善，所以在优化后有时还需要再经历一次或数次评价、反馈和优化的过程。因此，高校育人评价机制的实施路径应该是在“评价—反馈—优化—再评价”这样一个循环的过程中，如图 2-5 所示。

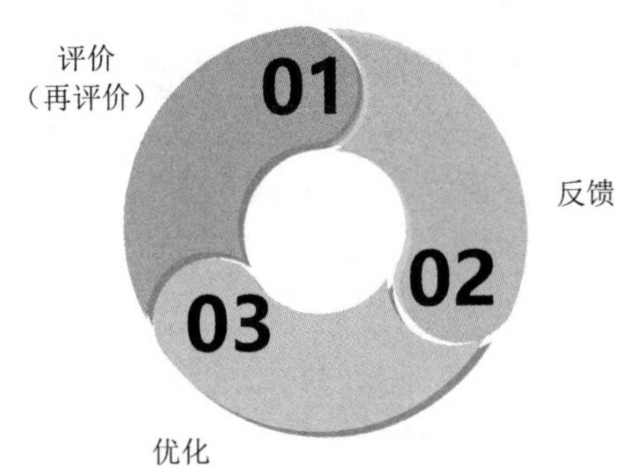

图 2-5 高校育人评价机制的实施路径

1. 评价环节

评价环节是评价机制的基础环节，反馈环节和优化环节都是建立在评价环节基础之上的，所以评价环节的有效与否会直接影响后面两个环节的效果。评价环节主要包括两个部分：评价指标体系构建和评价工作实施。

（1）评价指标体系构建

评价指标体系是指由表征评价对象的各方面特征及其相互关系的多个指标所构成的具有内在结构的有机整体，同时它也代表该事物在数量和质量上测评数据的各个集合。评价的各项指标分解细，能客观反映评价对象的共同属性，具有规范性、可比性和信度较高的特点[①]。评价指标体系中的指标应该适量，如果指标过多，相互之间容易产生干扰；如果指标太少，容易产生片面性。因此，在构建评价指标体系时，应遵循逐步筛选的原则，使主次指标清晰明确，且数量适宜，从而形成科学合理的评价指标体系。

（2）评价工作实施

在评价工作实施的过程中，为了确保评价的科学、合理和全面，应秉承评价多元化的原则，包括评价主体多元化、评价内容多元化、评价目标多元化以及评价方式多元化。此外，评价还应面向未来，面向学生的发展，多关注学生的改进、改善和发展，而不是只关注学生的等级、名次，这样才能够帮助学生认识自我、完善自我。

2. 反馈环节

反馈环节的主要作用是将评价的结果反馈给评价对象。评价反馈的对象

① 金娣，王钢．教育评价与测量[M]．北京：教育科学出版社，2007：41.

主要包括教育者和被教育者。反馈给教育者是为了让教育者发现评价实施中存在的问题，使其修改或调整育人方案，进而使育人的评价机制更加完善；反馈给受教育者是为了让受教育者更加清楚地认识到自己的发展情况，这有助于他们更有针对性地去调整自身状态，从而更好地促进自身的发展。

3. 优化环节

优化环节是在反馈环节基础之上进行的，虽然反馈的对象包括学生，但从高校育人评价机制的构建这一视角去看，评价反馈主要是反馈到教育者，让教育者结合反馈的情形分析评价机制存在的问题，然后有针对性地对方案进行修改和调整，并继续开展新一轮的评价实施工作，最终形成一个螺旋式上升的良性循环的育人过程。

二、高校育人评价机制构建应遵循的原则

在构建高校育人评价机制时，需要从评价指标、评价内容、评价过程、评价方法、评价结果等多个角度去分析和确立其需要遵循的原则。在综合分析之后，笔者认为高校育人评价机制构建应遵循的原则主要包含如下五点（图 2-6）。

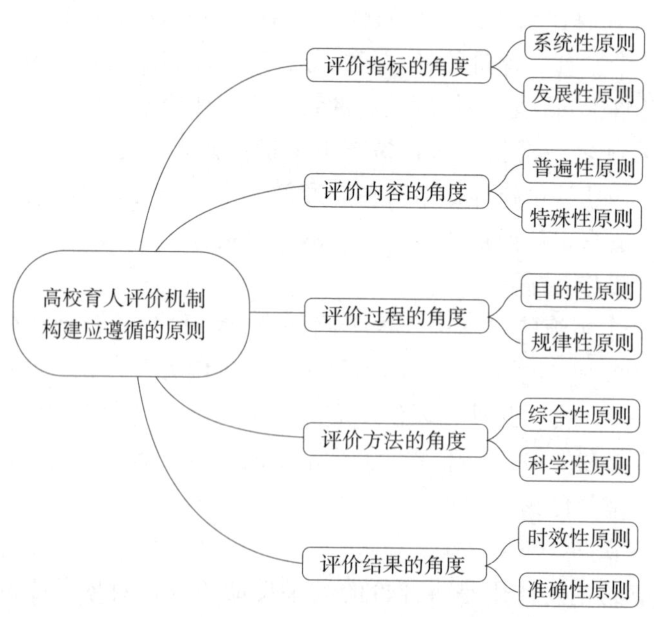

图 2-6　高校育人评价机制构建应遵循的原则

（一）评价指标的角度

从评价指标的角度来看，高校育人评价机制的构建应遵循系统性原则和发展性原则。

1. 系统性原则

高校育人是一项系统的工程，其涉及学生发展的方方面面，所以评价指标体系的构建也需要从多个方面进行思考。比如，评价指标体系既要指向育人环境层面，也要指向工作运行层面；既要指向评价主体层面，也要指向受教育者层面，等等。需要注意的是，系统性并不是要求评价指标体系的构建要面面俱到，而是以各个层面为切入点，针对主要观测点进行筛选，然后将有代表性的、可测量的、可评价的观测点纳入指标体系。如果面面俱到，反而会使指标体系太过复杂，进而影响评价的效率。

2. 发展性原则

事物都是处在发展中的，所以在构建评价指标体系时，需要以发展的思维去看待，要将社会发展和学生发展的需求相结合，既要考虑学生的发展性指标，通过纵向对比来衡量学校育人成效，又要考虑学校与社会的发展性指标，引导学校重视指标涉及内容。此外，评价指标体系在构建出以后，也不是一成不变的，随着时代的发展，随着育人需求的变化，高校育人指标体系也需要随之发生变化，以满足时代发展和教育发展的需求。

（二）评价内容的角度

从评价内容的角度来看，高校育人评价机制的构建应遵循普遍性原则和特殊性原则。

1. 普遍性原则

普遍性指的是高校育人工作中的共性，也是高校育人最基本的要求。比如，育人理念与顶层设计、指导思想与育人目标、实践平台与师资队伍建设等，这些是高校育人工作实施最基本的要求，针对这些最基本的要求进行评价是每一所高校都需要做到的。

2. 特殊性原则

我国高校客观上存在着差异性，这种差异性既表现在学校的类型上，也表现在学校的层次上，还表现在学生整体的素养上。因此，在制定评价内容时，除了上文提到的普遍性内容外，高校还需要遵循特殊性的原则，结合自身实际情况制定出符合本校特色的内容。

（三）评价过程的角度

从评价过程的角度来看，高校育人评价机制的构建应遵循目的性原则和规律性原则。

1. 目的性原则

评价既是一种手段，也是为了达到一定的目的。高校育人评价机制构建的目的就是检验高校育人的成效，并通过反馈和优化促进高校育人效率的提高。具体来说，在评价的过程中，高校既要通过评价来总结育人工作中的成功经验，提炼可供借鉴和推广的经验做法，甚至将经验上升为理论；也要不断查找育人结果与预期目标之间的差距，查找教育过程中还存在哪些问题，并通过实施针对性的举措补齐短板，不断优化和完善学校育人的机制，最终促进育人工作的良性循环和螺旋式提升。

2. 规律性原则

在开展高校育人评价工作的过程中，既要始终围绕育人的目的，也要遵循一些基本的规律。具体而言，主要体现在两个方面。一方面，教育工作者要尊重高等教育的发展规律以及大学生成长的基本规律，要从两个规律出发，对育人工作及其成效进行科学、客观的评价。另一方面，教育工作者应善于发现育人工作的规律，包括从评价工作收集的数据中以及存在的问题中发现规律性的东西，从而更好地开展高校育人评价工作。总之，在构建高校育人评价机制时，规律性是必然要遵守的一个原则。

（四）评价方法的角度

从评价方法的角度来看，高校育人评价机制的构建应遵循综合性原则和科学性原则。

1. 综合性原则

综合性是指要打破传统单一的评价方式，通过采取多维立体的方式方法，更好地反映高校育人工作的成效，进而更好地指导评价方案的调整和修改。比如，注重定性评价和定量评价的结合，注重整体评价和特色评价、重点评价的结合等，这样才能使评价更加科学、合理。

2. 科学性原则

科学的评价机制才能保证评价的效果，所以制定高校育人评价机制时必须遵守科学性的原则。关于评价机制的科学与否，虽然没有统一的标准，但可以通过其对评价成效的影响去反映。比如，前文提到的综合性评价便有助于评价成效的提升，所以是科学的、合理的。因此，科学性原则并没有明确的规定，而是以评价可能产生的成效去界定。

（五）评价结果的角度

从评价指标的角度来看，高校育人评价机制的构建应遵循时效性原则和准确性原则。

1. 时效性原则

由上文对高校育人评价机制含义的阐述可知，完整的评价机制还包括反馈环节和优化环节，如果评价反馈出现滞后的情况，必然会对评价的成效产生影响，滞后的时间越长，对评价成效的影响越大。因此，一定要注重评价的时效性，保证整个环节运行的流畅性，以便使高校在第一时间获得评价的结果，并针对评价结果的反馈进行针对性的调整和修改。

2. 准确性原则

要想使高校育人评价结果发挥积极的作用，必然要保证评价结果的客观性和准确性。这就要求评价主体的态度要客观和公正，尽可能少地掺杂个人情感和情绪，避免评价结果因为个人情感的掺入而失真。此外，评价对象要真实反映评价信息。评价信息的真实性既会影响评价结果，也会影响评价机制的构建。因此，在构建评价机制过程中，要高度重视评价信息的收集，同时用科学的方法进行处理，以确保最终数据的准确性。

三、高校育人评价指标体系的构建

由上文对高校育人评价机制实施路径的论述可知，在高校育人评价机制中，评价指标体系的构建是整个评价体系架构的根本，也是主要内容。因此，笔者在此将针对高校育人评价指标体系的构建展开论述。关于高校育人评价指标体系的构建，笔者在上文已经指出，评价指标体系中的指标应该适量，使主次指标清晰明确，这样才有助于形成科学合理的评价指标体系。同时，评价指标体系的构建还应该遵循系统性和发展性的原则。在此基础上，笔者针对高校育人工作进行了系统的分析，从众多的指标中选取了比较有代表性的指标，同时从教师和学生两个层面着手，构建了教师评价版的高校育人评价指标体系（表 2–1）和学生评价版的高校育人评价指标体系（表 2–2）。

表2-1　教师评价版的高校育人评价指标体系

一级指标	二级指标	三级指标
教育背景评价	定位与理念	教育定位
		教育理念
	教育方案	教育目标
		教育模式
		教育规格
	课程设置	课程安排
		课程设置的职业导向
		实践课程占比
	教学计划	教学项目设计
		教学计划制订
教育投入评价	师资队伍建设	教辅人员配置
		师资培训
		教师经历
	教育设施	教育设施数量与类型
		教育设施质量
		教育设施利用率
	教育经费	师资队伍建设经费投入
		教学建设经费投入
		学生活动经费投入
	教育保障	教育管理机构
		教育管理制度

续　表

一级指标	二级指标	三级指标
教育过程评价	教育方法	教育模式
		教育方式
	教育考核	考核方案
		考核权重
	改革与创新	评价方式改革
		实践地点探索
		教育方法改革
教育效果评价	学生参与情况	学生参与活动态度
		学生出勤率
	学生成绩	学生学习成绩
		学生实践成绩
	学生综合能力与素质	学生综合能力
		学生综合素质

表2-2　学生评价版的高校育人评价指标体系

一级指标	二级指标	三级指标
教师基本素养评价	知识素养	政治理论素养
		学科知识素养
		教育科学知识
	能力素养	语言表达能力
		教育教学能力
		组织管理能力

续 表

一级指标	二级指标	三级指标
教师基本素养评价	职业道德素养	为人师表
		教书育人
		爱岗敬业
教育投入评价	教育设施	教育设施完备度
		教育设施使用感受
	教育材料	教育材料编选
		教育材料实用性
		教育材料充足性
教育过程评价	教育环节	教育准备
		教育内容
		教学方式
	教育管理	教育管理
		教育组织
		教育考核
教育结果评价	教育对学生的影响	教育对学生认知的影响
		教育对学生能力的影响
		教育对学生情感的影响
	学生对教育活动的态度	学生对教育活动的兴趣度
		学生对教育活动的满意度

第四节　高校育人的保障机制

一、高校育人保障机制的含义

高校育人保障机制是指高校为了促进育人活动的顺利开展，采取的诸如制定育人管理制度、合理配置教育资源、打造育人环境等一系列保障措施的总和。关于这一概念，笔者将从三个方面做进一步的解读，从而进一步明晰高校育人保障机制的含义。

第一，高校育人保障机制保障的主要对象是教育者和大学生。教育者作为高校育人活动的组织者和实施者，高校必须保障他们的基本权利和基本利益。基本权利保障是为了让教育者有一定的自主权去协调育人活动的组织和实施过程，这样才有助于调动教育者的积极性。基本利益的保障是为了让教育者没有后顾之忧，可以全身心地投入到育人工作中。大学生作为高校育人的主要对象，是育人活动的参与者，发挥着主体性的作用，所以同样需要保障他们的基本权利。对于大学生来说，他们的权利包括学习权、公正评价权、人身权、隐私权、财产权等，高校应尊重并保障他们的权利，同时还需要强调育人机制的科学化、人性化，从而使学生以更加积极和饱满的态度参与到高校的育人活动中，进而促进高校育人效率的提高。

第二，高校育人保障机制的作用是保障高校育人活动的顺利组织和实施，并使其取得预期的成效。高校育人是一项复杂的工程，涉及高校教育活动的方方面面，如果缺少了保障机制，高校育人活动的组织和实施不可避免地会受到影响，进而影响高校育人的成效。因此，高校育人保障机制是保证高校育人成效不可或缺的一个要素。

第三，高校育人保障机制是保证高校育人各要素协调运行的关键。高校育人涉及的要素很多，各个要素间既相互独立，又相互联系，共同构成了高校育人这一完整体系。只有各要素间相互协调起来，才能使高校育人体系充分地发挥作用。影响高校育人体系各要素协调运行的因素有很多，保障机制是其中非常重要的一个，只有构建科学、合理的保障机制，才能进一步促进各要素间的优化搭配和协调运行，从而实现高校育人系统的高效运作。

二、高校育人保障机制的构建

高校育人保障机制的构建主要涉及五个方面：组织保障、物质保障、队伍保障、制度保障和环境保障。这五个方面相互联系、相互促进，共同支撑着高校育人工作的开展，如图 2-7 所示。

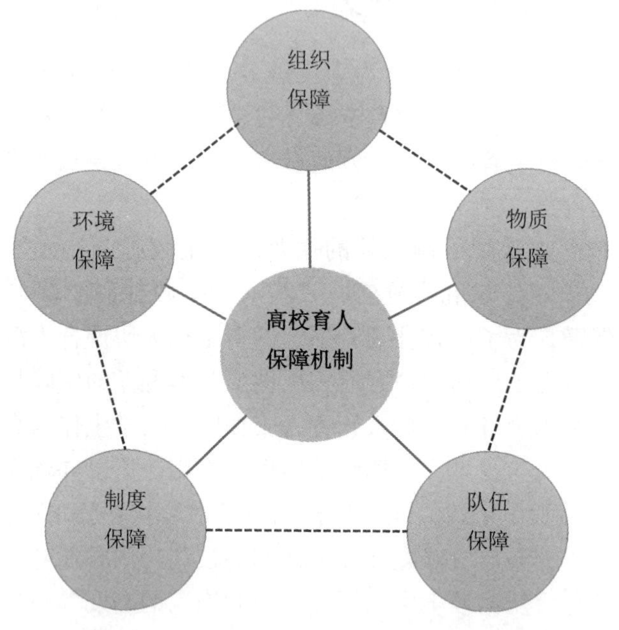

图 2-7　高校育人保障机制构建的五个方面

（一）组织保障

组织保障是维持高校育人机制正常运行的一个重要手段。通过成立学校育人工作专门组织机构（如实践育人的专门机构），形成党委统一领导，校宣传部门总牵头，党政齐抓共管，教务处、科研处、学生处、团委等各相关部门协作实施的工作机制，以此增强各主体间的联系，从而使整个体系可以有效地运转。党委统一领导有助于把握高校育人的大方向；专门机构的设立有助于更有针对性地围绕育人工作开展教育教学活动；各相关部门和二级学院负责进一步组织实施。此外，还可以构建育人的网络信息交流平台，这有助于高校、家庭、社会组织随时随地便捷地沟通，从而在线上线下、校内校外组织的合作下进一步提升育人成效。

（二）物质保障

物质保障是指保障高校育人工作中所需要的所有物质材料和经费。高校育人活动的开展不能缺少物质保障。无论是教育场所中的各类设施，还是教学用的图书资料等，都属于物质保障的范畴。如果缺少了物质保障，基本的教育活动都将难以开展，所以物质保障是基础，也是根本。当然，对于高校而言，经费往往是有限的，所以如何使有限的经费发挥无限的作用，这是值得每一所高校认真思考的问题。当前，教育投入在不断增加，所以合理配置经费就显得至关重要。对于高校育人工作来说，并不是每一项工作都需要投入大量的经费，高校应针对工作的性质及其重要性对其进行分类，然后在经费的投入上进行一定程度的倾斜。对于那些非常重要的工作，可以适当增加一些经费投入，对于那些不是十分重要的工作，可以适当减少经费投入，从而使有限的经费充分发挥物质保障的作用。

（三）队伍保障

教师是高校育人工作的组织者和实施者，所以教师队伍建设在很大程度上影响着高校育人的成效。关于教师队伍的建设，笔者认为可以从师德建设、学科素养建设和激励机制建设三个方面着手。

1. 加强教师师德建设

师德是教师品德的集中体现，师德建设是教师队伍建设的基础和根本。针对师德建设，笔者认为首先要找准努力方向。2019 年 12 月，教育部等七部门印发的《关于加强和改进新时代师德师风建设的意见》，从总体要求、切实加强师德教育、切实提升师德素养、切实规范师德行为、切实营造全社会尊师重教氛围五个部分，明确提出了新时代师德建设的具体要求，以保证师德建设始终朝着正确的方向前进。其次，应秉承以人为本的理念，无论是师资培训，还是日常管理，都应该把教师放在核心位置上，围绕教师去开展，这样才能让教师感受到信任与尊重，从而激发教师在教育教学活动中的主观能动性。

2. 加强教师队伍学科素养建设

在高校育人工作中，学科教学是基础，其指向的是学生学科素养的发展，如果缺少了这个基础，将无法满足学生全面发展的育人需求。教师作为学科教学的组织者和实施者，他们的学科素养在很大程度上影响着学生学科素养的发展，因此，针对教师队伍的建设，还需要将学科素养作为一项重要内容，以便使教师在专业发展的道路上得以持续进步。

3. 制定激励制度

建立有效的激励制度是提升教师队伍质量的有力保证，有效的激励制度可以调动教师参与学习、教学和研究的积极性，进而使教师在持续的学习中获得专业化的发展。例如，学校可以建立定期理论学习制、择优外出学习制、青年教师优质课比赛制、科研专项评分制等制度。当然，在制定激励政策时，学校可以结合本校实际情况以及教师的个人发展，制定更加适合的制度，这样才能使激励制度发挥最大的效用。

（四）制度保障

从制度的内涵来看，制度一般是指要求社会成员共同遵守的办事规程或行动准则，是整个社会实现某种功能和特定目标的一系列规范体系。没有规矩不成方圆。一个现代化的社会，一定是一个有规则的社会。制度就是用规则来创造秩序，制度问题是带有根本性的问题[①]。对于高校育人来说也是如此，制度是不可或缺的，它发挥着重要的保障作用。关于高校育人制度建设，笔者认为至少要做到以下三个方面。

第一，制度的建设要有法律依据。我国针对学校教育出台了一系列相关法律，任何学校育人制度的建设都需要以国家法律为依据或准则，不能超出法律规定的范畴。

第二，制度的解释要细致。在建立相应的制度之后，高校还需要针对制度作出细致的解释，并定期进行宣讲，这样不仅能使每一位教育工作人员和学生对政策有充分的了解，而且也有助于他们确立遵守制度的观念。

第三，制度的执行要严格。在制定了制度之后，就需要严格按照制度执行，这样才能令行禁止。当然，如果遇到特殊情况，可以通过会议的形式进行商讨，以此来体现制度的灵活性和人情味。

（五）环境保障

环境具有广泛性和复杂性的特点，对学生的发展起着重要的作用，所以环境保障也是保障机制中的一项重要内容。针对高校的环境建设，可以从物质文化建设和精神文化建设两个方面着手。

1. 物质文化建设

物质文化是校园环境建设的物质基础，通常具有一定文化底蕴的校园，也能够在环境中有所体现，并通过环境对学生产生积极的影响。可以想象，一

① 国明理 . 把党的政治建设摆在首位 [M]. 北京：东方出版社，2019: 164.

个有着别具特色的楼群建筑、绿意盎然的自然风景的校园，一定能够让身处其中的学生产生审美情趣，甚至能够提升他们对自然和生命的热爱。因此，在校园环境建设中，高校应重视物质文化建设的重要性，从而通过物质文化的建设起到"润物细无声"的育人效果。

2. 精神文化建设

高校的精神文化体现在多个方面，包括价值体系、思想意识、理想信念、精神风貌、师生关系、工作模式等。精神文化是高校的软文化，也是校园文化的精神内核，虽然它不像物质文化一样直观，但对学生的影响更加深远。因此，相较于物质文化建设而言，高校要更加重视精神文化的建设。在精神文化建设中，要注重学生的参与，注重学生主体作用的发挥，这样才有助于学生进一步了解校园精神文化的内涵，并激发大学生的主观能动性，进而使校园的精神文化内化为大学生个人的道德价值。

三、高校育人保障机制发挥作用的策略

在构建高校育人保障机制的基础上，如何进一步发挥高校育人保障机制的作用，是需要教育工作者们思考的又一个问题。笔者结合高校育人的特点以及高校育人保障机制构建的五个方面，总结了两点促进高校育人保障体系发挥作用的策略。

（一）遵循客观规律

规律指事物内部各要素或事物之间的本质联系及其矛盾运动的必然趋势。高校育人保障机制的规律性是指高校育人保障机制在运行过程中内部各要素间的本质联系及其矛盾运动的必然趋势。无论是高校育人保障机制的构建，还是高校育人保障机制的运行，都需要遵循其客观规律。具体而言，其需要遵循的规律主要体现在三个方面。

1. 满足需要规律

对于个体而言，针对不同的事物，所产生的需要是不同的。对于大学生来说，面对教育教学，他们的需要是获取知识、获得能力，所以高校育人保障机制要指向大学生上述需要的满足，这是高校育人的现实诉求，也是适应高校育人规律的具体表现。需要注意的是，高校育人对大学生需要的满足存在两种情况：一种是满足学生积极的、合理的需要；另一种是满足学生消极的、不合理的需要。显然，高校育人要满足的是学生的第一种需要。因此，在高校育人保障机制运行的过程中，高校必须从合理化、科学化的角度出发，综合考虑大

学生发展的全面性和长远性，这样才能更好地满足大学生的需求，进而使高校育人保障机制发挥最大的效用。

2. 要素协同规律

高校育人保障机制中包含诸多要素，如人力要素、物质要素、环境要素、思想要素等。这些要素在协同的过程中要遵循一定的规律，而保障机制的运行便需要遵循这一规律。一方面，高校育人保障机制各要素要立足已有机制要素的基础上，不断开拓新的要素，并使这些要素较好地融入高校育人保障机制整个体系之中，进而使高校育人保障机制不断得到完善和丰富。另一方面，各要素不仅要在大学生育人空间上保持一致性，还需要在时间上保持连贯性，以此来保障各要素布局的合理性。总之，遵循要素协同规律，保障各要素的协同运行，是高校育人保障机制发挥效用的一个有效途径。

3. 发展平衡规律

高校育人保障机制和很多事物一样，并不是一成不变的，而是处在一种发展状态中的。而在发展的过程中，各要素也依据一定的方式相互协同，从而使保障机制以一种有序、稳定和平衡的状态去运行。由此可见，发展和平衡作为两种状态，可以协同在一个事物中，而能否使两者辩证统一地呈现在高校育人保障机制中，是保障机制发挥效用的一个关键。因此，在高校育人保障机制运行的过程中，要正确看待发展和平衡的关系，并遵循发展平衡规律，从而确保保障机制的良好运行。

（二）厘清三个关系

在高校育人保障机制构建和运行的过程中，需要厘清的关系很多，如果处理不当，很可能会影响保障机制运行的效果。在这些关系中，笔者认为有三个关系是需要重点关注的，即线上线下的关系、物质保障和精神保障的关系、宏观和微观的关系，如图 2-8 所示。

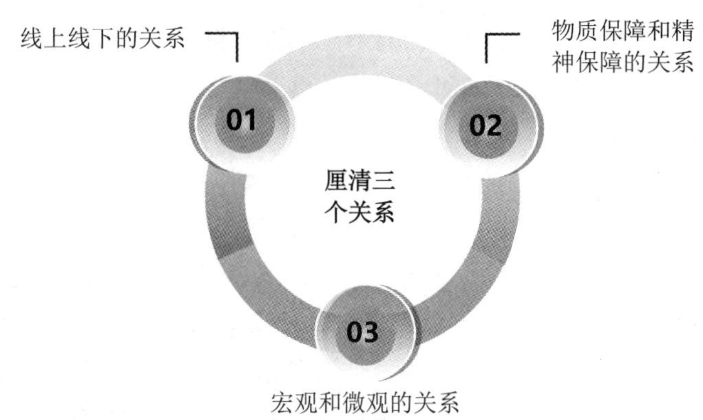

图 2-8　高校育人保障机制中要厘清的三个关系

1. 线上线下的关系

随着“互联网 +”在高校教育教学活动中的普遍应用，网络已成为高校育人的一个重要路径，线上线下的关系主要涉及的就是网络育人和传统育人之间的互动关系。习近平总书记指出，做好高校思想政治工作，提升网络育人工作成效，“要运用新媒体新技术使工作活起来，推动思想政治工作传统优势同信息技术高度融合，增强时代感和吸引力”①。高校顺应“互联网 +”时代新常态，就是要运用互联网思维破题新形势下的育人工作，在用好传统育人方式优势的基础上，充分发挥网络育人作用，确立高校育人与时代发展相一致的思维方式和教育理念，打造线上线下相结合的育人阵地，提高学生的主体参与度。但同时我们也要引起注意，在借助网络开展育人工作时，应注意甄别网络言论，特别要警惕一些西方国家利用互联网开展意识形态侵略和文化霸权主义传播。这就要求相关人员要守好网络育人新阵地，为学生营造良好的网络育人环境，让线上线下“双线育人”成为我国高校育人工作的一大特色。

2. 物质保障和精神保障的关系

物质保障是指保障高校育人工作中所需要的所有物质材料和经费。对于物质保障的重要性，笔者在前文已经进行了论述，它是高校育人工作运行的前提和基础。精神保障是意识形态范畴的理念、思想、功能等主观精神资源的综合，它虽然没有直接发挥作用，但确实是保障高校育人工作顺利运行的核心

① 习近平．把思想政治工作贯穿教育教学全过程 开创我国高等教育事业发展新局面[N]．人民日报，2016-12-09(1).

要素。由上可知，物质保障是基础，精神保障是核心，两者相互促进、相互补充，缺一不可。因此，在高校育人工作中，要协调物质保障和精神保障的关系，不可偏废其一，这样才有助于高校育人工作运行效率的提高。

3. 宏观和微观的关系

在高校育人工作中，宏观和微观是两个重要的分析角度。宏观的高校育人保障机制指的是以政府主体，依据有关规定为高校育人工作提供各种保障性的条件；微观的高校育人保障机制指的是以高校为主体，根据高校育人的需求为教育工作者提供各种保障性的条件。宏观保障机制指导着微观保障机制的运行，微观保障机制是宏观保障机制的延伸和拓展，两者既相互区别，又相互联系。在高校育人工作中，要处理好宏观保障和微观保障的关系，以使高校育人保障机制的功能得到最大化的施展。

第三章　高校育人机制的创新发展

高校育人机制在高校人才培育上发挥着非常重要的作用，所以如何针对高校育人机制进行创新，以不断满足新时代发展的需求，是值得每一位教育工作者认真思考的问题。当然，传统育人机制在高校育人工作中仍旧发挥着重要作用，但面对时代快速发展对教育教学工作提出的要求，必然需要针对育人机制进行创新，从而不断提高高校育人的成效。

第一节　高校育人机制创新的重要性

创新是一个民族进步的灵魂，是一个国家兴旺发达的不竭动力。对于教育来说，创新同样重要，只有不断创新，才能不断发展，获得突破，进而造就一批批国家发展需要的人才。具体而言，高校育人机制创新的重要性主要体现在如下三个方面（图 3–1）。

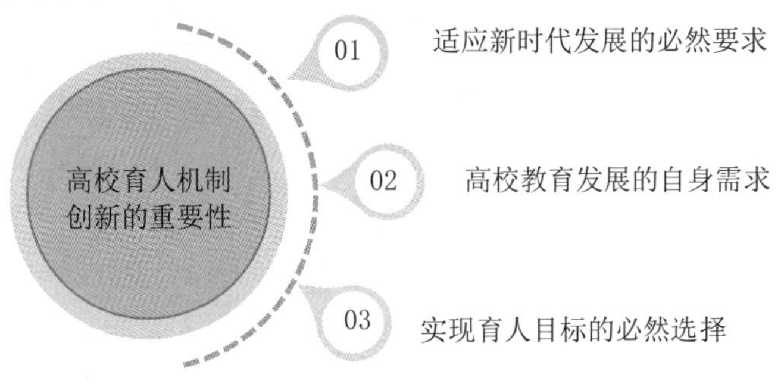

图 3–1　高校育人机制创新的重要性

一、高校育人机制创新是适应新时代发展的必然要求

教育是提高人综合素质、促进人全面发展的有效途径，也是实现社会发

展、民族振兴的重要基石。中华民族素来十分重视教育，无论是“国将兴，必贵师而重傅；贵师而重傅，则法度存”，还是“教育是国之大计、党之大计”，都体现了我国对教育的清晰认知。党的十九大报告中指出，经过长期努力，中国特色社会主义进入了新时代，这是我国发展新的历史方位，也是我国教育事业发展的新起点。进入新时代，我国教育事业发展既面临着新的挑战，也面临着新的机遇，建设教育强国任重而道远。要想做好新时代的教育改革发展事业，必须深刻理解新时代党的历史使命，勇于承担历史责任，扛起教育改革发展事业的重任。这就需要高校育人机制不断进行创新，如此才能不断满足时代发展的需求，进而为国家和社会的发展源源不断地提供高质量人才。具体而言，新时代发展对高校育人机制创新的必然要求主要体现在三个“新”上：新起点、新使命和新担当。

（一）新起点：教育机制创新的历史出发点

教育的改革和创新都是立足于时代的坐标之上的。自党的十九大以来，以习近平为核心的党中央高度重视我国教育事业的发展，并把教育放在优先发展的战略位置上，与此同时，推出了一项项的改革措施。无论是从总体的战略布局来看，还是从一项项具体的教育改革措施来看，都勾勒出一幅砥砺奋进，对历史负责、让人民满意的中国教育图景。在全党全国人民的一致努力下，中国教育事业发生了历史性变革，取得了历史性成就，中国教育总体发展水平进入世界中上行列，教育事业进入了新的时代，这是新时代教育再改革的历史出发点。因此，作为高校教育工作者，要站在新时代发展的坐标之上，站在新的历史出发点，结合高校育人实际，对高校的育人机制进行科学的创新。

（二）新使命：推动中华民族的伟大复兴

实现中华民族伟大复兴是近代以来中华民族最伟大的梦想，而教育对实现中华民族伟大复兴有着重要意义。当前，我们正处在决胜全面建成小康社会、实现中华民族伟大复兴中国梦的伟大进程中，我们比历史上任何时期都更加接近中华民族伟大复兴的目标，对科学知识和卓越人才的渴求比以往任何时候都更加强烈。建设教育强国是中华民族伟大复兴的基础工程，必须充分发挥教育的作用，培养德智体美劳全面发展的社会主义人才，并把教育的动力作用充分运用到中华民族伟大复兴的征程之中。的确，青年兴则国家兴，青年强则国家强。从某种意义上来讲，探讨教育如何服务中华民族伟大复兴征程的问题，就是在探讨如何培养堪当民族复兴大任的时代新人的问题。只有培养一大批堪当民族复兴大任的时代新人，特别是培养造就一大批高素质的领导人才和其他各方面人才，才能更好地走好中华民族伟大复兴征程。因此，高校应肩负起新的历史使命，创新其教育机制，从而为推动中华民族的伟大复兴发挥自己的价值和作用。

（三）新担当：办好人民需要和满意的教育

当前，优质和公平是教育重要的时代命题，人民也对教育抱以更高的期待，任何有担当的教育者都应当承担起时代所赋予的责任，为教育事业平衡和充分发展竭尽全力。新的历史时期，教育的改革与突破，就是要紧紧盯住社会主要矛盾，以人民群众利益为根本，以人民对教育的需求为宗旨，以人民对教育的要求为指向，办好人民需求和满意的教育。面对新时代人民对教育提出的新要求，高校也需要进行教育机制的创新，全面贯彻党的教育方针，落实立德树人根本任务，追求高效的教育质量，尽可能促进学生的全面发展，从而让每一位学生都能得到最大的进步与发展。

二、高校育人机制创新是高等教育发展的自身需求

教育有其使命和责任，而为了更好承担其责任、完成其使命，教育需要不断的发展。纵观世界教育史，不难发现，从原始社会教育，到古代社会教育，再到现代社会教育，教育一直随着时代的发展而不断发展。进入现代社会后，随着科学技术日新月异的发展，对教育的要求也在逐渐提高，这就驱使着教育也要不断地发展和完善。由此可见，无论是受外在因素的影响，还是受内在因素的影响，教育自身都存在发展的需求。高等教育作为教育的重要组成部分，其自身也存在发展的需求，而育人机制创新就是满足其自身发展需求的一个重要途径。如果对高等教育自身发展的需求做进一步的分析，可以发现高等教育要做到以下两点。

（一）高等教育的结构需要不断优化

高等教育结构是高等教育系统的内部各要素的构成状态。高等教育结构可以分为宏观结构、微观结构以及个体结构。宏观结构指整个高等教育系统的构成，主要有层次水平结构、课类与专业结构、形势结构、地区布局结构以及宏观管理结构；微观管理结构指高等学校内部的教育结构，主要由专业结构、课程结构、师资结构、基础设置结构以及微观管理结构；作为受教育对象的个体，也有其内在结构，也就是我们常说的德、智、体、美诸方面的形成和发

展，也指个体素质结构，包括思想、道德、知识、能力、体格等。高等教育结构的优化，不能缺少了教育机制的支撑，所以要推动高等教育结构的优化，推动高等教育的发展，就必然需要对教育机制进行创新。

（二）高等教育的教育质量需要不断提高

高等教育发展水平是衡量一个国家发展水平和发展潜力的重要标志。高等教育在科技水平提升、优秀文化传承、思想文化创新和人才培养方面，发挥着不可替代的重要作用。如今，“双一流建设”“培养拔尖创新人才”“建立高等教育联动机制”“高等教育内涵式发展”等已经成为我国高等教育发展的重要话题。随着我国高等教育的发展，人民群众对高等教育发展的要求已经从是否有机会上大学，转化为是否有机会接受更加有质量、更加多样、更加灵活、更加开放的高等教育。教育机制作为影响高等教育质量的一个重要因素，面对高等教育高质量发展的需求，必然需要进行创新，这样才能加快世界一流大学和一流学科建设，促进人才培养和教学科研质量提升，进而不断推动高等教育实现更高质量发展。

三、高校育人机制创新是实现育人目标的必然选择

关于高校育人的目标，笔者认为主要体现在两个方面，一是培养“德、智、体、美、劳”全面发展的人才，二是培养社会发展需要的人才。基于高校育人目标这一层面的思考，高校育人机制创新也主要指向这两个方面。

（一）高校育人机制创新与大学生的全面发展

高校育人的一个目标就是将大学生培养成“德、智、体、美、劳”全面发展的人才。关于学生的全面发展，我们始终在强调“德、智、体、美、劳”这五个方面，关于这五个方面，笔者在此不做详细的解读。但在不同的时期，这五个方面的内涵也存在一定的差异，虽然其本质没有变化，但其差异是不能忽视的，作为教育者，要认识到其变化和变化引起的差异。因此，高校需要对其育人机制不断进行创新，这样才能使其教育内容符合学生全面发展的需求，从而真正实现学生的全面发展。

（二）高校育人机制创新与社会人才需求变化

当今社会处于快速变化的时代浪潮之中，“互联网＋时代”的到来，人工智能技术的飞速发展，促使生产方式不断变革，也促使人类思维不断变革。生

产方式的变革在一定程度上决定了社会对于人才的需求，进而决定了教育对人才的培养方式。培养人才的主要场所在学校，而在新的时代背景下，教育理念、目标、形式和内容都发生了变化，为了实现新的培养目标，培养社会发展需要的人才，客观上需要学校进行相应的变革和创新。而在变革和创新的各项措施中，育人机制创新是高校必然要考虑的一个方向。

第二节　基于协同理论的高校育人机制创新

一、高校协同育人的概念与理论依据

（一）协同育人的概念

协同育人是以协同理论为基础发展而来的，所以要理解协同育人，首先需要了解协同理论。协同理论是赫尔曼·哈肯最先提出的，他认为协同系统是在远离平衡状态的开放系统后，与外部环境发生能量和物质的交换时，可通过内部协同的相互作用，自发性地呈现在空间、时间及功能方面的有序结构[①]。由协同理论可知，系统整体作用的发挥是由各子系统的协同性决定的。协同性越强，整个系统所能发挥的作用越大；反之，协同性越弱，整个系统的秩序性越差，其所发挥的作用也就越小。因此，各子系统间的协同至关重要。

在对协同理论有了一定了解之后，便可以进一步针对协同育人进行剖析。关于协同育人，不同的学者有不同的解释。虞丽娟在《立体化素质教育论》一书中指出，协同育人主要包括协同教育、协同管理、协同学习等论点[②]。赵新峰在《协同育人论》中指出："协同育人是学校教育由封闭僵化办学逐步走向合作办学、开放式办学的过程，是具有鲜明时代特点的素质教育观的现实反映。"[③]由上述学者对协同育人的论述可知，协同育人既是理念也是手段，是各育人主体以人才培养为核心目标，在协作系统中共享资源，积聚能量，实现有效互动的过程。高校育人系统是由诸多子系统组成的，各子系统间只有形成协

① 许登峰，甘玲云.西部民族地区战略性新兴产业协同创新研究[M].北京：中国科学技术出版社，2020：13.

② 虞丽娟.立体化素质教育论[M].上海：上海教育出版社，2006：111.

③ 赵新峰.协同育人论[M].北京：人民出版社，2013：28.

同效应，才能使高校育人工作达到最佳的效果。

（二）协同育人的理论依据

1. 协同论

协同论是协同育人最重要的一个理论基础，是由赫尔曼·哈肯最先提出的。协同意指开放系统中各要素相互作用、相互配合、协调协作，形成拉动机制。因此，协同的结果往往是积极的，它能够使整体以及整体中的各个系统受益，并产生 1+1>2 的效果。高校育人作为一个复杂的系统，各子系统间存在着紧密的联系，只有通过多层次、多方位的渗透互动活动，产生育人的最佳合力，才有助于高校育人目标的实现。

2. 系统论

系统论也是协同育人一个重要的理论支撑。系统论认为，系统是由若干要素构成的一个整体，通过分析系统的结构、特点、行为以及各要素间的关系，可以对整个系统的一般模式、结构和规律形成更加深入的认知。系统思想源远流长，但作为一门科学的系统论，人们公认是美籍奥地利人、理论生物学家 L.V. 贝塔朗菲创立的。他在 1932 年发表了“抗体系统论”，提出了系统论的思想。之后，在 1937 年提出了一般系统论原理，奠定了这门科学的理论基础。系统论的核心思想是系统的整体观，即任何系统都是一个有机的整体，组成这个有机整体的各个要素并不是简单地相加在一起，每个要素都处在一定的位置上，并发挥着一定的作用，同时，各要素之间相互联系，共同构成了一个有机的整体。高校育人也是一个有机的整体，各要素间协同互动，共同为高校育人目标的实现而服务。

二、高校协同育人机制构建的原则

高校协同育人机制构建的目的是使各子系统间相互协调、相互促进，从而进一步推动高校育人目标的实现。协同育人机制的构建并不是随意设计和推行的，而是要遵循一定的原则。具体而言，高校协同育人机制构建应遵循的原则主要有如下三点（图 3–2）。

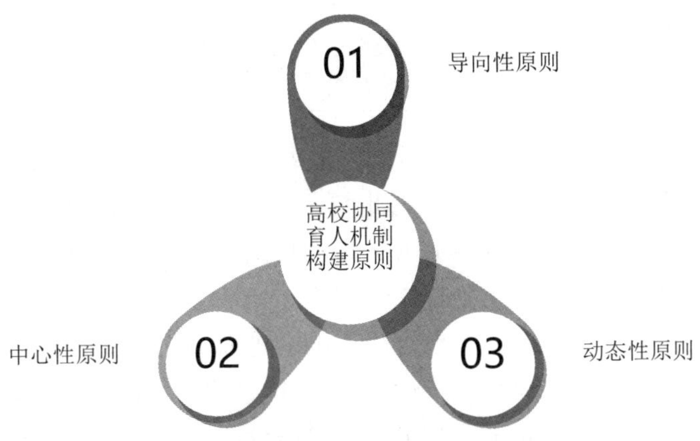

图 3-2　高校协同育人机制构建应遵循的原则

（一）导向性原则

高校协同育人机制构建的导向性原则主要体现在两个方面：一是政治导向；二是实践导向。政治导向是指在构建协同育人策略时要始终与我国社会主义社会的指导思想、主流意识以及发展要求相一致。教育是在国家发展的框架下开展的，所以一切教育策略的实施都需要以国家的发展为导向，这样才能在大方向上确保高校协同育人机制的正确性。实践导向是指高校协同育人机制的构建应该将实践育人融入其中。课堂育人和实践育人是高校育人的两个重要途径，两者是相互促进、相辅相成的关系。而协同育人工作的实施不能仅仅停留在理论认知层面，还需要充分发挥实践育人的重要作用，从而在理论和实践的协同下进一步提高高校协同育人的成效。

（二）中心性原则

中心性原则是指高校协同育人机制的构建要以学生的全面发展为中心，这也是高校育人的重要目标。要使学生获得全面的发展，在育人活动中就要以学生为中心，具体体现在两个方面：一是充分发挥学生的主体作用；二是尊重学生的发展规律。笔者在前文多次指出，学生是高校育人活动中的主体，只有真正激发他们的主观能动性，并使他们积极参与到育人活动中来，才有助于达到更好的育人效果。在协同育人模式中也是如此，无论通过怎样的方式协同、协同哪些主体，学生始终都应该是教育的中心。此外，大学生客观上存在着差异，每个学生都有自身的发展规律，教师要尊重学生的身心发展规律，并将其与社会发展和教育发展的阶段性、规律性结合起来，从而使每一个学生都能够获得良好的发展。

（三）动态性原则

高校协同育人机制并非一成不变，随着外部环境以及内部环境的变化，高校协同育人机制也要随之变化。因此，高校协同育人机制的构建应遵循动态性的原则。其实，高校本身就具有开放性的特点，而且协同理论指出的系统也是开放的，所以在系统发展的过程中，始终在与外部进行能量的交换，而当外部能量发生变化时，必然会对系统产生影响，进而引起系统的变化。需要注意的是，这种变化并不总是积极的，因为社会环境中也存在一些消极的因素，这些因素同样是外部环境能量的一部分，会对高校产生消极影响。因此，面对社会环境中的一些消极因素，高校应注意甄别，尽可能避免消极因素的影响，从而使高校协同育人机制始终朝着正确的方向进行动态创新和动态变化。

三、高校协同育人机制构建的方向

（一）加强人员之间的协同

人是高校协同育人中最核心的要素，所以协同育人机制的构建应以人为基础，实现多元主体协同，进而真正实现全员育人。具体来说，人员之间的协同可以通过个体要素建设和群体关系要素建设来实现，如图 3-3 所示。

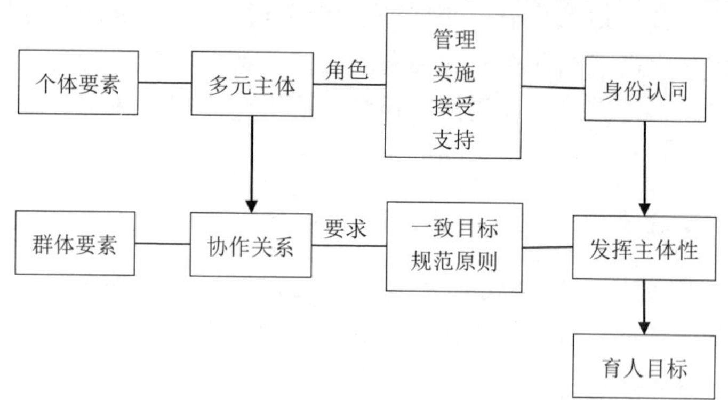

图 3-3　高校内部多元主体协同育人框架

1. 个体要素建设

在个体要素建设中，可将参与高校育人的所有人员分为管理主体、实施主体、接受主体（实践主体）和支持主体四类。个体要素建设的目的就是让各主体加强对自身角色的认识，从而更好地发挥个体角色作用，并为各人员之间的协同奠定基础。

（1）管理主体

管理主体主要指党政干部和共青团干部。党政干部发挥领导作用，主要站在宏观角度对协同育人工作进行指导，共青团干部主要是配合党政干部的工作。需要注意的是，作为管理主体，他们要尊重其他人员的参与权和知情权，让每一位参与者都能够认识到自身存在的价值，这样才有助于调动各人员参与的积极性，也有助于各人员间的协同。

（2）实施主体

实施主体主要指班主任、辅导员和任课教师。无论是通过课堂教学的形式，还是通过课外实践的方式，班主任、辅导员和任课教师都是主要的实施主体，他们负责活动的组织和实施。在这一过程中，实施主体要以管理主体确定的育人方案为指导，同时凸显学生的主体性，尊重学生的发展规律，从而使学生获得良好的发展。

（3）接受主体

学生是接受主体，其接受性主要体现在对教师组织的接受上，学生同时是实践主体，他们在实施主体（班主任、辅导员、任课教师）的引导下，参与到育人活动中，通过自己的参与、实践获得综合素质和综合能力的提升。

（4）支持主体

支持主体主要指学校的财务人员、后勤人员等。虽然这些人员不直接参与高校的育人活动，但会为高校育人活动的开展提供最基本的支持保障。因此，在高校人员协同的子系统中，支持主体也是一个不可或缺的要素。

2. 群体要素建设

在现实中，人不是孤立的，而是广泛联系的，并在广泛联系中形成稳定的社会关系[①]。在高校育人体系中，各人员之间也不是孤立的，他们存在着紧密的联系，而加强人员协同的目的就是要使这种联系进一步凸显，从而在群体协同的作用下提高高校育人成效。在群体要素建设中，为了促进各人员间的协作，至少需要做到两点。

第一，各人员间建立一致的目标。在高校育人体系中，不同的人员都有自己的“子目标”，在此基础上，各人员还应该建立一个共同的目标，这样有助于各人员间达成共识，进而促成价值认同，并实现行动的一致。

① 王学俭．现代思想政治教育前沿问题研究[M]．北京：人民出版社，2008：62.

第二，确立公共规范。在协同育人机制中，各人员都会参与其中，为了约束各参与人员的行为，需要确立公共规范，这样有助于保障协同育人体系的运行。

（二）加强部门之间的协同

部门协同是从宏观上完成高校协同育人工作。要想实现有效的部门协同，需要各部门充分发挥其职能，形成和谐的协作关系，最终形成系统的部门协同育人体系。高校部门协同体系的框架如图 3–4 所示。

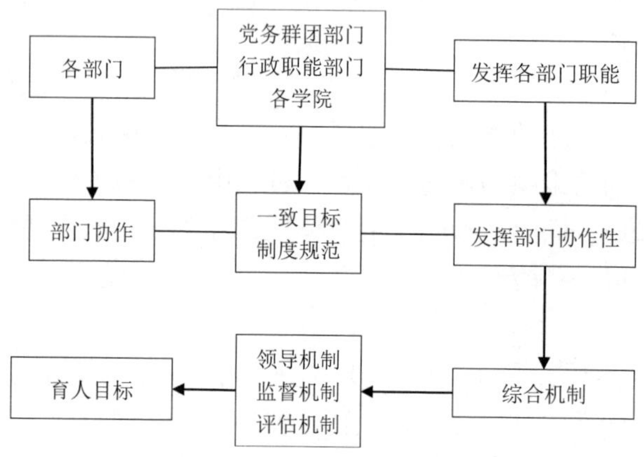

图 3–4　高校各部门协同育人框架

1. 发挥各部门职能

在高校育人工作中，各部门都承担着一定的职能，在各部门协同的过程中，各部门应注重自身职能的发挥。比如，党务群团部门是核心部门，发挥管理职能，主要负责高校育人工作的提议和宏观管理；各学院是高校育人工作的主要执行者，主要负责基础部门的思想工作，并在党务群团部门的指导下开展育人工作。无论哪个部门，在高校育人工作中都是不可或缺的，它们只有充分发挥自身部门的职能，才有助于各部门协同工作的推进。

2. 各部门形成通力关系

高校各部门之间虽然职能不同，但职能与职能之间却是紧密联系的，只有各部门间形成通力协作的关系，才能使其职能得到进一步的发挥，进而推动高校育人目标的实现。为了促进高校各部门间的协作，至少需要做到以下两点。

第一，各部门确立一致的目标。虽然各部门都有自身的职能，也有其“子目标”，但总体目标是一致的，就是使学生实现全面发展。对此，各部门之间应进一步明确总体目标，以便“劲往一块使”。

第二，制定部门协同育人的制度规范。高校可以通过激励、处分等制度提升各部门参与的积极性，同时培养各部门人员的团队意识，保障部门协同育人的有效进行。

3. 综合机制建设

综合机制建设的目的是促进各部门间更好地协同，主要包括领导机制建设、监督机制建设和评估机制建设。

首先，要强化领导机制，这是保证协同育人机制朝着正确方向前进的根本，因为领导部门的职责就是在宏观上进行把控，如果领导机制被弱化，协同育人工作的开展很容易陷入无序的状态。

其次，要强化监督机制，其作用是加强对各部门的监督，以便督促各部门职能的发挥并促进各部门间的协作。

最后，要强化评估机制，其作用是对协同育人工作的成效进行评估，然后结合存在的问题进行调整和修改，从而使协同育人机制不断趋于完善。

（三）加强平台之间的协同

在高校教育工作中，课堂是一个重要的平台，同时其也是育人的一个主要平台。除了课堂之外，社会作为第二课堂，也发挥着重要的作用，所以协同第一课堂和第二课堂非常有必要。关于第一课堂和第二课堂的相关概念及其结合的重要性，笔者在前文已经有过论述，在此便不再赘述。基于第一课堂和第二课堂协同的基础上，笔者认为在信息化时代，还应该对网络平台进行深入的思考，将网络平台看作第三课堂，并将其与第一课堂和第二课堂进行协同，从而在“三课堂”的协作联动下共同推动高校育人工作。高校平台协同的框架如图 3–5 所示。

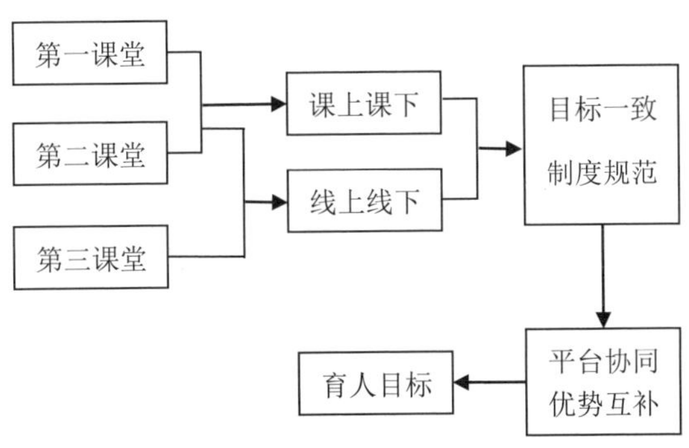

图 3–5　高校平台协同框架

1. 各平台充分发挥其优势作用

在高校育人体系中，第一课堂、第二课堂、第三课堂各自具有不同的功能。第一课堂是教育者和受教育者社会化和个性化互动的活动，教师依据高校育人的要求，通过课堂教学以及课堂互动，实现互教性和自教性的统一，学生在教师的引导以及自身的自主探究中获得综合素养和综合能力的提升。第二课堂是对第一课堂的补充，通过社会实践活动，不仅有助于学生课堂所学知识的深化，同时还有助于丰富学生的社会经验，促进学生综合能力的提升。第三课堂是对线下课堂的补充。互联网具有开放性和共享性的特点，它能够打破时空的限制，同时还具有丰富的育人资源，对于提升高校育人工作的成效具有非常积极的促进作用。

2. 各平台相互协作，实现优势互补

无论是第一课堂、第二课堂，还是第三课堂，都存在一定的短板，而根据木桶理论可知，短板的存在会影响整个系统功能的发挥。因此，补齐课堂短板非常有必要。其实，第一课堂和第二课堂的协同就是为了弥补各自的不足，通过课上和课下的联动，可以产生 1+1>2 的效果。而互联网平台作为第三课堂，又能够在一定程度上弥补线下课堂的不足，两者协同能产生 1+1+1>3 的效果。为了促进各育人平台的协作，至少需要做到如下两点。

第一，课上课下和网上网下协同育人要为一致的目标服务，即围绕学生全面发展的目标，清晰“三个课堂”的关系，促使三个课堂形成互补的关系，而非相互牵制、相互制约。

第二，三个课堂的协同要遵循一定的制度规范，尤其要加强网络课堂的监督和约束，这样有助于发挥三个课堂各自的优势作用，促进三个课堂间实现优势互补，从而促进高校协同育人成效的提升。

第三节　基于生态学的高校育人机制创新

一、生态学与教育生态

（一）生态学

生态学是指研究生物与生物以及生物与环境之间相互关系的科学。在生态学中，有几个非常重要的概念：生态系统、生态平衡和生态位。生态系统是指在一定空间内生物与环境构成的自然、开放的生态学基本单位，其中各种生命现象之间在生存过程中相互竞争、相互作用、相互依存，形成健康有序的状态。生态平衡是指一定时间内生态系统中的生物与环境之间、生物各个种群之间，通过能量流动、物质循环和信息传递，使它们相互间达到高度适应、协调和统一的状态。生态位是指物种在生物群落或生态系统中的地位和角色。生态位的概念和理论，可以在人类的多种社会生活领域找到相关的契合点，因此借用生态位概念来加以描述和考察人类的社会生活，有时会变得更加简洁和便利。

（二）教育生态

生态学不仅是一门研究生物之间及生物与非生物环境之间相互关系的学科，也是一种可以广泛运用到各个领域中的思维方法。教育作为一个复合系统，借用生态学的理论去研究教育相关的问题，是一个非常有价值的学术趋势。的确，就当前教育发展的现状来看，构建教育生态系统是21世纪教育的一个重要课题。所谓教育生态系统，就是以生态学中的一些理论为基础，将教育看作一个系统，该系统由人—教育—环境组成，并且该系统结构复杂，宏观微观相互渗透、动态静态有机融合。需要注意的是，教育生态和生态教育是两个概念，生态教育指的是以生态意识培养、生态道德建设和生态知识普及为目标的教育，使受众形成生态自然观、生态世界观、生态伦理观、生态价值观、可持续发展观和生态文明观，最终实现人类、社会、自然的和谐发展[①]。教育生态则是站在生态哲学的视域下所发展起来的一种教育状态。

二、高校生态育人机制的构建

教育生态是一种教育状态，良好的教育生态能够极大地提高高校育人的成效，而要构建一个良好的教育生态，就需要从多个方面入手。笔者通过分析当前高校育人的现状，并结合我校育人的实际情况，构建了课程育人、实践育人、服务育人、文化育人四位一体的生态育人机制。这四个方面分别在不同的方面发挥着不同的作用，而又相互联系，共同构成了一个良好的育人生态，如图3-6所示。

① 武治国．浅论新时代的生态教育观[J]．辽宁行政学院学报，2012，14(2)：112-114.

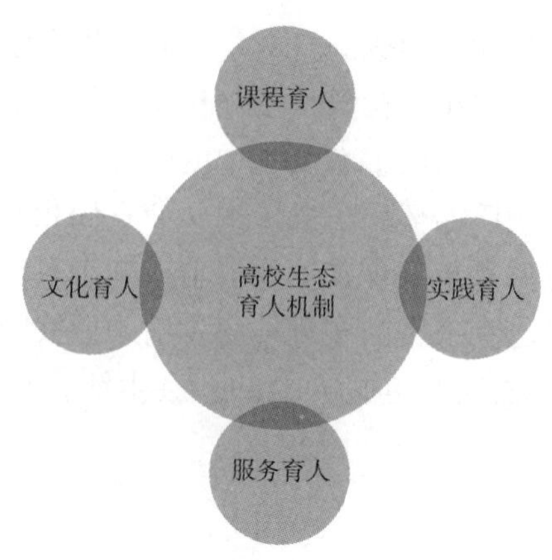

图 3-6　课程育人、实践育人、服务育人、文化育人四位一体的生态育人机制

（一）课程育人

1. 课程育人的概念

课程是高校育人的重要载体，学校通过开发、实施相关的课程，实现育人的目标。当前，我国主要实行国家课程、地方课程和校本课程并行的三级课程体系，国家课程和地方课程是高校必须完成的法定课程，校本课程是高校结合自身教育理念制定的课程，具有本校的文化特色。课程育人就是通过课程（包括国家课程、地方课程和校本课程）这一载体开展育人活动，并实现育人的目标。

2. 课程的开发与实施

在课程育人中，课程是关键，所以如何开发课程和如何实施课程是需要每一位教育工作者思考的问题。

（1）课程开发的原则

课程开发需要遵守如下四个原则。

第一，全面性原则。课程需要满足学生全面发展的需求，所以开发的课程在内容上必须是全面的。

第二，选择性原则。课程虽然是面向学生的，但由于学生间存在客观上的差异，所以在开发课程时，应给学生提供一定的选择学习内容的空间，从而在一定程度上满足学生个性化学习的需求。

第三，时代性原则。课程开发需要与时代发展同步，并能够反映科学文化发展的最新成就，这样的课程才能满足时代发展的需要，才有助于培养出时代发展需要的人才。

第四，系统性原则。课程开发必须形成系统，形成完整的课程结构，这样才能充分发挥课程的育人功能。

（2）课程的实施

课程实施是一个序列化、动态化的过程，是教师有目的、有计划进行的。以大学生课程育人为例，大学课程的实施可概括为 6 个环节，如图 3–7 所示。

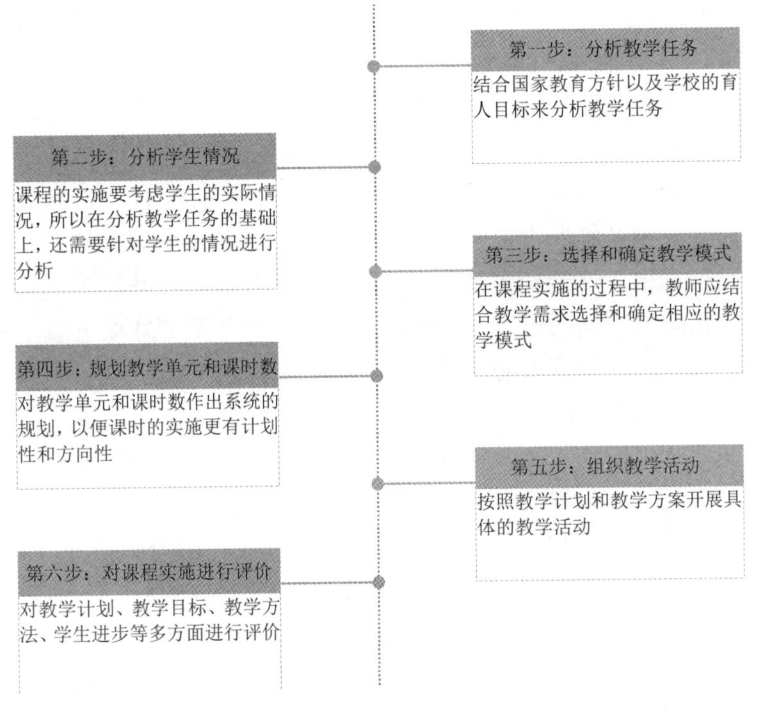

图 3–7　课程实施步骤

3. 课程育人的注意事项

在实施课程育人的过程中，要保障课程育人的成效，需要注意以下三点。

第一，课程育人要坚持正确的政治方向。高校育人的目标是培养全面发展且对国家建设有用的人才，这就需要坚定正确的政治方向，如此才能培养出坚定党的领导，并切实践行社会主义核心价值观的人才。

第二，课程育人过程中要充分尊重学生的个性差异，注重学生主体性的发挥。个性差异在大学生群体中是客观存在的，教师应学会尊重这种差异的存在，并因材施教，这样才能使不同的学生获得应有的发展。此外，虽然教师在课程育人中发挥着非常重要的作用，但也不能忽视学生的主体作用，要引导学生针对知识进行自主探究，这样才有助于学生综合能力的发展。

第三，课程育人必须以立德树人为根本，以学生的全面发展为目标。不可否认，课程育人的重点在于学生专业知识与专业技能的掌握，但其根本仍旧是立德树人，其目标依旧是学生的全面发展。因此，在课程育人中，教师要坚守育人为本的教育理念，始终将学生的发展作为教育工作的重心。

4. 我校课程育人优秀案例

案例名称：线上线下同心战“疫”——浙江经贸职业技术学院开启思政育人新模式。

在线教学是当前疫情防控时期的非常之举，也是推动思政课改革创新的突破口。为贯彻落实习近平关于新冠肺炎疫情防控工作的重要讲话和指示精神，全力支持配合打赢疫情防控人民战争、总体战、阻击战，按照教育部、浙江省教育厅和学校“停课不停学”的工作要求，浙江经贸职业技术学院马克思主义学院高度重视，召开了党政班子、教研室主任和全体教师多个层面的视频会议，对疫情防控期间的思政课在线教学进行统筹规划，在线上教学和线下防控的互动中开启了课程育人的新模式。

线上教学正式启动后，全体教师迅速行动起来，分头联系授课班级，在人民数字马院“优学院”教学平台建立班课群，组织学生开展在线直播、微课学习、互动讨论、作业测试等教学活动。在浙江省高等学校在线开放课程平台建立“抗疫版”在线课程，联合省内 5 所“双高校”的思政名师、骨干教师、教学比赛获奖教师（共 25 人）录制了思政微课 55 个，形成线上名师和线下讲师共同授课的“双师课堂”，加强课前、课中、课后管理，强化了在线学习过程和多元考核评价意识，注重学生思政课学习的获得感，使线上线下“双线教学”取得良好效果。2021 年我校学生对思政课的满意度为 95.8%，同比增长 4.5%，在线教学综合满意度五星（来源：数据来自我校 1042 名听课学生的随机抽样调查）。

（二）实践育人

1. 实践育人的概念

何谓实践育人？刘川生在《高校实践育人工作有效机制研究》一文中指出：“实践育人是在尊重人才培养规律、教育发展规律的基础上形成的科学教育理念，是对马克思主义实践观的深化。”[①] 刘教民则认为：“高校社会实践育人已不同于传统的实践育人，具有新的模式、新的内涵，即把教育课堂从校园引

---

① 刘川生．高校实践育人工作有效机制研究 [J]. 思想理论教育导刊，2016(12)：119-124.

向社会，从而把以课堂为基础的小教育发展到以社会为平台的大教育。”① 虽然不同学者对实践育人的看法存在差异，但有一点是相同的，那就是实践育人离不开实践活动，这是实践育人的核心。因此，笔者认为可以对高校实践育人进行简要的概括，即高校通过一系列的实践活动来对大学生进行教育，从而实现育人的目标。

2. 实践育人的实施

和课程育人不同，实践育人的核心是实践活动，所以高校实践育人的实施基本围绕社会实践活动展开。综合来看，高校实践育人的实施可概括为三个环节：实践育人方案的制定、实践活动的实施、实践育人成效的评估。

（1）实践育人方案的制定

实践育人方案是实施实践育人的基础，所以高校首先需要结合育人目标制定相应的方案。制定的方案需要具备可操作性，能够指导实践活动的具体实施。

（2）实践活动的实施

实践活动实施是实践育人的核心环节，所以实践活动实施的有效与否在很大程度上影响着实践育人的成效。实践活动的实施大致也可以归结为三个环节：实践活动的前期准备、实践活动的具体实施、实践活动的总结，如图 3-8 所示。

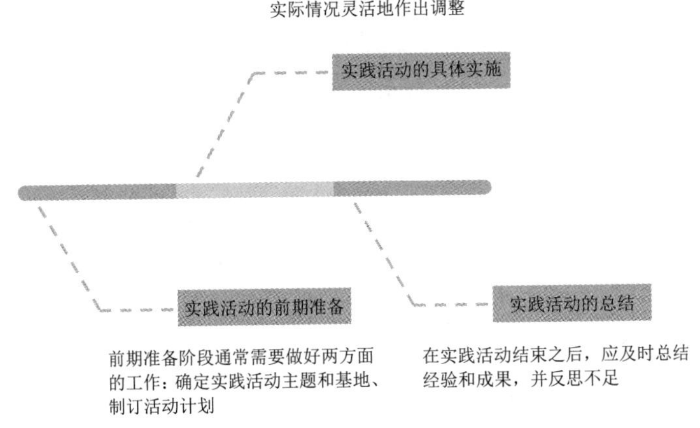

图 3-8　实践活动实施的步骤

① 刘教民 . 构建高校社会实践育人新模式的实践与思考 [J]. 中国高等教育，2014(19)：17-20.

（3）实践育人成效的评估

在实践活动结束后，需要评估实践育人的成效，总结实践育人实施过程中取得的成果和经验，并反思其中存在的不足，然后针对实践育人方案进行修改和完善，用于指导下次的实践育人活动。

3. 我校实践育人优秀案例

案例名称：以勤修身 以劳为径——浙江经贸职业技术学院“5+1”劳动教育体系改革实践。

浙江经贸职业技术学院在建校之初，就在全校范围内组织了“劳动周”活动。历经 40 多年的探索实践，“劳动周”已升级为以“教学、宣传、科研、实践、竞赛”为五个抓手和一个“评价管理机制”的全方位、多层次、立体化的“5+1”劳动教育体系。“5+1”劳动教育体系创新性地将劳动教育融入人才培养全过程，出实招、见实效，充分彰显了劳动实践育人的价值。

“5+1”劳动教育体系中的“5”包括建设一个劳动教育课程群、拓展一片劳动文化宣传阵地、建立一个劳动教育研究中心、激活一个“学校＋社会＋家庭”多方联动协同育人平台、承载一种社会责任，“1”为开发一套劳动教育动态研判评价管理机制。全方位、多层次、立体化的“5+1”劳动教育体系，推动了学校发展和人才培养，在我校的人才培育体系中发挥着非常重要的作用。

（三）服务育人

1. 服务育人的概念

服务育人是指服务主体在向服务对象提供各种服务的过程中，以丰富的物质和文化满足、熏陶、感染学生，并通过优质服务及服务者的良好形象，塑造一个真、善、美的育人环境，从而对学生的世界观、人生观、价值观和道德品质的形成起到暗示性、渗透性和潜移默化的作用。高校服务育人有显性和隐性两个层次，显性层次的服务是指外在的服务行为、服务环境、服务形象等，并通过这些外在的服务内容对学生产生积极的影响；隐性层次的服务是指内在的服务行为、服务环境和服务形象，那些不被学生直观感受到的服务内容都可以看作隐性层次的服务。显性层次的服务和隐性层次的服务共同构成了高校的服务育人体系，是高校生态育人机制中不可或缺的组成部分。

2. 服务育人的途径

关于服务育人的途径，笔者在综合分析服务育人本质以及高校育人目标的基础上，总结了四个途径：环境育人、行为育人、体验服务育人和大爱育人。

（1）环境育人

环境可以对身处其中的人产生影响，包括积极的影响和消极的影响。环境育人就是借助环境对人的这种作用，通过在大学校园中营造良好的环境去对学生产生积极的影响，进而促进学生的成长和发展。校园环境建设是高校后勤人员的一项重要工作，他们要结合本校的文化特色，打造独具本校特色的校园环境，从而借助环境去潜移默化地影响学生。

（2）行为育人

"言传""身教"是教育工作者教育学生的两种途径。相较于"言传"的直接影响而言，"身教"对学生的影响是间接的，这种间接的影响也许不能立竿见影，但却能够发挥非常重要的作用。因此，每一位校园工作者都需要约束自身的行为、规范自己的语言，从而用自身的言谈举止去对学生产生积极的、正面的影响。

（3）体验服务育人

体验服务育人重在"体验"二字，即通过学生的亲身参与，让学生在对服务的体验中得到教育。因此，针对高校的一些后勤服务，可以让学生参与进来，产生体验经历，从而有所获得。比如，高校可以组织学生进行劳动体验，包括清扫校园、义务植树等。

（4）大爱育人

大爱是人对人的自身价值、前途和命运的自觉持久的关爱精神和高度负责行为的统一，是主体对客体在行为上的高度负责。在高校服务育人体系中，大爱育人就是要求高校服务人员在服务学生的过程中能够用大爱精神去关爱每一位学生，并用真诚的心去引导学生学会热爱生活和关爱他人，从而让学生的综合素养得到进一步的发展。

3. 我校服务育人优秀案例

案例名称：茶余客话 真理引导 真心润泽——工商管理学院"茶余客话"思政工作室。

面对个性鲜明的"95后""00后"，如何以"小伙伴"的姿态传递为来自老师的关照？面对学生多种多样的成长诉求，又该用什么样的方法实现精准对接？如何更好地服务学生？为持续深入学习贯彻党的十九大精神，加强改进大学生思想政治工作，工商管理学院尝试以"真理引导 真心润泽"为理念，精心打造思政教育新模式——"茶余客话"工作室。

"茶余客话"工作室位于学校崇文楼214办公室，是一个师生谈心交流的新平台，以"浸润式引导"的形式开展个性化教育，以"1+1+1群"的模式开展交流活动，即每次专场邀请 1 位教师分享交流 1 个主题，引导润泽 1 群小伙伴。工作室交流内容主要分“传统文化之粹”“企业行业之魂”“职业成长之本”“修身养性之道” 4 个方向，“农耕文化”“目标规划”“求职就业”等 16 个主题。作为思政教育新模式，它体现了小规模、明主题、强互动、促共鸣的育人特色，有利于拉近师生之间的距离，有效满足学生在创业、求职、文化、心理等各方面的成长成才诉求。

（四）文化育人

1. 文化育人的概念

文化是人类长期实践的产物，具有系统性、历史性、实践性、创造性等特征，同时还具有导向、规范、凝聚和驱动等作用。文化所具有的功能决定了文化能够作为文化育人的重要载体。而文化育人，简单来说就是以文化育人，即遵循高校教育的原则和大学生的成长规律，以文化价值渗透的方式，将先进文化的价值渗透到人的灵魂深处，使人内化于心、外化于行，从而实现文而化之的目的，促进大学生的全面发展。文化育人同课程育人、实践育人、服务育人不同，其作为高校生态育人机制中的重要组成部分，强调“重视人文教育、隐性教育，注重精神成长、思想提升，主张潜移默化、润物无声，通过有意味的形式，长久地、默默地、逐渐地感染人、影响人、转化人”①，进而促进高校育人目标的实现。

2. 文化育人的途径

文化可分为物质文化、精神文化和制度文化，高校领域内的文化同样可以分为这三个部分，因此，高校文化育人的途径可以从这三个方面展开。

（1）物质文化育人

高校物质文化是校园文化的物质基础，如教室、图书馆、实验室、雕塑等都属于高校物质文化的范畴。高校物质文化是校园文化的外显层，能够被学生直观地感受到，对学生的影响也是直接的。因此，高校首先要注重物质文化的建设，通过优化学生身边的环境对学生产生积极的影响。

（2）精神文化育人

精神文化是人类在从事物质文化基础生产上产生的一种人类所特有的意识形态，它是人类本质属性的体现，决定了人类的精神本质、精神状态和精神生活。精神文化主要包括五个要素：知识、思维、方法、原则和精神。其中，

① 冯刚．坚守核心价值观必须发挥文化的作用[N]. 光明日报，2015-11-10(14).

知识是精神文化的载体，思维是精神文化的关键，方法是精神文化的根本，原则是精神文化的精髓，精神则是精神文化的灵魂。这五个要素相互联系，彼此支撑，形成了人类精神文化的整个体系。相较于物质文化而言，精神文化对学生的影响更加深远，所以高校要更加重视精神文化的建设。而高校精神文化的建设可以围绕上述五个要素展开，通过多个方面去影响学生，从而进一步促进学生的发展。

（3）制度文化育人

学校制度文化，即由学校制度所承载、表达、衍生和推动的文化，它是一所学校渗透在体系架构、规章制度、工作流程、岗位职责中的价值观念和风格特色，也是在生成和执行各类制度的过程中折射出来的价值取向和行为准则。制度文化作为高校校园文化的重要组成部分，在高校文化育人体系中也发挥着重要的作用。制度文化作为一项渗透到校园方方面面的文化，能够影响师生的行为及其核心价值观。此外，无论是物质文化还是精神文化，其作用的发挥都需要制度文化作为支撑。因此，在高校文化育人体系中，制度文化的建设不可或缺。

3. 我校文化育人优秀案例

案例名称：弘扬和合文化 构建和谐校园——2019 年大学生合唱节。

为加强“和谐校园”建设，以合唱艺术之“结合”“合作”“融合”的表现形式，展现经贸青年“和谐”“和平”“祥和”的精神品格和价值追求，激励广大青年不忘初心、牢记使命、矢志奋斗、担当有为，我校在 2019 年组织了大学生合唱节。此次合唱节以“青春心向党 建功新时代”为主题，共有七支合唱团参赛，每支队伍演唱两首曲目，其中校歌《新时代的经贸人》为必唱曲目，这也是爱校荣校教育的重要环节。

应用工程学院合唱团选唱曲目《潮起浙江》，正如歌中唱的那样“魅力浙江多思变，潮起巨浪看东南”，他们用嘹亮的歌声展现出青年人在改革开放前沿的呐喊与钱江大潮逆流奔涌的恢弘场面；继续教育学院合唱团选唱曲目《仰望星空》，他们用轻快的音乐让观众们感受到青年学子特有的勃勃生机以及他们对新时代的美好憧憬；信息技术学院合唱团选唱曲目《老师，我总是想起你》，“想到你慈母的心肠，想到你深切的教益……”，款款深情的曲风，唱出了经贸学子对教师的崇敬之情……七支队伍依次登台表演，同学们精神饱满，热情洋溢，激昂的歌声响彻体育馆上空。本届合唱节作为我校纪念五四运动 100 周年、中华人民共和国成立 70 周年、建校 40 周年系列庆祝活动之一，将爱党爱国爱校教育与合唱文化紧密结合，充分展现了经贸青年青春心向党的红心、奋发勇担当的斗志和建功新时代的决心。

通过上文的分析可知，笔者提出的高校生态育人机制中的四个方面并不是相互孤立的，它们之间不仅相互影响、相互联系，而且也存在交集的部分，所以在构建高校育人生态机制时切忌将其看成四个孤立的方面，而是要以生态的思维去看待，将四个方面有机联系起来，这样才能使其真正形成一个生态，从而提高高校育人的成效。

第四节　基于互联网思维的高校育人机制创新

一、互联网与互联网思维简述

（一）互联网

要明晰互联网思维，首先要了解什么是互联网。互联网是一个专用名词，指世界上最大的覆盖全球的计算机网络，即广域网、局域网及单机按照一定的通信协议（TCP/IP 协议）组成的国际计算机网络[①]。互联网是现代科技发展的产物，也是推动社会发展的一个重要技术媒介。互联网在现实生活中的应用范围很广，如社交、网上贸易、资源共享等。互联网的出现极大方便了人们的生活，也逐渐改变了人们的思维，并成为人们日常生活中不可或缺的一个组成部分。

（二）互联网思维

互联网思维是基于互联网形成的一种思维方式，目前对互联网思维最普遍的定义是在互联网、大数据、云计算等科技不断发展的背景下，对市场、用户、产品、企业价值链乃至对整个商业生态进行重新审视的思考方式。显然，这种定义是一种狭义的定义，仅将互联网思维看成一种商业思维。如今，互联网已经渗透到人们日常生活的方方面面，对人们的生活也产生了巨大的影响，这决定了互联网思维必然不是一种狭义的商业思维，而是一种可以运用到人们社会生活方方面面的思维。基于这一认识，笔者认为互联网思维可以从更加宏观的角度去界定，这是一种充分利用互联网方法、规则、内容等进行学习、工

① 张继成．计算机网络技术[M]．北京：中国铁道出版社，2019：8.

作、思考和生活的新的思维方式。互联网思维具有互动性、开放性、平等性、合作性等特点，这些特点决定了互联网思维可以运用到高校育人中，从而为高校育人机制的创新开拓一条新的道路。

二、互联网思维下高校育人机制创新的重要性和必要性

（一）互联网思维下高校育人机制创新的重要性

大学生是接受新生事物最快的一个群体，面对飞速发展的互联网，大学生已经在一定程度上形成了互联网思维，所以重视互联网的发展，有效利用互联网思维，对于高校育人机制的创新而言具有非常积极的现实意义。

2014 年 8 月，中宣部部长刘奇葆提出要强化互联网思维，以机制创新为动力；2016 年 2 月，习近平在党的新闻舆论工作座谈会上指出，“一个人人都是自媒体，个个都是发声筒的纷繁复杂的舆论传播格局已然形成”“要充分运用新技术、新应用、新媒体传播方式加快创新”；同年 4 月，习近平在网络安全和信息化工作座谈会上发表重要讲话，“必须贯彻以人民为中心的发展思想”“让亿万人民在共享互联网发展成果上有更多获得感”“让互联网更好造福国家和人民”。由此可见，在当前的时代下，面对互联网的快速发展，每一个人都需要具备互联网思维，与此同时，互联网思维也将全面体现、应用在我国变革的各个领域。

针对高校育人的创新变革，中共中央、国务院印发的《关于加强和改进新形势下高校思想政治工作的意见》中明确提出，要“树立互联网思维，推动思想政治工作传统优势与信息技术高度融合，使互联网成为开展思想政治教育的新平台”。虽然该文件是从高校思想政治工作的角度提出的，但也可管中窥豹，由高校思想政治工作延伸到高校育人工作中。概而言之，就是面对互联网的快速发展，高校要充分利用互联网思维，对高校育人机制进行创新，从而借助互联网的东风提高高校育人的成效。

（二）互联网思维下高校育人机制创新的必要性

关于互联网思维下高校育人机制创新的必要性，笔者认为可以从如下两个方面进行分析。

1. 高校育人机制需要紧跟时代发展的脚步

高校传统的育人机制在人才培养上虽然发挥着重要的作用，但面对时代发展的洪流，高校必然需要在尊重传统育人机制的基础上，结合互联网发展的

优势对其进行创新。一方面，新时代的大学生乐于接受新事物，他们已经在一定程度上具备了互联网思维，高校育人机制如果不能结合学生的特点去构建，将会和学生出现思维上的断层，从而影响育人的成效。另一方面，面对推进高等教育现代化的要求，高校也必然需要融合互联网的思维。当然，基于互联网思维的高校育人制度创新并不是要完全否定传统的育人机制，而是要将两者有机结合起来，通过“线上 + 线下”的方式进一步提高高校育人的成效。

2. 应对互联网对高校育人机制冲击的需要

高校的一个重要特征就是开放性，这种开放性有利有弊，其中，比较突出的一个弊端就是容易受到社会发展过程中一些因素的冲击。随着互联网的快速发展，互联网对高校育人机制的冲击越来越明显。比如，对于学生缴费、选课、校园活动等，已经无需学校教管人员一一进行通知，学生在网上便可以完成上述操作。因此，面对互联网对高校育人机制的冲击，高校不能故步自封，而是要保持开放的心态，充分利用互联网思维，从而促进高校育人成效的提高。

三、互联网思维下高校育人机制创新的策略

高校育人机制的构建是一项复杂的工程，其涉及的内容非常广泛，可概括为四个要素：主体、客体、载体和环境。互联网思维下高校育人机制的创新便可以从上述四个要素作出思考，并提出具备可操作性的策略。

（一）树立互联网育人理念

育人理念是育人工作的先导，如果育人理念存在问题，那么育人工作的开展也必然会存在问题。因此，基于互联网思维的高校育人机制创新首先要落脚到高校教管人员的育人理念上。如今，互联网已经渗透到高校教育教学的方方面面，对高校教育教学产生了重要的影响。作为高校中的教管人员，要重视互联网在高校育人工作中所发挥的优势作用，并逐步形成一定的互联网思维，从而使互联网成为高校教管人员培育人才的一把利剑。

（二）建立动态立体的互联网思维育人模式

在高校育人机制构建中，可以借鉴互联网思维中用户思维、平台思维、动态思维、社会化思维、大数据思维等属性，可通过价值引领、教学、管理、服务、文化、大数据等运行机制，建立全方位、立体化、动态调整的育人模式。具体来说，可以从如下五个方面着手。

第一，借助互联网的辐射力，加大对优秀传统文化、社会主义先进文化、社会主义核心价值观等内容的宣传与弘扬，以此来加强大学生的理想信念教育。

第二，借助互联网制造积极的网络舆情，屏蔽消极的网络舆情，以此来强化大学生的思想道德教育和价值引领。

第三，借助互联网的便利性与政府、企业和社会组织建立联动机制。社会实践活动是高校育人体系中的一项重要内容，在学生参与社会实践活动的过程中，高校仍旧需要发挥积极的引导作用，而借助联动机制，高校便可以更加有效地指导大学生的社会实践活动，从而提高大学生完成社会实践活动的效率。

第四，将信息技术融入高校课程育人中，从而借助信息技术的优势作用提高课程育人的成效。

第五，借助互联网大数据的优势作用，构建更加科学化、数字化的评价机制，以此来促进高校评价机制的完善。

（三）打造无边界的网络育人生态

互联网的一个重要特征是开放性，每个人都能够在互联网上接收信息和发布信息，这在很大程度上促进了教育资源的共享。而教育资源作为支撑学生发展的一个要素，通过互联网上共享的资源，学生可以获取自身发展所需要的资源，从而满足学生个性化学习的需求。如今，大学生通过互联网可以获取的资源已经远远超过了书本，丰富、开放的信息资源也进一步开阔了学生的视野，拓展了学生的思维。在这种背景下，高校育人机制的创新也需要借鉴互联网“开放性”的特征，通过不同的手段将互联网思维的“开放性”引入高校育人的各个环节中，并将多种资源整合为全方面的、无边界的育人平台，从而构建出一个没有边界的“网络育人生态”。

在具体的策略上，笔者认为可以从两个方面着手。

第一，打破高校各学院、各专业间的边界，构建人才培养的内部协同机制。当前，高校内部各学院、各专业之间存在着明显的界限，彼此之间缺乏相互支撑、相互信任，资源也没有共享。不可否认，不同专业之间在专业知识上存在很大的差别，但在人才培养上却有很多的共通点，所以不同学院、不同专业之间应该打破各学院、各专业间的育人“边界”，实现资源的共享，并在人才培养上相互支持，从而取得 1+1+1…>n 的效果。

第二，组建各类跨学科研究中心、跨学科实验中心、跨学科教学中心等开放性的教育平台，打造学科资源开放共享平台，建立支撑学生全面发展的育人机制。与此同时，高校还可以和企业、社会组织构建合作关系，打破高校与社会之间的资源壁垒，将更多的社会资源引入高校育人之中。在这一过程中，高校可以充分利用互联网的便利性，使社会资源更加快捷地进入高校之中，同时，学生也可以借助互联网更加便捷地使用这些教育资源，从而为他们的成长与发展提供资源支撑。

（四）构建“去中心化”的网络育人社群体系

互联网思维强调参与者的平等性，即在互联网端的每一个人都是平等的，虽然他们相隔万里，有着不同的种族、职业、年龄，但每个人都拥有一个相同的名字——网友，这个名字决定了彼此之间的平等性。“平等性”的特点决定了人们在网络上的交流、交往和交易是在平等的前提下进行的。互联网新媒体环境下的人际关系通过体现互联网特征的去中心化、扁平化、自组织、自涌现、自生成等管理方法，实现无组织的组织力量[①]。高校“去中心化”的网络育人社群体系便是依据这一特点构建的。

在人才培养中，高校应顺应大学生的个体差异，尊重大学生的个体意识，培养大学生选择适合自身的方式去完善自己、发展自己，而非采用统一的方式去教育学生。当前的大学生大多为“00后”，他们具有较强的自我意识，非常关注自身个性的发挥，所以针对“00后”大学生的教育必须注重他们个性的凸显，并结合他们的实际发展情况，为学生构建社群体系（或者由他们自发构建）。关于社群体系的构建，可以是线下的社群体系，也可以是线上的社群体系。相比较而言，线下社群体系的交流会更加深入，而线上社群体系的交流会更加便捷，两者各有优点。

其实，无论是线下社群体系，还是线上社群体系，遵循的都是具有“平等性”特点的互联网思维。在这一思维下，高校育人机制的创新，要改变传统育人过程中教育者高高在上，学生被动接受教育的情况，摒弃传统的同心圆模式，实现无中心的后现代分散模式运作，实现育人机制平等民主氛围的创新。鼓励学生在利用网络平台的过程中结合自身的兴趣、职业规划等积极主动地参与到“去中心化”的社群体系构建中去。教育者与大学生都以平等的身份参与到育人体系之中，在平等交流、协商对话中，沿循“从关注到认可，从认可到认同”的思维逻辑，润物无声，春风化雨，潜移默化地影响和教育大学生。

① 姜奇平．什么是互联网思维[J]．互联网周刊，2014(5)：70-71．

（五）构建“交互参与”的网络育人机制

互联网思维的又一个特点是“交互性”，尤其随着新媒体技术的发展，互联网的交互性得以提高，一个话题在很短的时间内便可以传播出去，甚至通过多人的参与不断扩散，进而对很多人产生影响。借助互联网的这一特征，可以有效推动高校育人机制由“单向传递”向“交互参与”转变。高校传统的育人模式通常是以教育者为中心，学生一般处于被动接受的状态，育人模式是典型的“单向传递”的模式。而在互联网的大环境下，高校除了利用传统的方式开展育人工作，还可以借助新媒体（如微信、微博、公众号等）开展育人工作，为学生推荐有助于他们成长的内容。而学生在接收信息的同时，也可以大胆表达自己的想法和建议，参与到高校的育人工作中，这样不仅有助于高校育人工作成效的提升，也有助于学生的成长。总之，借助互联网的交互性，高校应推动高校育人机制实现从“单向传递”模式向“交互参与”模式转变，使学校中的每一位学生都能够参与到高校育人这项工作中，从而在教育工作和学生的互动中实现育人的目标。

第四章　育人视角下大学生社会实践能力培育的理论研究

育人是高校教育工作的核心，在这一视角下，笔者针对高校育人的机制进行了系统的分析。下面，笔者继续站在育人的视角下，将分析的视角进一步聚焦到大学生社会实践能力的培育上。在本章中，笔者主要针对大学生社会实践能力的基础性内容及其培育的意义和理论基础做初步的阐述。

第一节　大学生社会实践与实践能力

一、大学生社会实践

要明晰大学生社会实践能力的内涵，首先需要了解什么是大学生社会实践。笔者在此首先针对大学生社会实践进行简要的剖析。

（一）大学生社会实践的概念

关于什么是实践，不同的学者站在不同的角度对其进行了解读。比如，马克思站在哲学的角度针对实践的本质进行了探索，他认为实践是人类认识世界和改造世界的物质活动或精神①。再如，杜威认为，实践是人类应对环境的一种活动，这种活动和动物适应环境的活动相比，只有高下程度的差异，没有本质的区别②。

---

① 中共中央马克思恩格斯列宁斯大林著作编译局．马克思恩格斯文集（第 1 卷）[M]．北京：人民出版社，2009: 506.

② 司马术云．生活与哲学 翻转课堂导与学 [M]．广州：广东高等教育出版社，2016: 50.

大学生实践与人类社会实践既有在共性，又具有大学生群体的独特个性。笔者认为，大学生社会实践就是指大学生在教师的指导下，进入社会情境中（也可以是虚拟的社会情境，如课堂实践中假设的社会情境），参与各种社会活动（包括公益性、服务性、体验性等各种类型的活动），以提升社会实践能力、增强社会责任感的一种教育活动。

（二）大学生社会实践的特点

1. 教育性

大学生社会实践活动虽然远离了传统的课堂，但却具有很强的教育性，而且该教育性和传统课堂可以实现优势互补。在高校育人体系中，高校通过有目的、有计划地组织大学生深入社会，开展社会活动，能够有效提高大学生的社会实践能力，同时让大学生在不同类型的社会活动中获得不同能力的发展，这对于弥补传统课堂教学的不足，促进学生的全面发展具有非常重要的意义。

2. 主体性

大学生社会实践的主体性是针对大学生而言的，因为大学生是社会实践的主体。虽然教师是组织者，但真正参与实践的是大学生，而且现代教育也强调学生主体作用的发挥，因此，一切社会实践活动都应该围绕大学生去组织，并充分尊重学生的主体性，从而让大学生在自我教育、自我管理中实现自我发展。

3. 多样性

大学生社会实践的多样性主要体现在两个方面。一方面是实践活动类型的多样，这样能够满足不同大学生的需求，而且通过组织不同类型的社会实践活动也能够促进大学生不同能力和不同素养的发展。另一方面是大学生社会实践途径的多样。大学生社会实践活动一般由高校组织，但并不是只有高校一个途径，学生也可以自发组织，或者通过与校外组织合作的方式组织。需要注意的是，无论哪种途径，都不能缺少高校的参与，虽然高校并不直接决定学生的实践活动，但对学生的引导不可或缺。

（三）大学生社会实践的类型

依据不同的标准进行划分，可以将大学生社会实践分成不同的类型，具体划分如图 4–1 所示。

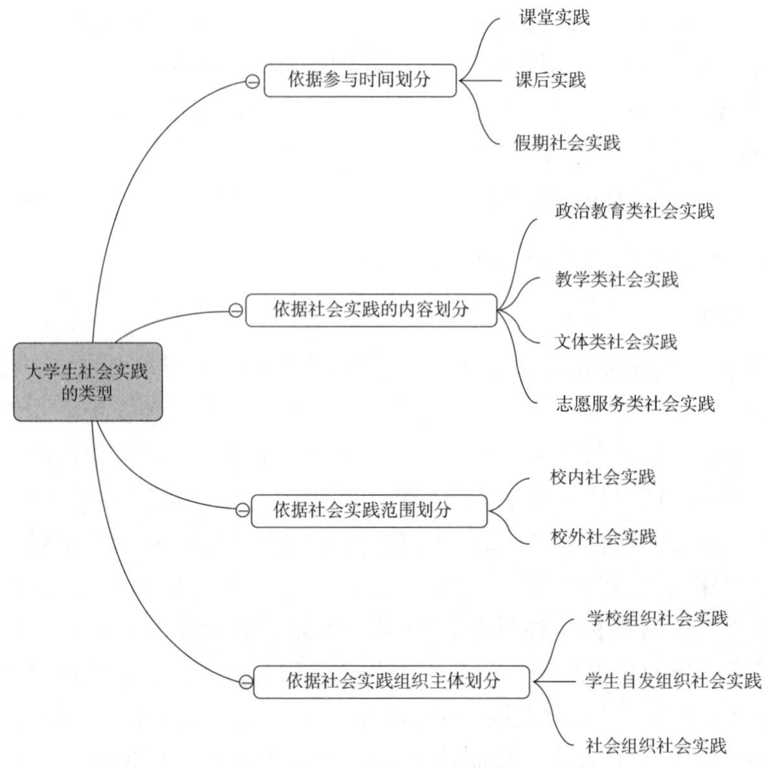

图 4-1　大学生社会实践的类型

二、大学生社会实践能力

笔者在上文针对大学生社会实践进行了简要的阐述，而社会实践能力是建立在社会实践基础之上的，所以笔者接下来将针对大学生社会实践能力进行论述。

（一）大学生社会实践能力的概念

虽然上文对大学生社会实践进行了界定，但不足以支撑对大学生社会实践能力的界定，我们还需要对能力和实践能力做进一步的说明。

关于能力的概念，心理学上将其界定为人顺利完成某种活动所必须具备的那些心理特征[①]。当然，心理层面关于能力的界定并不能完全说明能力的含义，因为在现实生活中，能力不仅体现在心理层面，所以笔者认为可以把能力

① 章竞．基于实习基地模式的物流实践性人才培养研究[M]．北京：中国财富出版社，2018：1.

界定为完成一切获得本领。虽然不同学者针对能力的看法不同，但综合来看，他们对能力的界定都包含如下四个方面。

第一，能力既包含生理素质，也包含心理素质，它是一种综合性的体现。

第二，能力能够通过教育培养，尤其在社会实践中发展更快。

第三，人通常具有多种能力，而且能力具有互补性，不同的能力可以相互补充、相互促进。

第四，能力能够反映一个人的个性特征，能力越强，对个体个性特征的反映越明显。

实践能力是一个人能力的组成部分，它主要指向人的社会实践活动。关于实践能力概念的界定，笔者查阅资料后发现，从不同的视角出发也有不同的解释。比如，从词源学的角度出发，实践能力是指主体有目的、自觉地改造客体的能力，其中主体是具有主观能动性的人，客体是主体要认识或改造的对象。再如，从心理学的角度出发，实践能力是指对个体解决问题的进程及方式上直接起稳定的调节控制作用的个体生理和心理特征的总和。综合不同角度对实践能力的解读，笔者认为可以将实践能力界定为个体运用已有知识、技能去解决实际问题的能力。

在对能力和实践能力进行界定之后，再结合前文对大学生社会实践的相关论述，便可以对大学生社会实践能力进行一个界定。大学生社会实践能力是指大学生在有目的、有计划地参加社会实践活动过程中，认识社会、参与具体的社会生活和生产劳动、解决各种实际问题时所体现的程序性知识和基本能力。它是由一般社会实践能力（基本社会实践能力）和特殊社会实践能力（专业社会实践能力）构成的能力体系。一般社会实践能力是指大学生从事各种社会实践活动都必须具备的基本能力，是大学生在社会实践活动过程中必不可少的能力。特殊社会实践能力是指大学生从事专业性社会实践活动所必需的能力，是大学生运用所学的理论知识分析、解决专业领域中实际问题的能力。

（二）大学生社会实践能力的构成

通过上文对大学生社会实践能力概念的界定可知，大学生社会实践能力的构成可从基本社会实践能力和专业社会实践能力两个角度展开分析，如图 4–2 所示。

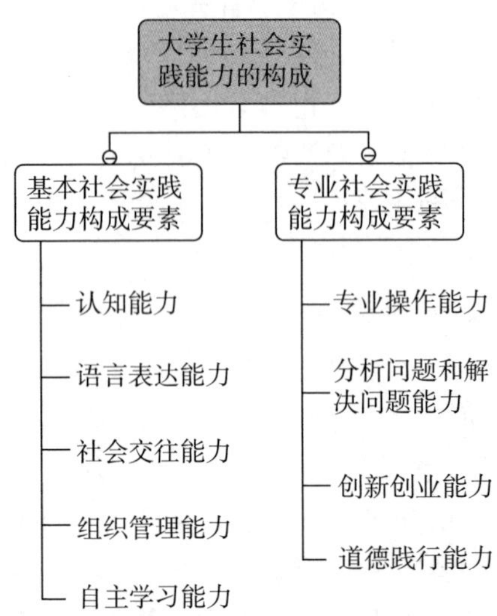

图 4-2　大学生社会实践能力的构成

1. 大学生基本社会实践能力构成要素

（1）认知能力

认知能力是指人们对事物构成、性能、发展规律及其与他物的关系的一种把握能力。认知能力是人类的一个基础能力，也是必不可少的一个能力，只有具备了一定的认知能力，才能正确认识世界（包括物理世界和社会世界）。

（2）语言表达能力

语言表达能力包括口头语言表达能力和书面语言表达能力，这是一种能够准确运用语言表达个体情感和思想的能力。语言作为一种信息交流的符号，是人们日常生活中不可或缺的一种要素，如果语言表达不清楚、不准确，必然会影响人与人之间的沟通。

（3）社会交往能力

社会交往能力是一种妥善处理社会交往活动中人际关系的能力。人不是孤立存在于社会之中的，必然会与他人产生交往，所以社会交往能力也是不可或缺的基本能力之一。对于大学生来说，校园中的人际关系相对简单，而在社会实践中，他们会接触到更多的人，遇到更加复杂的人际关系，这对于他们社会交往能力的提升将会起到非常积极的促进作用。

（4）组织管理能力

组织管理能力是指在组织群体活动中，能按照明确的计划，充分发挥每个参与者的积极性和主动性，协调地进行工作，以达到预期目标的能力[①]。组织管理能力是一种综合性的能力，它涉及决策能力、计划能力、协调能力、组织能力等多种能力。大学生社会实践活动的开展需要每一个参与者都具备一定的组织管理能力，这有助于提高社会实践活动的成效。

（5）自主学习能力

自主学习能力是指学生通过分析、探究、实践、总结等方法实现学习目标的一种能力。自主学习能力强调的是学习者的自觉性、独立性和主动性，而自主学习则是学生主动建构知识的过程。社会实践对学生的自主学习能力具有一定的要求，同时社会实践也能促进学生自主学习能力发展，无论从哪个角度去看，都符合终身学习背景下学生可持续发展的需求。

2. 大学生专业社会实践能力构成要素

（1）专业操作能力

专业操作能力是指把创造性思维变成实际的物质成果或用生动的物质过程显现出创造性思维的一种转化能力。专业操作能力对于大学生来说非常重要，因为在社会实践以及未来的工作中可能会有很多实操的内容，只有具备一定的专业操作能力，才能够满足社会实践以及未来工作的需求。

（2）分析问题和解决问题能力

在社会实践中不可避免会遇到各种问题，这就需要大学生具备分析问题和解决问题的能力。这是一种透过现象发现本质，并能够作出正确判断，采取针对性措施和方法的能力。无论是在生活还是在学习中，抑或是在社会实践中，都不可避免会遇到各种问题，只有具备分析问题、解决问题的能力，才能够更好地应对和解决各种各样的问题。

（3）创新创业能力

大学生创新创业能力是大学生利用已经掌握的科学文化知识和周围资源，创造和改进事物，并将其转化为对个人发展或社会发展有益的社会价值、经济价值和文化价值的能力。这是一种综合性的能力，是新时代大学生应具备的一种能力。在当前的社会背景下，就业形势不断严峻，社会对创新人才的需求不断提高，这就都需要大学生具备创新创业的能力。因此，大学生必须认识到创新创业能力的重要性并充分利用社会实践培养自己的创新创业能力。

（4）道德践行能力

大学生的道德践行能力是一种综合性的能力，它是大学生基于专门的道

① 刘家贵，苏德银．大学生素质导论[M].沈阳：东北大学出版社，1996: 258.

德学习形成的科学道德认知，经过道德价值评判和行为选择，以明确自己的道德观，指导自己融入道德生活、开展道德实践的一种综合能力。立德树人是我国教育的根本任务，其中的"德"不仅要求学生具备良好的道德素养，更需要学生能够将道德认知践行到生活实践中，而这就需要学生具备一定的道德践行能力。

（三）大学生社会实践能力的特征

作为一种重要的能力，大学生社会实践能力的特征突出表现在五个方面（图 4-3）。

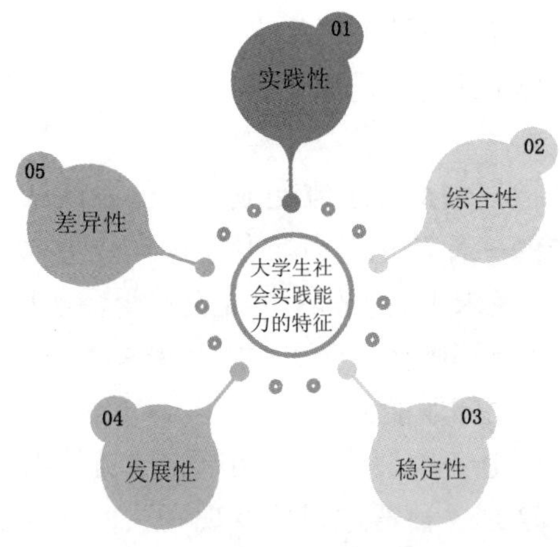

图 4-3　大学生社会实践能力的特征

1. 实践性

大学生社会实践能力的发展离不开社会实践，虽然针对其中某项能力的发展可以在课堂中实现，但仅仅停留在课堂上，很难使学生真正实现社会实践能力的发展。因此，针对大学生社会实践能力的培育，必然离不开社会实践活动。也正因为如此，大学生的社会实践能力被赋予了实践性的特征。

2. 综合性

通过上文对大学生社会实践能力构成的论述可知，大学生社会实践能力并不是一个单方面的能力，而是一项综合性的能力，它包含基本社会实践能力和专业社会实践能力两个层面的能力，同时每个层面中又包含多项能力，这就使社会实践能力具有了综合性的特征。

3. 稳定性

大学生社会实践能力的形成并非一朝一夕之功，而是在长期的培育中逐渐形成的，而该能力一旦形成，便具有一定的稳定性，不会轻易消失，还会对大学生今后的学习和生活产生非常积极的影响。

4. 发展性

虽然社会实践能力具有一定的稳定性，但该能力并不是一成不变的，会随着学生的发展而发展。由此可见，大学生社会实践能力的稳定性是相对而言的。其实，很多能力都是如此，稳定性与发展性看似相矛盾，但其表现出了能力发展的两面性，这一点需要教育工作者有清晰的认知。

5. 差异性

差异性主要体现在学生个体上，这一点笔者在本书中已多次提及，大学生之间是客观存在差异性的，这就决定了大学生所形成的社会实践能力也可能会存在差异性。此外，在大学生社会实践能力培育活动中，不同学生所形成的思考和认知也会存在差异，这会进一步提高大学生社会实践能力的差异性。

第二节　大学生社会实践能力培育的意义

关于大学生社会实践能力培育的意义，首先指向的必然是大学生的综合发展，这也是大学生社会实践能力培育的一个核心意义。除此之外，笔者认为大学生社会实践能力培育的意义还可以从中观（学校教育）和宏观（社会发展）的角度做进一步的分析。因此，在本节针对大学生社会实践能力培育意义的分析中，笔者将从微观（学生）、中观（学校）和宏观（社会）三个角度着手，全面、系统地分析大学生社会实践能力培育的重要意义，如图 4–4 所示。

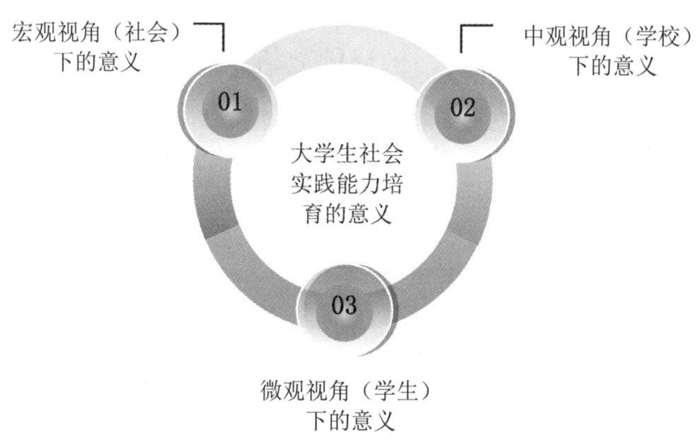

图 4–4　大学生社会实践能力培育的意义

一、大学生社会实践能力培育的宏观意义

大学生社会实践能力培育的宏观意义是指站在社会发展的视角下所体现的重要意义。具体而言，大学生社会实践能力培育的宏观意义主要体现在两个方面：有助于满足社会发展对人才的需求；有助于促进社会精神文明建设。

（一）有助于满足社会发展对人才的需求

随着社会的快速发展，科技的日新月异，以及知识的不断更迭，社会对人才的需求也在不断变化。笔者在查阅资料的基础上，针对一些企业开展了问卷调查工作（调查问卷见附录一），进一步了解了当前社会发展对人才需求的变化情况。概括来看，21 世纪需要的人才应该具有如下六大特征。

第一，具有良好的职业道德，热爱工作、积极向上、不断进取、敢于承担责任。

第二，具备较强的分析能力，能系统地分析问题，找出问题的本质，并得出合理的结论。

第三，具备较好的协调组织能力，能协调朋友、同事间的关系，能组织人员高效地完成工作。

第四，具备较强的表达和交流能力，能简明地表达自己的观点，能客观地从他人那里吸取意见并给予反馈。

第五，具有较强的创造性和创新能力，能够不局限于当前的方法和经验，能够创造性地发现新的思想方法，能够创造性地解决问题。

第六，具有较强的学习能力，能够保持积极的学习态度，不断学习新的知识，不断进步，提升自我。

由上文对大学生社会实践能力构成的分析可知，社会实践能力中包含着上述诸多方面的能力要求。由此可见，大学生社会实践能力的培育能够在一定程度上满足社会发展对人才能力的要求，这对于社会发展而言无疑是具有重要意义的。

（二）有助于促进社会精神文明建设

精神文明建设是指通过教育科学文化建设和思想道德建设，全面提高社会大众科学文化素养和思想道德素养①。由此可见，社会精神文明建设主要包

① 李福增. 人才与经济发展 [M]. 北京：中国展望出版社，1987: 278.

括科学文化建设和思想道德建设两个方面。大学生社会实践能力培育对社会精神文明建设的促进作用主要是通过组织社会实践活动实现的。当前，大学生生活实践活动的种类很多，其中便包含了科学文化以及与思想道德相关的实践内容，而通过这些实践活动的开展，不仅可以促进学生社会实践能力的发展，同时还可以对社会大众科学文化素养以及思想道德素养的提升起到非常积极的作用，进而对社会精神文明建设起到一定的促进作用。

例如，我校曾组织大学生开展“告别不文明出行”社会实践活动，社会实践小分队以“由人化文，以文化人，文以载道”为实践指导思想，来到了嘉兴月河历史街区。该街区位于嘉兴市华庭街，是市区内现存最完整、规模最大、最能反映江南水乡城市居住特色和文化特色的区域之一，为国家 AAAAA 级景区，日均人流量巨大。面对如此大的日均人流量，规范游客出行就显得非常有必要。此次实践活动便是以此为出发点。实践小分队到达历史街区后，通过发放传单和讲解的方式，针对社会大众出行中的不文明行为进行宣传劝导，很多游客都非常配合学生们的工作，并表示要通过自身行为将“告别不文明出行”的主题活动延续下去。通过此次实践活动，让更多的游客认识到了文明出行的重要性，虽然这仅仅是一件小事，但却能成为社会精神文明建设的一滴水，而当一滴一滴又一滴的水汇聚起来之后，必然会成为一条大河。

二、大学生社会实践能力培育的中观意义

大学生社会实践能力培育的中观意义是指站在学校发展的视角下所体现的重要意义。具体而言，大学生社会实践能力培育的中观意义主要体现在两个方面：有助于高校人才培育质量的进一步提高；有助于深化高校教育改革。

（一）有助于高校人才培育质量的进一步提高

人才培养是高校教育的根本任务，而人才培养的质量是高校教育的生命线。当前，随着社会的不断发展，社会对人才的要求也在逐渐提高，这为高校人才培养提出了新的挑战。因此，如何进一步提高人才培养质量，是每一所高校都需要思考的问题。其实，关于人才培养的质量，目前并没有一个统一的标准，但根据笔者的调查可知，高质量的人才必然是能够满足社会需求的人才。由上文的论述可知，具备社会实践能力的人才在很多方面能够满足社会发展的需求，所以是否具备社会实践能力是检验高校人才质量的一个重要因素。当然，社会实践能力的具备与否只是检验高校人才培养质量诸多因素中的一个，但作为其中一个重要的因素，针对大学生社会实践能力的培育，对于推动高校

人才培养质量的提升无疑具有非常重要的意义。

（二）有助于深化高校教育改革

党的十九大报告指出，要全面贯彻党的教育方针，落实立德树人根本任务，将深化高校教育改革和从严治党结合起来，着力培养和造就全面发展的社会主义事业合格建设者和可靠接班人。在当前的社会背景下，高校实施教育改革已经成为必然的趋势，而且很多高校已经走上教育改革的道路，并取得了初步的成效。在高校教育改革中，实践育人是教育改革深化的一个方向，即高校要继续拓展实践育人的途径，将实践育人和传统课堂育人有机地结合起来，从而不断促进高校教育质量的提高。显然，大学生社会实践能力的培育指向的就是高校的实践育人，这也是高校实践育人的一个重要目标，从这个意义上来说，大学生社会实践能力的培育对于促进高校教育改革的深化具有重要的意义。

三、大学生社会实践能力培育的微观意义

大学生社会实践能力培育的微观意义是指站在学生发展的视角下所体现的重要意义。具体而言，大学生社会实践能力培育的微观意义主要体现在三个方面：有助于大学生的全面发展；有助于大学生的社会化发展；有助于提高大学生的就业竞争力。

（一）有助于大学生的全面发展

关于大学生的全面发展，笔者在前文已多次提及，这是高校教育的重要目标。所谓全面发展，概括起来就是“德、智、体、美、劳”全方位的发展。关于社会实践能力，根据笔者在前面对其构成要素的分析可知，社会实践能力虽然是一项综合性的能力，指向学生多种素养和能力的发展，但仅仅具备社会实践能力并不代表学生实现了全面的发展，这是教育工作者需要明晰的关系。当然，虽然社会实践能力的培育并不代表学生的全面发展，但它指向的多种素养和能力对促进学生的全面发展无疑起到了非常积极的作用。

（二）有助于大学生的社会化发展

人的社会化是指作为个体从自然人成长为社会人，并逐步适应社会生活的过程[①]。社会化贯穿人类的整个生命历程，每个人只有经过社会化的过程，

① 袁光亮．青年学概论[M]．北京：北京理工大学出版社，2019：53.

才能从一个懵懂无知的自然人成长为一个有意识、有认知能力的社会人。对于人来说，其实从形成认知能力的那一刻起，便踏上了社会化的进程，只是由于处于基础教育阶段的学生大部分的时间都是在学校内，所以社会化的进程较慢。进入大学后，由于大学生具有开放性的特征，其能够通过多个途径接触社会，这便加快了社会化的进程。尤其通过一些社会实践活动，通过培育大学生的社会实践能力，更能够进一步推动大学生的社会化进程，从而促进大学生的社会化发展。

（三）有助于提高大学生的就业竞争力

近些年，随着高校招生规模的不断扩大，大学生就业问题愈加凸显，所以如何提升大学生的就业竞争力，是所有高校必须重视的一个问题。所谓“就业竞争力”，是指大学生在就业过程中所表现出来的能力，它不以学校成绩作为唯一的标准，而是融合了学生专业知识技能、个体能力、心理素质等在就业竞争中所体现出来的一种综合性的能力。提高大学生就业竞争力的途径有很多，如提高自身的专业素养、突出自身的核心竞争力、提升自身的心理素质等。而社会实践能力作为一种综合性的能力，既可以促进大学生核心竞争力的增加，也可以促进学生综合素养的发展。由此可见，针对大学生社会实践能力的培育能够促进大学生就业竞争力的提升，进而推动高校大学生更加充分和更高质量就业。

第三节 大学生社会实践能力培育的理论基础

理论是实践的先导，是实践的指南针，缺少了理论的指导，实践也容易迷失方向。因此，针对大学生社会实践能力培育的相关理论进行分析非常有必要。可以指导大学生社会实践能力培育的理论有很多，在此，笔者结合我国国情以及高校育人的特点，从中选取几个主要的理论，并对其进行详细的论述。

一、马克思主义实践观

马克思批判性地继承了前人关于实践的观点，创立了马克思主义实践观，其观点主要包括如下三点。

（一）实践是人类改造物质世界的对象性活动

马克思认为，物质生产活动是人类历史上最先产生的一种活动形式，也是人类每天必须进行的基本活动。在物质生产的过程中，人与人之间发生着交换活动，并由此形成了一定的社会关系；与此同时，人与自然也发生着交换活动，并与自然也形成了一定的关系。人与自然的关系制约着人的社会关系，反过来，人的社会关系也在制约着人与自然的关系，两者是相互制约、相互作用的。从这个角度来看，生产实践是一种同时关联主体和客体的活动。马克思主义实践观便是从主客体的关系出发，针对实践作出了科学的规定。马克思认为，实践就是人能动地改造物质世界的对象性活动。马克思针对实践的界定包含两层相互关联的含义。

第一层含义：实践是人特有的对象化活动。在这里，首先需要说明的是，实践活动是以人为主体的，其他客观事物是人实践的对象。在实践过程中，人将自身的知识、能力、思想等本质力量对象化为客观存在的内容，进而创造出一个属于人这一主体的对象世界。其次，要说明人的实践活动的特有性。之所以说实践活动是人特有的，是因为与动物的消极适应环境不同，人的社会实践具有自主性，这种自主性不仅表现为人对客观规律的认识，还表现为人在实践活动中对客观规律的运用，从而达到人想要达到的目的。此外，人的实践还具有创造性，人在实践的过程中能够创造出大自然无法自主产生的事物，以此来满足自身生存或发展的需求。延伸到高校教育中，学生通过实践活动不仅能够加深对知识本质及其规律的认识，还能够进一步掌握对知识的运用，甚至创造性地发挥知识的作用，因此，社会实践活动的组织和实施非常有必要。

第二层含义：实践具有直接现实性的特征。所谓直接现实性，是指实践是人把自己作为物质力量并运用物质手段同物质对象发生实际的相互作用。简单来说，人通过实践活动能够检验自身对事物的认知是否正确，也能够检验自己的愿望、意图、目的等是否符合客观实际。延伸到高校教育中，通过实践活动，学生不仅可以检验自身对知识的掌握情况，还能够检验自身所学习知识的正确与否，这对于学生的学习而言是非常有意义的。

（二）实践是人存在的一种重要方式

马克思说过："一个种的全部特征、种的类特征就在于生命活动的性质。"①

① 马克思，恩格斯．马克思恩格斯全集（第 42 卷）[M]．中共中央马克思恩格斯列宁斯大林著作编译局，译，北京：人民出版社．2016：96.

由此可知，通过观察一个物种的生命活动形式，便可以判断其存在的方式。就动物而言，它们是在消极适应自然环境的过程中维持自己的生存的，它们的消极性决定了它们的生存更多时候是一种本能的体现，而非主动选择的结果。人与动物不同，人是在不断探索自然规律、认知自然规律、利用自然规律的过程中维持自己的生存的，具有很强的主观性。从人和动物生存的区别来看，有意识的生命活动把人同动物的生命活动直接区别开来，而人的意识是在实践中生成、实现和确证的。正是在实践过程中，人的肉体组织发展出了意识和自我意识的能力，从而使人的生命活动成为有意识的生命活动，人成为“有意识的类存在物”。正如马克思所说：“通过实践创造对象世界，即改造无机界，证明了人是有意识的类存在物。”[①] 总之，人类是在社会实践中将自己从动物界分离出来的，虽然人仍旧没有脱离动物的本质，但人已经形成了自己特有的生存方式，并创造出了人之为人的一切特征。由此可见，人的生存离不开实践，而学习作为人类生存的一种方式，自然也不能脱离实践而存在，否则不仅会失去学习的意义，还会失去人之为人的意义。

（三）实践是社会生活的本质

关于实践是社会生活本质的观点，我们可以从如下四个方面展开分析。

第一，实践是人类社会生活的重要内容。就人类的社会生活来看，在各个领域中都包含着人类的社会实践，虽然社会实践不是人类社会生活的全部，但却是人类社会生活不可或缺的重要内容。

第二，实践是社会关系形成的一个重要基础。实践作为人类社会生活的重要内容，在实践的过程中，人与人之间极有可能产生交集，进而促使社会关系的形成。

第三，实践是推动社会发展的途径。社会发展是在实践中实现的，如果脱离了实践，社会的发展必然会停滞，这是毋庸置疑的。社会发展其实就是人的实践在空间和时间展开的过程，社会历史的变迁和进步则是人类改造社会实践活动的结果。

第四，实践影响着社会规律的形成。实践作为人类社会生活的重要内容，对社会规律的形成也产生着重要的影响。与此同时，社会规律又反过来作用于人类的社会实践，所以人类的社会实践活动也需要遵循社会发展的规律，这样

① 马克思，恩格斯．马克思恩格斯全集(第 42 卷)[M]．中共中央马克思恩格斯列宁斯大林著作编译局，译，北京：人民出版社 .2016: 96.

才能更好地改造社会，推动社会的发展。

引申到学习中，实践可以看作学习的本质，而且是教育中的重要内容，脱离了实践的学习将难以把握知识的本质，更难以通过知识去把握客观的世界。因此，开展社会实践活动，培育学生的社会实践能力至关重要。

二、缄默知识理论

（一）缄默知识理论简述

“缄默知识”这一概念最早是由英国著名的思想家波兰尼提出的，他在《个体知识》一书中指出，知识分为显性知识和缄默知识两种，显性知识指那些可以用语言文字表达出来的知识，缄默知识则指那些以整体经验为基础的只可意会、不可言传的知识。由该理论可知，我们所认识的要多于我们所能向他人传达的，进一步来说，就是人类通过认识活动所获得的知识包括他们通过言语、文字或符号的方式所表达出来的知识，但是却不止于这些知识[①]。在日常生活中，相信每个人也都有过“只可意会，不可言传”的体会，这并不仅仅是因为我们的语言表达能力较差，而是因为确实存在一种难以用语言去表达的缄默知识。

在波兰尼之后，很多语言学家、心理学家、哲学家展开了对缄默知识的研究。比如，美国著名的心理学家斯滕伯格基于对缄默知识的认识提出了“成功智力”的概念，他指出，成功的智力包含三个方面：分析性智力、创造性智力和实践性智力。缄默知识属于实践性智力的范畴，它可以通过社会实践活动获得。

通过分析众多学者关于缄默知识的研究理论，笔者总结了缄默知识的特征，如下所示。

第一，缄默知识很难用语言、文字进行逻辑性的说明。

第二，缄默知识不能加以“批判性反思”。

第三，缄默知识和实践性智力有着高度的关联性。

第四，缄默知识很难同时为不同的人所分享。

第五，缄默知识通常通过理性的直觉或身体的感官获得。

当然，虽然缄默知识很难用语言去表述和传达，但在一定程度上也是可以言说的，而且在某种情况下，缄默知识和显性知识是可以相互转化的，所以

---

① 石中英．知识转型与教育改革[M]．北京：教育科学出版社，2001：169.

说，缄默知识和显性知识之间的区分并不是绝对的。

（二）缄默知识与显性知识的相互转化

关于缄默知识和显性知识的转化，日本学者野中郁次郎和竹内弘高在《知识创造公司》一书中提出了四种转换模式，这四种转换模式构成了一种模型，简称为SECI模型，如图4–5所示。

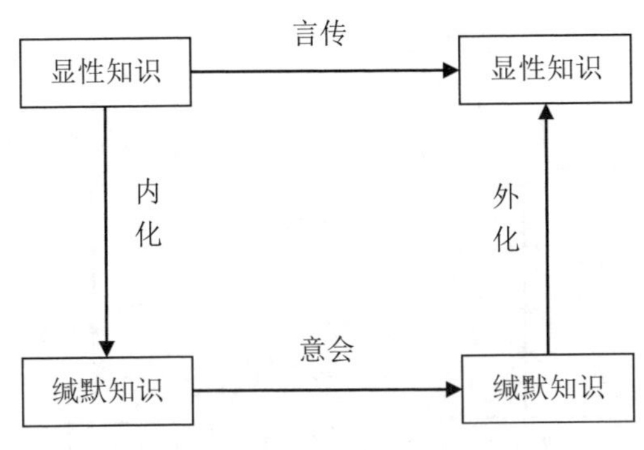

图4–5　SECI模型

1. 意会

意会是指缄默知识到缄默知识的转化，由于缄默知识很难用逻辑性的语言去表述，所以缄默知识间的相互转化被称为意会。比如，工厂中常用的师徒模式就存在缄默知识间的转化，师傅有时并不需要用语言表示，只通过一些动作或演示便可以使徒弟领会师傅所要传授的知识。

2. 言传

言传指显性知识与显性知识间的转换。显性知识可以通过语言去表述和传达，并且通过语言表述具有更高的效率，所以言传是显性知识间相互转化的有效途径。其实，教师教学很多时候都是采取言传的方式，学生通过教师的讲解初步理解知识，然后通过自身的探索深化知识。

3. 内化

内化指显性知识到缄默知识的转化。学生通过学习、探索和理解，有时会对知识形成全新的认知，或形成自己独特的理解，这些独特的理解学生很难通过语言表达出来，此时我们便可以认为学生完成了显性知识到缄默知识的转化。

4. 外化

外化指缄默知识到显性知识的转化。笔者在上文指出，虽然缄默知识很难用语言去表述和传达，但在一定程度上也是可以言说的。随着个体语言表达能力的提高，随着个体对知识认知的不断深入，个体有时能够将缄默知识外化为显性知识，并将其传授给他人。

其实，在人类社会发展的过程中，知识处于一个不断转化的过程，在转化的过程中，通过人类对原有知识的“加工”，形成了新的知识，然后新知识被外化为显性知识，再传授给他人，他人在内化为缄默知识的过程中，再次形成了新的知识，如此循环，如图 4–6 所示。

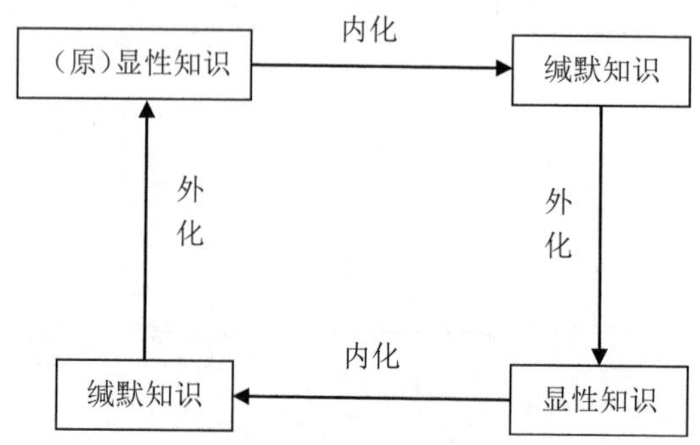

图 4–6　缄默知识与显性知识循环转化的过程

（三）缄默知识理论对大学生社会实践能力培育的指导

缄默知识理论的发展为实践教学提供了理论指导，让人们重新认识到实践教学的重要性。当然，关于实践教学，我国很早就提出了知行观，而且在缄默知识理论提出之前，很多学者也都针对实践教学提出了自己的观点。但之前关于实践教学的理论并没有提出缄默知识这一概念，而缄默知识理论的提出进一步指出了知识间存在的差别，这让我们进一步认识到，针对缄默知识，仅仅采取传统的教学模式是很难让学生获得知识的，必须让学生亲身参与实践活动，让学生在实践中去体会、去感受、去探索。显然，大学生社会实践能力中的很多内容都属于缄默知识，这些内容如果不通过社会实践活动，很难让学生获得。因此，在高校育人体系中，高校必然需要结合传统课堂教学内容，组织必要的社会实践活动，如此才能让学生在实践活动中获得缄默知识，进而促进社会实践能力的提升。

三、陶行知“教学做合一”教育观

（一）“教学做合一”的科学内涵

“教学做合一”是陶行知生活教育理论中的重要内容之一，该教育观是在分析中国传统知行观以及杜威实用主义的基础上，结合中国教育的实际情况而形成的，它与马克思的实践观相契合，对于大学生社会实践能力的培育具有现实指导意义。

要想深入了解陶行知“教学做合一”教育观的科学内涵，可以从如下三个方面着手。

1.“教”“学”“做”三位一体

“教学做合一”指出了教育活动中的三项重要内容：“教”“学”“做”。其中，“教”和“学”偏重于理论，“做”偏重于实践。需要注意的是，虽然“教”“学”“做”是教育活动中的三件事，但三件事并不是相互孤立的，而是紧密联系在一起的。在教育实践中，有人将“教”“学”“做”分成了三件事：教的事情、学的事情、做的事情。虽然这样有助于教师更好地制订教学计划，但切忌将其分割开来进行，而是要将三者有机结合起来。简单来说，就是教师要在“做”上“教”，学生要在“做”上“学”，这样才是“真教”“真学”。

2. 以“做”为中心

在“教”“学”“做”中，“做”是中心，学校一切教育活动的实施都要以“做”为中心。那么，什么是“做”呢？陶行知明确提出，“做”具有三个特征：行动、思想、新价值的产生。由此可见，“做”不仅仅要有具体的行为，还需要有思想作为指导，同时能够产生新的价值，那些胡思乱想和盲目的行为显然不是真正意义上的“做”。

3. 行是知之始

针对知与行的关系，王阳明曾经提出了“知是行之始，行是知之成”的观点，而陶行知否定了这一观点，将其改为“行是知之始，知是行之成”。陶行知用“行是知之始”来说明知识的来源，但并没有对“问知”和“说知”予以否定，他同样重视对知识的直接感知，也不否定书本理论知识的价值，但需要将课本理论知识的学习和实践操作结合起来，这样有助于学生学习效果的提高。

（二）陶行知“教学做合一”教育观对大学生社会实践能力培育的指导

陶行知“教学做合一”的教育观指出了实践（“做”）的重要性，这也是培育大学生社会实践能力的重要途径。而通过上文对“做”的解读可知，要更好地实现对大学生社会实践能力的培育，便需要从行动、思想、新价值的产生三个方面作出思考。

首先，从行动方面来看，大学生要真正地参与到社会实践活动中，而不是作为旁观者，这就需要教师尊重学生的选择，并充分发挥学生的主体作用，让学生能够自主选择自己想要参与的实践活动类型，并积极进行探索实践，从而让学生的行动能够真正促进自身社会实践能力的提高。

其次，从思想方面来看，大学生的社会实践活动不能是盲目的，需要一定的思想指导，这样才能保证实践方向的正确性，并保证实践的效率。如果不先确定指导思想，盲目开展实践活动，不仅浪费学生的时间，浪费教育资源，还无助于大学生社会实践能力的发展。

最后，从新价值的产生来看，大学生参与社会实践活动需要产生一定的价值，即有助于大学生社会实践能力的提升，这也是大学生参与社会实践活动的一个重要目标。如果忽视了这一价值和目标，那大学生参与社会实践活动的意义也将大打折扣。

综上所述，陶行知“教学做合一”教育观指出了实践的重要性，也指出了要如何“做”（实践），这对于大学生社会实践活动的组织以及大学生社会实践能力的培育无疑具有非常积极的指导价值。

第五章　育人视角下大学生社会实践能力培育的主要方向

大学生社会实践能力是一项综合性的能力，包括自主学习能力、社会交往能力、道德践行能力、创新创业能力，等等。在本章中，笔者主要从大学生社会实践能力中选取几个主要的能力，并针对这几项主要能力的培育进行系统的阐述。

第一节　大学生自主学习能力培育

一、自主学习能力的含义

要明晰自主学习能力的含义，首先需要了解什么是自主学习。自主学习是一种现代学习方式，是学生通过阅读、观察、探索、研究、实践等方法，使自己得到持续发展的一种行为方式。笔者查阅资料发现，不同的学者针对自主学习的定义存在一些差异，但综合来看，他们对自主学习的界定都包含如下两个方面的内容。

第一，自主学习是一种由学习态度、学习能力以及学习策略等因素综合而成的主导学习的内在机制。由此可见，自主学习的进行不仅需要学习者具备积极的学习态度，还需要学习者具备学习的能力并能够运用一些策略去提高学习的成效。

第二，在自主学习中，学习者对学习目标、学习方法、学习过程、学习内容等拥有控制权，他们能够结合自身的实际情况针对上述方面进行自由的选择。

由上述论述可知，自主学习可用两个词去概括，就是想学和会学。想学代表着一种积极的学习态度，即学生具有强烈的学习意愿；会学则包含两个方面，学生不仅掌握了一定的学习方法、学习技巧，而且还能够结合自身学习的情况灵活地调整学习进度，从而最大限度地提高自主学习的效率。

了解了自主学习的含义，自主学习能力的含义也就比较清晰了。自主学习能力是为了实现个人目标而计划并不断调整的思想、感情和行动，它包括设置学习目标、专心于学习、使用有效的策略组织概念、有效地使用资源、有效地管理时间、对个人的能力持积极的信念等各项能力。如果进一步剖析其含义，可以从如下四个方面入手。

第一，自我定向的能力。它是指大学生依据自身实际情况设置合理学习目标和学习计划的能力。

第二，自我组织能力，包括对学习方法和学习资料的组织运用能力。大学生的自主学习离不开学习方法和学习资料的支撑，所以搜集、整理学习资料，并选择适宜的学习方法至关重要。

第三，自我管理的能力。在自主学习的过程中，大学生要对自身行为进行有效的管理，这样才能保证学习计划的有序进行。

第四，自我评价的能力。在完成一个阶段的自主学习计划之后，大学生能够对自身学习情况进行比较客观的评价，发现自身存在的不足，然后进行反省和总结。

二、培育大学生自主学习能力的重要意义

自主学习能力作为大学生社会实践能力培育的一个重要方向，通过培育大学生的自主学习能力有助于促进大学生社会实践能力的提升，这一点是毋庸置疑的。当然，对于大学生而言，自主学习能力培育对其发展的意义还指向多个方面，如图 5-1 所示。

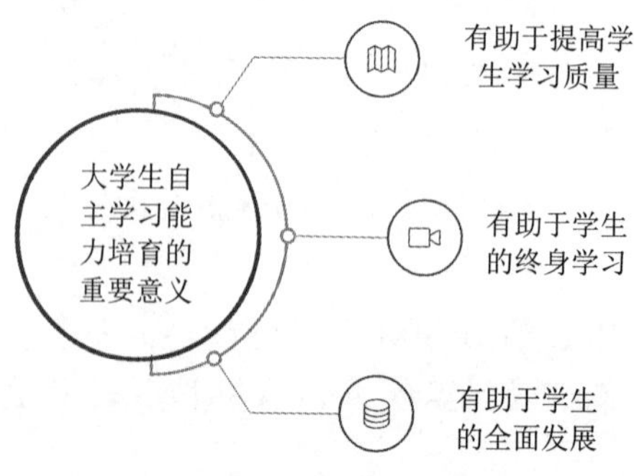

图 5-1　大学生自主学习能力培育的重要意义

（一）自主学习能力培育有助于提高学生学习质量

影响学生学习质量的因素有很多，其中一个重要的因素就是学生的自主学习能力。课堂上的时间是固定的，如何在有限的时间内探究和吸收更多的知识，是学生自主学习能力的一种体现。此外，在课下没有教师辅导的情况下，如何约束自己的学习行为，如何运用正确的方法学习，也是学生自主学习能力的一种体现。其实，学生学习质量无非就是“课上学习”+“课下学习”的结果，而自主学习能力作为影响课上和课下学习的一个重要因素，自然也影响着学生的学习质量。

有研究者针对学生的自主学习能力做过检验，结果显示，具有自主学习能力的学习者都具有如下四个特征。

第一，相信自己的学习目标和活动有价值。

第二，认为学习对自己具有重要意义。

第三，约束自己去学习。

第四，积极有效地利用人力和物质资源[①]。

由上文的论述可知，无论从哪个角度来看，自主学习能力对于学生学习质量的提升都具有非常积极的促进作用。尤其对于大学生而言，其课堂学习模式相较于基础教育阶段发生了很大的变化，这就需要学生具备一定的自主学习能力，如此才能更好地理解和掌握知识，进而取得一个较好的学习效果。

（二）自主学习能力培育有助于学生的终身学习

正所谓“活到老，学到老”，尤其在当前这个知识爆炸的时代，知识更迭速度在不断加快，如果不能保持终身学习的态度，必然会被时代发展的浪潮所吞没。的确，终身学习是现代社会每个人适应个体发展与社会发展的需要，它必须贯穿人的一生，而在人一生的发展历程中，要想维持持续学习的状态，就需要具备自主学习的能力，因为一旦离开校园，便很少再有专业的教师队伍辅导学习，此后开展的学习活动大多需要人们自己去完成，所以自主学习能力不可或缺。大学生即将离开校园，步入社会，在未来的漫漫长路中，只有大学生具备一定的自主学习能力，才能够不断开展自主学习活动，从而在持续的学习下获得持续的发展。

---

① 郑金洲．新课程课堂教学探索系列：自主学习 [M]．福州：福建教育出版社，2005: 27.

（三）自主学习能力培育有助于学生的全面发展

促进学生全面发展是高校育人的一个重要目标，这一点在国家教育政策中反复出现。比如，在《教育部关于加快建设高水平本科教育全面提高人才培养能力的意见》中便明确指出，要“紧紧围绕全面提高人才培养能力这个核心点，加快形成高水平人才培养体系，培养德智体美劳全面发展的社会主义建设者和接班人”。其实，关于人的全面发展，马克思在人的全面发展理论中便已经提到，马克思认为，人的发展应该是全面的，应包括体力、智力及思想道德等方面的发展。如果做进一步的分析，人的全面发展可分为人的素质的全面发展和人的能力的全面发展。人的素质的全面发展包括科学文化素质的全面发展、思想道德素质的全面发展以及身心健康的全面发展；人的能力的全面发展包括认知能力的全面发展、建设社会能力的全面发展和开发自然能力的全面发展（具体内容在本书第一章第三节已有论述，在此便不再赘述）。无论是人的素质发展，还是人的能力发展，自主学习能力都发挥着重要的作用。比如，就科学文化素质的发展来看，学生科学文化知识的学习不仅需要教师的引导，更需要自身的自主探究，如果缺少了自主学习的能力，学生自主探究的效果必然会受到影响，进而影响学生科学文化知识的学习。因此，从学生全面发展的角度来看，学生自主学习能力的培育具有非常重要的意义。

三、大学生自主学习能力培育的主要内容

笔者在上文指出，大学生的自主学习能力主要体现在四个方面：自我定向的能力、自我组织能力、自我管理的能力和自我评价的能力。因此，针对大学生自主学习能力的培育也以这四项内容为主。

（一）大学生自我定向能力的培育

在自主学习中，自我定向能力是指大学生依据自身实际情况设置合理学习目标和学习计划的一种能力。大学生的自主学习不能是盲目开始和盲目进行的，这样的自主学习是没有效率的，也不能取得良好的效果。因此，在开始自主学习活动之前，学生需要制定自主学习的目标，并结合自主学习的目标制订合理的学习计划。教师针对学生自我定向能力的培育也便指向这两个方面。

首先，教师要引导学生认识目标的重要作用，并引导学生制定合理的目标。目标的合理性可以从两个维度来体现：一个是难易维度；另一个是时间维度。从难易维度来看，学习目标的制定要结合自身实际情况，切忌好高骛远，

制定不可能实现的目标，这样容易打击自己自主学习的积极性，从而导致自主学习活动的“流产”。当然，制定的也不能过于简单，这样容易减弱自己自主学习的动力。因此，目标制定的难度一定要适中。从时间维度来看，自主学习目标应分为长期目标、中期目标和短期目标，短期目标是较短时间内可以实现的目标，中长期目标则需要较长的时间去实现。其实，短期目标是中长期目标分解后的结果，因为中长期目标需要较长的时间，如果不将其分解，学生一直不能实现目标，这无疑会打击学生自主学习的积极性，所以有必要将中长期目标分解一下，使目标呈现出阶段性的特征。

其次，教师要引导学生制订适宜的学习计划。自主学习计划的制订具有很强的自主性，学生应结合自身的实际情况去制订。比如，在休息日和学习日，学生可自由支配的时间不同，学习计划自然也不同。自主学习计划是自主学习目标实现的重要保证，两者共同体现出学生的自我定向能力，是学生自我学习能力中的一个基础性能力。

（二）大学生自我组织能力的培育

大学生的自我组织能力包括对学习方法和学习资料的组织运用能力。自主学习活动的开展除了需要积极的学习态度，还需要学习方法和学习资料的支撑，如果缺少了这两项内容，那么自主学习也将无法开展，即便可以勉强开展，其效果也不会理想。因此，培育学生自我组织能力也非常重要。在学生自主学习中，可以使用的方法有很多，如问题导向学习法、案例导向学习法、实践学习法等，学生可以结合具体的学习内容选择适宜的学习方法，并在每次学习之后进行反思和总结，从而掌握尽可能多的自主学习的方法。关于学习资料的组织运用，学生除了着眼于纸质资料，还可以去网络上搜集自主学习所需要的资料，并对其进行组织、整理，以辅助自己的学习。当前，可以搜集学习资料的平台有很多，如国家教育资源公共服务平台、中国大学 MOOC 等，其平台首页如图 5-2、图 5-3 所示。

图 5-2 国家教育资源公共服务平台首页

图 5-3 中国大学 MOOC 首页

（三）大学生自我管理能力的培育

大学生的自我管理是指在其自主学习的过程中，大学生能够对自身行为进行有效的管理，从而保证学习计划的有序进行。自我管理能力的培养不能一蹴而就，需要在较长时间的自我约束中逐渐提升其自我管理的能力。因此，大学生可以制订一个学习时间计划表，然后按照计划表去实施计划，从而通过计划表的约束去不断提升自我管理能力。例如，表 5-1 是笔者设计的一个休息日的自主学习时间计划表，可供参考。

表5-1　自主学习时间计划表

<table>
<tr><th colspan="4">自主学习时间计划表</th></tr>
<tr><td rowspan="4">上午</td><td>时间</td><td>事件</td><td>实施情况（是否达标）</td></tr>
<tr><td>7:00–8:15</td><td>起床、洗漱、适量运动、早饭</td><td></td></tr>
<tr><td>8:15–9:00</td><td>晨读</td><td></td></tr>
<tr><td>9:00–11:45</td><td>自主学习（可选择学习专业课，也可以选择学习自己感兴趣的知识，中间可休息两次，每次10分钟左右）</td><td></td></tr>
<tr><td>中午</td><td>11:45–13:30</td><td>午餐、午休或休闲</td><td></td></tr>
<tr><td rowspan="2">下午</td><td>13:30–17:30</td><td>自主学习（可选择学习专业课，也可以选择学习自己感兴趣的知识，中间可休息四次，每次10分钟左右）</td><td></td></tr>
<tr><td>17:30–18:00</td><td>反思、总结自己今天自主学习的情况</td><td></td></tr>
<tr><td rowspan="3">晚上</td><td>18:00–20:30</td><td>晚餐、休闲、适量运动</td><td></td></tr>
<tr><td>20:30–22:00</td><td>课外阅读</td><td></td></tr>
<tr><td>22:00–22:30</td><td>洗漱、准备睡觉</td><td></td></tr>
</table>

（四）大学生自我评价能力的培育

笔者在前文分析高校育人机制时便指出了评价的重要性，从某种意义上来说，学生的自主学习也是教育的一种模式，所以评价同样不可或缺。由于是自主学习的模式，他人无法参与其中，所以学生只能自己对自己进行评价，这就需要学生具备自我评价的能力。要培育学生自我评价的能力，就要让学生在日常的学习中学会评价。其实，在现代教育评价体系的构建中，学生本身就是一个不可或缺的主体，这是现代教育理念下多元评价体系构建的一个重要指向。因此，只要坚持将学生纳入多元评价体系之中，并积极引导学生参与评价，学生的评价能力就会逐渐得到提升。当然，评价他人和评价自我存在一定的区别，这就需要教师进行一定的指导，让学生能够将评价他人的方法运用到自我评价中，从而促进自我评价能力的提升。

需要注意的是，无论哪项能力，指向的都是学生自主学习能力的发展，虽然教师在其中发挥着重要的作用，但不能取代学生的主体地位，应尊重学生的身心发展规律，并充分发挥学生的主体作用，让学生在教师的引导下积极地进行自主探索，从而促进自主学习能力的提升。

第二节　大学生社会交往能力培育

一、大学生社会交往能力简述

（一）大学生社会交往的含义

关于社会交往的概念，不同的学者有不同的说法。比如，段淳林在《公共关系学》中指出，社会交往就是指人们共同活动中相互交流不同的思想、观念、感情和志向等，简单地说，就是交流信息。就社会交往的实质讲，它是社会上人与人、群体与群体之间通过各种媒介传播而进行的相互依赖行为的过程[①]。

又如，谢虹等人在《护理人际沟通与礼仪》一书中指出，社会交往是指在社会活动中，人们运用语言符号系统或非语言符号系统相互交流和沟通的过程；交往的内容既包括客观的物质、能量和信息，又包括主观的思想、情感和态度，目的是达成沟通、理解，协调和建立融洽的人际关系[②]。

再如，毛方才等人在《大学生入学教育读本》一书中指出，社会交往是指在某一段时间里个体通过一定的方法和手段（例如，语言、文字、肢体动作、面部表情等）传递一定的信息给其他个体，与对方进行信息交流的过程[③]。

虽然上述学者针对社会交往的界定存在差异，但综合分析上述学者界定的概念，可以对社会交往的含义做一个概括。

---

① 段淳林．公共关系学[M]．广州：华南理工大学出版社，2001：302.

② 谢虹，王向荣，余桂林．护理人际沟通与礼仪[M]．武汉：华中科技大学出版社，2017：27.

③ 毛芳才，梁华，林明．大学生入学教育读本[M]．长春：东北师范大学出版社，2019：77.

第一，社会交往是人与人互动过程中心理关系亲密、和谐、协调的体现。

第二，社会交往的内容不仅包含客观的物质，还包括主观的思想、情感和态度。

第三，社会交往的目的是通过彼此的沟通和交流建立融洽、和谐的人际关系，并达到一定的社会活动目的。

（二）大学生社会交往的类型

依据大学生发生社会关系的纽带，可将大学生社会交往的类型划分为六种：学缘型、地缘型、情缘型、趣缘型、志缘型和网缘型，详细内容如表 5-2 所示。

表5-2　大学生社会交往的类型

大学生社会交往的类型	学缘型	学缘型指以学业为纽带而形成的一种社会交往类型，如同学关系、师生关系、舍友关系等都属于学缘型
	地缘型	地缘型指以地域为纽带（地域相同或地域接近）而形成的一种社会交往类型，如同乡关系便属于地缘型
	情缘型	情缘型指以情感为纽带而形成的一种社会交往类型，如朋友关系、恋人关系便是典型的情缘型
	趣缘型	趣缘型指以兴趣为纽带（兴趣相同或相近）而形成的一种社会交往类型，如社团关系便属于趣缘型
	志缘型	志缘型指以志向为纽带而形成的一种社会交往类型，这种关系很难独立存在，往往以上述几种关系为依托或载体
	网缘型	网缘型指以网络为纽带而形成的一种社会交往类型，我们常说的网友关系便属于网缘型

二、大学生社会交往能力的表现

大学生社会交往能力是一种综合性的能力，突出表现在语言表达能力、交往认知能力、社会适应能力和竞争协作能力四个方面（图 5-4）。

图 5-4　大学生社会交往能力的表现

（一）语言表达能力

语言表达能力是指大学生通过语言工具向他人传递信息或进行沟通的一种能力。在社会交往中，离不开与他人的相互沟通和交流，而在沟通和交流中，语言是一个重要的媒介。此处的语言既包括口头语言、书面语言和肢体语言，也包括网络语言（从本质上来说，网络语言属于书面语言，但网络语言有其独特的特点，所以笔者在此将网络语言单独列举出来）。良好的语言能力能够帮助大学生更有效率地传递和接收信息，从而达到社会交往的目的。相反，如果大学生的语言表达能力欠缺，会极大影响信息传递的效率，从而导致社会交往任务的失败，甚至会造成负面的影响。因此，培养大学生的语言表达能力，是提高大学生社会交往能力的一项重要内容。

（二）交往认知能力

交往认知能力是大学生社会交往能力的一个基本表现，是大学生社会交往中认识能力、分析能力、判断能力的综合体现，同时反映了大学生社会交往的意识和价值取向。交往意识和价值取向对大学生的社会交往起到了非常重要的作用，会直接影响大学生社会交往的态度以及社会交往方式的选择，进而影响大学生社会交往目的的实现。因此，培养大学生的语言表达能力至关重要。当然，作为一项基础性的能力，大学生的交往认知能力因为个体差异的存在也不可避免地存在差异，所以在培养大学生的交往认知能力时，应结合大学生的个性特点，采取适当的方式方法，但无论采取哪种方式方法，其最终目的都是使大学生对社会交往形成正确的认知，并始终以一种积极的态度去进行社会交往。

（三）社会适应能力

社会适应能力是大学生根据交往对象的不同以及社会交往环境的差异，在不同交往情景中，灵活处理社会关系的一种能力。社会交往环境是复杂且多变的，虽然校园环境相对来说比较简单，大学生交往的目的也比较单纯，但在校园环境中仍旧存在复杂的因素，而且环境也不是一成不变的，这就需要大学生具备一定的社会适应能力。进入社会后，社会交往环境更加复杂多变，如果学生不能具备一定的社会适应能力，将很难与他人构建良好的社会关系。社会适应能力作为一种处理他人与自身关系、自身与环境关系时所应具备的平衡、协调的能力，是大学生构建良好社会关系时不可或缺的一种能力，只有具备了一定的社会适应能力，大学生才能更好地利用社会环境的变化，更加有效地开展良好的社会交往活动。

（四）竞争协作能力

竞争协作能力是大学生在社会交往活动中以诚信的姿态、友善的态度平和地对待社会竞争，实现在竞争中合作、在合作中竞争，促进自我与他人关系良性发展的一种能力。在社会交往中，通常存在着两种状态：合作和竞争，而且这两种状态存在着相互转化的关系，有时合作的关系会转化为竞争的关系，有时竞争的关系会转化为合作的关系，尤其在当前的时代背景下，竞争和合作的关系更是瞬息万变，所以具备一定的竞争协作能力，处理好竞争和协作的关系就显得尤为重要。

三、大学生社会交往能力培育的意义

（一）满足大学生学习、工作和生活的需要

大学生社会交往能力的培育有助于满足大学生社会交往活动中的社会需要，包括学习、工作和生活上的需要。无论是在学习中，还是在生活中，抑或是在未来的工作中，大学生都需要进行社会交往活动，如果缺乏社会交往能力，则容易导致各种问题的产生，从而影响其学习、生活和工作。因此，无论是立足于大学生当前的学习和生活，还是立足于大学生未来的生活和工作，社会交往能力的培育都显得至关重要。

（二）有助于在与他人的交往中进一步地认识自己

具备一定的社会交往能力，可以更好地处理自己与他人的关系，而在与

他人的交往中，可以使我们更深入地认识自己。从某种意义上来说，我们既是最了解自己的人，也是最不了解自己的人，有很多地方可能我们自己从来没有看到过，但他人却可以看得清清楚楚。所以，在与他人的交往中，我们可以通过他人对我们的评价，不断地加深对自我的认识。关于这一点，杰瑟夫·卢夫特和哈里·英格拉姆提出过一种橱窗分析法，这是一种认知自我的方法，如图 5-5 所示。由图 5-5 可知，每个人都存在自己不知道别人却知道的部分，而通过与他人的交往，便可以帮助我们了解这部分，从而加深对自己的认知。

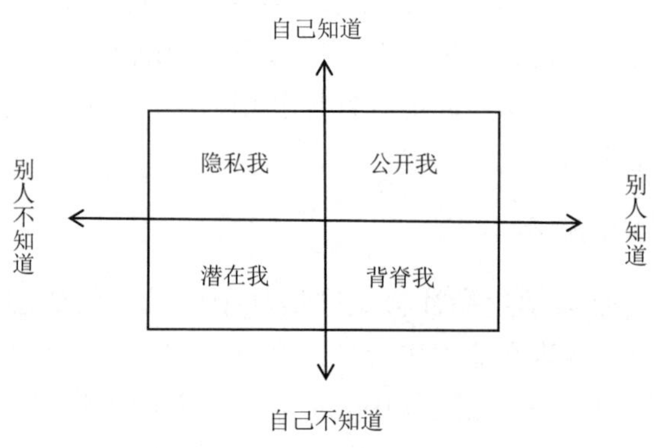

图 5-5　橱窗分析法

（三）有助于大学生形成相对稳定的内在特质

个人的内在特质是指一个人相对稳定的思想和情绪方式。内在特质的稳定与否在很大程度上影响着大学生的发展，尤其在进入社会后，面对复杂且多变的社会环境，如果不具备相对稳定的内在特质，将很容易受到外界环境的影响，进而作出错误的反应。社会交往能力与个人的内在特质有着非常紧密的联系，因为个人内在特质的形成受外界环境的影响，而在社会交往中，大学生可以接触更多的社会环境，提升自身的社会认知，并开阔自己的视野，从而使个人的内在特质不断趋于稳定。而在社会交往中，社会交往能力是一个重要的支撑，由此逻辑关系可知，大学生社会交往能力的培育对于大学生形成相对稳定的内在特质具有非常重要的意义。

四、大学生社会交往能力培育的策略

结合我国高校教育的特征以及大学生身心发展的特点，笔者认为大学生社会交往能力的培育可以从如下两个方面着手。

（一）建设大学生社会交往能力培育课程

在前文分析高校育人的途径时，笔者提到了课程育人这一方式，这是高校人才培养的一个有效途径。大学生社会交往能力作为大学生社会实践能力中的重要组成部分，自然也可以通过课程的方式进行培育。关于课程的建设，笔者认为可以从课程内容和课程形式两个角度着手。

1. 课程内容建设

课程内容是课程的核心，在很大程度上影响着课程的成效，所以首先需要针对课程的内容进行思考。围绕社会交往这一主题，笔者认为至少应包含三类课程：社会交往理论课、社会交往礼仪课和社会交往技能课。

社会交往理论课主要讲授与社会交往有关的理论知识，如社会交往中的对象认知、社会交往中的角色认知、社会交往中的心理活动过程等，这些理论知识可以帮助大学生更好地把握社会交往中的各个环节，并指导大学生树立正确的交往价值观。

社会交往礼仪课主要讲授与社会交往相关的礼仪知识。在社会交往中，人们必须遵守一定的礼仪，正所谓“不学礼，无以立”，如果不掌握一些社会交往中的礼仪，容易让人产生不被尊重之感，甚至导致误会。当然，大学生对于有些基本的礼仪已经形成了一定的认知，但认知不够深入，所以该项课程内容也不可或缺。

在社会交往活动中，存在其内在的规律性，也存在相应的社会交往方法，社会交往技能课的目的就是将这些社会交往方法传授给大学生。关于社会交往技能，笔者认为主要包括语言交往技能（如说话的技巧、倾听的技巧等）、非语言交往技能（如表情、目光、手势等）以及应对人际冲突的技巧（在社会交往中，人际冲突不可避免，所以教会学生如何应对非常有必要）。

2. 课程形式建设

课程形式是影响课程建设的另一个要素，也影响着课程的成效。目前，高校常见的课程形式主要有两种：一种是必修课；另一种是选修课。关于社会交往课程形式的设置，可以依据课程内容的重要程度去划分，重要的内容设置为必修课，相对重要的内容则设置为选修课。比如，上文提及的内容中，社会交往礼仪课便可以设置为公共选修课，作为对学生社会交往能力促进的“辅助剂”。

（二）拓展大学生社会交往能力培育途径

除了课程之外，高校还应该进一步拓宽大学生社会交往能力培育的路径，具体而言，可以从如下三个方面作出思考。

1. 推进和谐寝室的建设

寝室是大学生大学校园生活中的一个重要场所，虽然只是一个非常小的场所，但室友之间的交往至关重要。的确，“麻雀虽小，五脏俱全”，它承载着学习、生活、交流、休息、娱乐等多种功能，是一个由多个大学生共同构建起来的“小社会”。通过推进和谐寝室的构建，对于促进室友关系的和谐以及大学生社会交往能力的提升起到非常积极的作用。关于和谐寝室的构建，笔者认为可以从物质、精神和制度三个方面着手。

首先，在物质方面，大学生寝室应保证布局的科学、基本设施的完善，同时保证房间的清洁、整齐，这样有助于营造出一个温馨、舒适、和谐的交往空间。

其次，在精神方面，应努力构建“家庭型”寝室，将寝室打造的如同家一般，室友之间彼此关爱、信任。另外，对于大学生而言，学习是首要任务，所以还需要共同营造一种积极的学习氛围，室友之间彼此督促、鼓励，实现共同进步。

最后，在制度方面，可以从正式制度和非正式制度两个方面着手。正式制度指学校建立的制度，目的在于维护寝室秩序，如宿舍管理条例。非正式制度一般是由寝室成员制定的，如寝室行为公约，目的在于约束寝室成员的行为。正式制度和非正式制度共同发挥着作用，两者相互补充，共同推动着和谐寝室的构建。

2. 开展多样性的校园文化活动

校园文化活动为大学生提供了一个相互交流的机会，这也是培育大学生社会交往能力的一个重要载体。因此，高校应结合本校的实际情况（尤其要突出本校的优势和特色）开展多样性的校园文化活动。比如，高校可以定期组织一些文体活动，如艺术文化节、读书节、辩论赛、体育竞赛、朗诵比赛等。文体活动的辐射面较广，可以囊括大学生感兴趣的方方面面，所以也能够调动很多大学生参与的积极性，进而让大学生在文体活动中开阔眼界、拓宽知识，并促进社会交往能力的提升。

3. 开展网络交往教育

在互联网时代，大学生的社会交往空间得以扩大，他们的社会交往不再局限于校园这一方天地，而是借助互联网辐射到了世界的每一个角落。因此，针对大学生社会交往能力的培养不能忽视网络交往教育这一途径，高校应引导大学生正确看待网络交往，既不能沉溺于网络交往中，也不能因为网络空间的虚拟性就无所顾忌，更不能在现实（真实）与网络（虚拟）的巨大差别中迷失自我。网络是一把双刃剑，高校应利用网络有利的一面，积极开展网络交往教育，从而使网络交往成为促进大学生社会交往能力发展的一个助推器。

第三节　大学生道德践行能力培育

一、大学生道德践行能力的含义

（一）道德的概念

要明晰道德践行能力，首先需要了解什么是道德。关于道德，在几千年前便有哲学家进行过探索。比如，古希腊哲学家苏格拉底认为，道德即是知识，一个人要想有道德就必须有道德知识，一切不道德的行为都是无知的结果。再如，儒家提出的“五常”——仁、义、礼、智、信，其中很多内容都在强调道德的重要性。当然，古人针对道德的界定和探索受其时代发展的限制，所以有些解释在今天并不适用，但仍旧可以为我们提供借鉴和参考。

站在现代社会发展的视角下，我们需要从一个新的角度去剖析道德。苏联哲学教授施什金在《马克思主义伦理学原理》一书中指出，所谓道德，通常是指人们行为的原则或规范的总和，这些原则或规范调整人们彼此之间的关系以及他们对社会，对一定阶级、国家、祖国、家庭等的关系，并且受到个人信念、传统、教育、整个社会或一定阶级的舆论力量的支持[①]。我国人民大学罗国杰教授在《马克思主义伦理学》中指出，道德就是人类社会生活中所特有的，由经济关系决定的，依靠人们的内心信念和特殊社会手段维系的，并以善恶进行评价的原则规范、心理意识和行为活动的总和[②]。

笔者在综合众多学者关于道德解读的基础上，结合时代发展的特征，针对道德作出如下界定：道德是人们在社会生活实践中形成的关于正义与邪恶、公正与偏私、诚实与虚伪等情感、观念和行为习惯，并依靠良心指导和社会舆论的人格完善与调节人与人、人与自然关系的规范体系。

---

① 施什金．伦理学原理[M].蔡治平，魏英敏，金可溪，译．北京：北京大学出版社，1981：1.

② 罗国杰．伦理学[M].北京：人民出版社，1989：4.

（二）道德践行能力的含义

明晰了道德概念之后，我们便可以进一步分析道德践行能力的概念。其实，关于道德践行能力的概念，笔者认为可以直观地将其概括为一种将道德认知转化为道德行为的能力。虽然其概念概括起来简单，但要明晰其内涵，还需要针对其概念做进一步的解读。

正所谓“知易行难”，从认知到践行看似只是一种行为的转变，但其实中间还有很长的一段“距离”，而且在转变的过程中还需要“认同”这一环节，所以笔者认为道德践行能力可以看作由道德认知能力、道德认同能力和道德实践能力三种能力构成的一个有机系统。这三种能力在大学生的道德践行能力体系中各自发挥着不同的作用，同时彼此之间相互作用，共同支撑着大学生道德践行能力体系的发展，如图 5-6 所示。

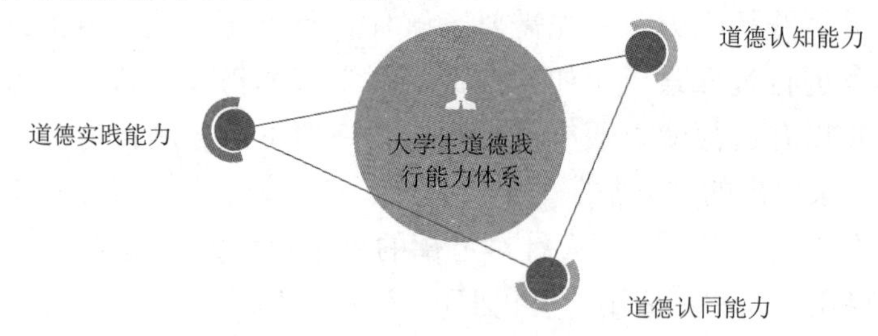

图 5-6　大学生道德践行能力体系

明晰了道德认知能力、道德认同能力和道德实践能力三种能力，也就明晰了道德践行能力的含义。

大学生的道德认知能力是由大学生对道德理论、知识、现象的反应力、理解力、掌握力构成，表现为大学生对道德现象和道德关系的观念性把握的能力。道德认知能力是大学生道德践行能力的基础，因为只有先形成科学的认知，才可能有后续的行为，这是前提。

大学生的道德认同能力是在道德认知能力基础上形成的一种能力，是大学生经过深入的道德思考，对道德行为和道德关系作出评价，进而明确个人道德选择的能力表现。大学生的道德认同能力主要包括道德判断、道德选择和道德控制的能力，表现为大学生对于一定道德理论的情感以及信服度。道德认同能力是大学生道德践行能力形成的重要催化剂，是驱动大学生道德认知转化为道德践行能力的关键性因素。

大学生的道德实践能力是大学生道德践行能力的最终表现，促使大学生积极践行自身的道德认知。这也是大学生道德践行能力培育的最终目标。

综上所述，大学生的道德践行能力也是一种综合性的能力，它是大学生基于专门的道德学习形成的科学道德认知，经过道德价值评判和行为选择，以明确自己的道德观，指导自己融入道德生活、开展道德实践的一种综合能力。

二、大学生道德践行能力培育的主要内容

基于对大学生道德践行能力含义的认知，笔者进一步针对大学生的道德践行能力进行了剖析，认为大学生道德践行能力培育的内容主要包括如下四个方面：道德意志力、道德选择力与决策力、道德控制力、道德评价力。

（一）道德意志力

大学生的道德意志力是指大学生对于外界事物所采取和表现的道德态度与道德情感。道德意志力一旦形成，便不易改变，即便外界环境发生变化，也不会轻易改变，而且能够不断促使大学生产生相应的道德行为。道德意志力是促使大学生道德行为产生的一个重要的动力，而且也是促使大学生保持积极的道德态度的一个重要因素，因此，针对大学生道德践行能力培养，不能忽视道德意志力的培育。

（二）道德选择力与决策力

在具体的道德实践中，人们常常需要对道德方向、道德目标和道德内容作出选择，而决定其选择的能力就是道德选择力。道德方向、道德目标和道德内容的选择非常重要，这在很大程度上影响着大学生具体的道德行为，所以在面对选择时，大学生需要作出正确的选择，而这也正是大学生道德选择力培育的目的。

大学生的道德决策力是指大学生所具备的确定道德行为方式方法以及策略的决策能力，表现为大学生在具体的社会实践中能够结合实际情况及时调整自身的道德行为，以适应自身道德发展的需求，并使自己的道德行为达到一定的目标。

道德选择和道德决策出现在大学生道德实践的不同阶段，道德选择通常出现在道德实践的初始阶段（当然，在具体的实践过程中，也可能需要不断地作出选择），道德决策则通常出现在道德实践的中级阶段，在这个阶段中，大学生需要结合实际情况针对自身的道德行为作出决策，如是否调整自己的道德行为，从而更加有效地实现相应的目标。

（三）道德控制力

大学生的道德控制力主要表现在两个方面：一方面，在具体的道德实践中，大学生需要对道德践行的方向和进度进行控制，以便道德实践有序、有效地进行；另一方面，在道德实践的过程中，也可能出现不道德的行为或态度，此时需要大学生针对不道德的行为和态度进行控制，以保持良好的道德实践能力。

（四）道德评价力

道德评价能力是大学生针对自身道德行为进行评价的能力，这是大学生自我反思能力的一种体现。在道德实践中，大学生不可避免会出现一些错误的行为，如果能够针对这些错误的行为进行反思，对于大学生下次的道德实践将具有非常积极的意义。因此，大学生需要具备一定的道德评价能力，能够针对自己的道德实践进行客观、全面的评价，并总结道德实践的成果和不足，以此形成新一轮的道德实践经验，进而促进新一轮道德实践有效性的提升。

三、大学生道德践行能力培育的措施

关于大学生道德践行能力的培育，笔者认为可以从道德践行能力培育的内容、方法以及有效机制三个方面着手。

（一）丰富大学生道德践行能力培育的内容

大学生道德践行能力培育的内容是影响大学生道德践行能力培育的一个重要因素。面对大学生日益增多的教育诉求，高校应拓展大学生道德践行能力培育的内容。至于拓展的方向，笔者认为应该脱离传统的模式，从两个“结合”着手：道德践行能力培育与大学生的日常行为相结合、道德践行能力培育与大学生社会主义道德教育相结合。

1. 道德践行能力培育与大学生的日常行为相结合

大学生道德践行能力的培育是一项长期的工程，绝非一朝一夕能够实现，所以除了针对性地组织一些活动，还需要和大学生的日常行为相结合，从而在日常的点滴中促进学生道德践行能力的发展。在具体的操作中，高校可以针对大学生进行积极的宣传，让大学生能够从身边的小事做起，积极参与校园组织的各校实践活动，如劳动实践、生活实践等。此外，还可以制定一些具有操作性的规章制度，使一些与德育相关的活动能够强制性地渗透到大学生的日常生活中，从而使大学生的道德行为逐渐日常化、常态化。

2. 道德践行能力培育与大学生社会主义道德教育相结合

社会主义道德是在无产阶级自发形成的朴素的道德基础上，以马克思主义的世界观为指导，由无产阶级自觉培养起来的道德；是以为人民服务为核心，以集体主义为原则，以诚实守信为重点，以社会主义公民基本道德规范和社会主义荣辱观为主要内容，以代表无产阶级和广大劳动人民根本利益和长远利益的先进道德体系[①]。社会主义道德作为先进的道德体系，对于大学生道德体系的构建以及大学生道德践行能力的培育具有非常积极的促进作用，所以针对大学生道德践行能力的培育应该与社会主义道德教育相结合，以便将社会主义道德贯彻在大学生道德践行教育中，进一步促进大学生道德践行能力的发展。

（二）改进道德践行教育的方法

教育方法是影响教育成效的另一个重要因素，所以在丰富大学生道德践行能力培育内容的基础上，还需要针对其教育方法进行改进，以此来进一步提高大学生道德践行能力培育的成效。具体而言，大学生道德践行能力培育方法的改进可以从如下两个方面着手。

1. 理论与实践相结合

在改进理论课程教学的基础上，加强实践教学环节，通过理论和实践的结合加强道德教育课的成效。从上文对道德践行能力的分析可知，道德践行能力重视的是行为，这是一种能够将道德认知转化为道德行为的能力，而行为的产生必然要经过实践。因此，针对学生道德践行能力的培育不能停留在课堂上，还需要积极地开展实践活动，弥补理论知识讲解的不足，从而在“理论”+“实践”的双重作用下促进学生道德践行能力的发展。

2. 丰富道德践行能力教育的方法

在理论和实践相结合的基础上，还应该结合教育内容选用不同的教育方法。对于大学生来说，虽然已经具备了较强的自制力，但长期单调地使用某种或某几种方法，容易使学生对教育内容的感受性降低，从而引起厌倦，甚至抵触的心理，进而降低大学生道德践行能力教育的成效。因此，教师应丰富大学生道德践行能力培育的方法，并依据不同的教育内容选择不同的教育方法，如疏导法、情感陶冶法、榜样示范法、道德评价法等，这样才能避免学生对教育

① 赵杏梓，高小枚．论慈善事业发展的社会基础[J]. 贵阳学院学报（社会科学版），2014, 9(1): 11-17.

内容感受性的降低，并促进教育针对性和实效性的提高。

（三）加强道德践行教育的有效机制建设

针对大学生道德践行能力教育的有效机制建设，笔者认为可以从动力机制建设、约束机制建设和保障机制建设三个方面着手。

1. 动力机制建设

动力机制建设的目的是通过教育、引导、激励等方式促进大学生道德践行能力持续、健康发展。对于大学生而言，道德践行能力的发展有自律和他律两个途径，自律属于内在动力机制，他律属于外在动力机制。在大学生道德自律较差的情况下，需要借助外部的力量去提高大学生道德践行的自觉性，以此来保证大学生道德践行能力的持续发展。例如，高校要充分利用校园中的资源，为大学生创造较多的道德践行体验机会，并宣传一些道德典范的先进事迹，以此来激发大学生的道德责任感和道德荣誉感。

2. 约束机制建设

约束机制也属于一种他律，但与动力机制的他律不同，约束机制主要是通过监督和惩戒的方式完成对学生的他律。针对大学生的他律，仅仅用引导和激励的方式显然不够，还需要采取监督、惩戒的方式，以此来约束大学生的道德行为，并起到预防和纠正大学生道德实践过程中行为偏差的作用。在建设约束机制时，需要教育工作者具备强烈的责任感，坚持道德教育的基本规律和原则，采用科学的方法制定出合理的约束机制。另外，在实施约束机制时，要保证制度实施过程公开、透明，这样才能让大学生信服，由此达到纠正学生道德行为偏差的目的。

3. 保障机制建设

保障机制是指能够促使大学生道德实践行为持续产生的一种机制。高校大学生道德践行能力培育的保障机制建设可以从如下三个方面着手。第一，高校应充分利用自身优势，将与道德践行相关的活动渗透到学生的日常生活和学习之中，并通过教师队伍建设、道德践行课程建设以及专项资金建设等保障道德践行相关活动的顺利进行。第二，高校要充分利用校园中的宣传栏、校园广播以及一些网络渠道，向大学生宣传一些道德典范的先进事迹，同时大力弘扬社会主义核心价值观，以此为大学生营造一个良好的校园舆论氛围。第三，高校应加强大学生道德实践过程中的风险保障机制建设，如建立道德保护和投诉办公室、校园法律援助中心等，以此来应对大学生道德实践过程中可能存在的风险，解除大学生道德实践的后顾之忧。

第四节　大学生创新创业能力培育

一、大学生创新创业能力概念的界定

要明晰大学生创新创业能力，首先需要对创新能力和创业能力有一定的了解，然后在对两者的有机结合中引申出大学生创新创业能力的概念。

（一）创新能力

关于创新的概念，笔者在查阅资料的过程中发现，不同学者对创新的理解存在差异，所以目前仍旧没有一个统一的说法。比如，刘培育认为，“创新是人类的一种高级创造活动，是人在社会发展的实践中，扬弃旧事物、旧思想或旧方法，把新设想或新成果成功实施，并获得更高效益的运作系统”[①]。笔者在综合分析各学者针对创新所下的定义后，认为从广义的角度去理解创新更加合适，即把创新理解为一种思维上的推陈出新，并且这种新的思维能够运用到实际应用中。

创新能力是基于创新思维发展起来的一种能力，它是人的能力的高级形态。具体来说，它是指人在顺利完成以原有知识、经验为基础的创建新事物的活动过程中表现出来的各种能力的总和，主要包括敏锐的观察能力、深邃的洞察能力、统揽全局的战略思维能力和面向未来的开拓创新能力等。创新能力是大学生各项能力中层次较高的一种能力，在社会实践活动中发挥着非常重要的作用，所以这种能力也可以看作大学生社会实践能力中的重要组成部分，是高校教育中要重点关注和重点培育的一种能力。

（二）创业能力

关于创业能力的概念，笔者同样发现不同学者对其概念界定有所不同。比如，杨德文认为，创业能力是一种能够顺利实现创业目标的特殊能力，这种能力是在创业实践中体现出来的影响创业实践活动效率，促使创业实践活动顺利进行的主体心理条件[②]。再如，钱娜等人认为，创业能力是指在创业精神指

---

① 刘培育．创新思维导论[M]．北京：大众文艺出版社，1999：12.

② 杨文德．大学生就业与创业指导[M]．北京：中央广播电视大学出版社，2009：71.

引下，从事创业实践活动过程中所表现出来的获取创业知识、发展创业技能、增强创业意识的高层次的综合能力[①]。笔者综合上述学者对创业能力概念的界定，站在大学生的视角下，对大学生的创业能力作出如下界定：在校正在接受大学教育的学生以及刚毕业还没有找到工作的学生，通过学校、社会、家庭等的教育，发现和捕获商机，将各种资源组合起来并创造出更大价值的能力，即将自己的创业设想成功变为现实的能力。

（三）创新创业能力

笔者查阅资料发现，目前很多学者针对创新创业概念的理解都是从概念集合的角度出发的，即将其看作一个宽泛的概念，简单地将两者的概念进行相加。虽然从字面上来看，创新创业是“创新”和“创业”的结合，但就其概念而言，却需要作出更深一步的分析。关于创新和创业的关系，王占仁指出，创新和创业是一种双生的关系，在创新后面加上创业，是对创新应用属性的进一步界定；在创业前加上创新，则是一种针对创业的方向引领，即创业要以创新为基础[②]。

笔者立足于王占仁关于创新与创业关系的分析，认为可以将创新创业能力看作一种具备整合性、过程性和注重价值导向的综合性的能力。其整合性体现在创新创业能力同时具备创新能力和创业能力的全部属性，它是一个复杂的构成要素集群；过程性则体现在创新创业是一个协同并行的过程，在创新创业的不同阶段，对创新主体的要求并不相同，要求各种能力协调发展、有机组合；价值导向性体现在创新创业本身具有的价值导向，即在任何一个创新创业活动中都需要强调其价值的导向，如经济价值导向、文化价值导向、社会价值导向等，可以说，不存在不创造价值导向的创新创业。

综合上文的论述，同时结合我国大学生群体的特点，笔者认为针对大学生创新创业能力可以作出如下界定：大学生创新创业能力是大学生利用已经掌握的科学文化知识和周围资源，创造和改进事物并将其转化为对个人发展或社会发展有益的社会价值、经济价值和文化价值的能力。这是一种综合性的能力，是新时代大学生应具备的一种能力。

① 钱娜，周湘杰，王珂．高职生创新创业指导 [M]. 北京：中国铁道出版社，2020: 34.

② 王占仁．创新创业教育的核心要义与周边关系论析 [J]. 国家教育行政学院学报，2018(1): 21-26.

二、大学生创新创业能力的构成要素与结构

（一）大学生创新创业能力的构成要素

通过笔者上文对大学生创新创业能力的分析可知，大学生创新创业能力是一项综合性的能力，包含诸多要素。为了进一步明晰大学生创新创业能力包含的要素，笔者查阅了大量的文献资料，并采访了一些创新创业者，其中共涉及能力要素 30 余项，笔者针对这些要素进行了筛选，选出了频次超过 5 次的要素，得出了表 5-3 所示的内容。

表5-3　基于文献查阅和访谈得出的大学生创新创业能力构成要素表

序　号	能力要素	频　次	序　号	能力要素	频　次
1	学习能力	27	15	时间管理	13
2	专业知识技能	25	16	合作能力	11
3	创业知识技能	24	17	资源获取与整合能力	10
4	沟通能力	24	18	独立思考能力	9
5	组织协调能力	21	19	判断能力	9
6	人际交往能力	20	20	决策能力	9
7	团队管理能力	18	21	勤奋	8
8	行动力	18	22	踏实肯干	8
9	实践能力	17	23	成就动机	7
10	问题分析与解决能力	17	24	自我认知	7
11	抗压能力	15	25	风险管理	6
12	吃苦耐劳	14	26	归纳总结能力	6
13	责任担当	14	27	试错能力	5
14	情商	13			

（二）大学生创新创业能力的结构

笔者针对上述要素逐一进行了分析，认为上述要素虽多，但可以归纳为三个层面：创新创业内驱力、创新创业领导力和创新创业行动力。创新创业内驱力包括学习能力、专业知识技能、创业知识技能、抗压能力、吃苦耐劳、责任担当、勤奋、踏实肯干、成就动机、自我认知；创新创业领导力包括沟通能力、组织协调能力、人际交往能力、团队管理能力、情商、时间管理、合作能力、风险管理；创新创业行动力包括行动力、实践能力、问题分析与解决能力、资源获取与整合能力、独立思考能力、判断能力、决策能力、归纳总结能力、试错能力。在此基础上，笔者构建了大学生创新创业能力的结构图，如图 5-7 所示。

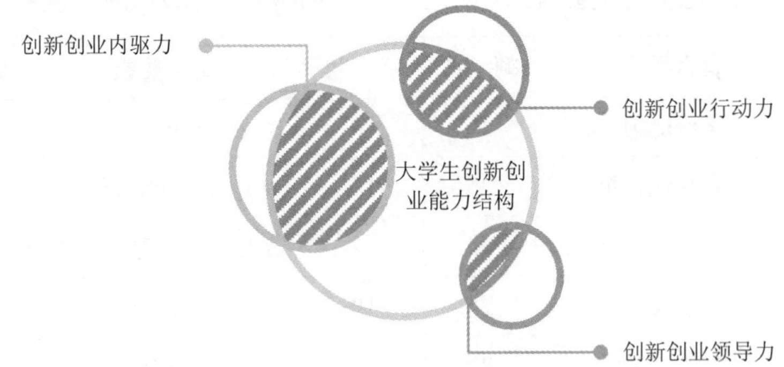

图 5-7　大学生创新创业能力结构图

三、大学生创新创业能力培育的策略

创新创业能力作为大学生社会实践能力的重要组成部分，对于大学生今后的发展发挥着重要的作用。因此，针对大学生社会实践能力的培育离不开创新创业能力的培育。结合我国高校创新创业教育的现状，笔者认为大学生创新创业能力的培育可以从教育理念转变、教育举措完善和教育环境优化三个方面着手。

（一）转变大学生创新创业能力培育的理念

教育理念是教育举措的指南针，所以针对大学生创新创业能力的培育首先要立足于教育理念这一层面。关于大学生创新创业教育理念的转变，笔者认为可从“两个走向”着手：由“形式”走向“实际”；由“短程”走向“全程”。

1. 创新创业教育应由“形式”走向“实际”

在“双创”的时代背景下，越来越多的高校开始重视大学生的创新创业教育，并将大学生的创新创业能力看作一项不可或缺的能力进行培育。然而，在具体的实践中，很多高校对于创新创业教育课程的重视程度仍旧存在一定的不足，导致创新创业教育的效果并不理想。其实，任何课程建设都是如此，如果流于形式，教师和学生在心理上对该课程的接受度也会降低，课程的效果自然不会理想。因此，针对大学生创新创业能力的培育，应从“形式”逐渐走向“实际”，并结合学生的专业分类施教，从而真正发挥大学生创新创业教育的实效性。

2. 创新创业教育应由“短程”走向“全程”

大学生创新创业能力的培育是一个比较漫长的过程，绝非一朝一夕之功，然而很多高校却没有认清这一点，导致大学生创新创业能力的培育模式是一种短视的、短程的教育模式，这显然是错误的。因此，在大学生创新创业能力培育理念引导下，高校应实现从“短程”向“全程”的转变。此处的“全程”是从两个角度而言的：一是站在大学生大学生涯的角度上；二是站在大学生终身发展的角度上。首先，从大学生大学生涯的角度来看，大学生的创新创业教育应该从大一开始，一直到大四结束，即贯穿大学生大学生涯的始终，让大学生能够接受系统、完整的创新创业教育。其次，从大学生终身发展的角度来看，现代教育强调大学生终身发展能力的培育，而且面对复杂多变的时代，也需要学生具备终身学习的能力，所以针对大学生开展的创新创业教育还需要立足于大学生的终身发展，多角度、全方面地培育大学生的创新创业能力，从而实现对大学生的终身教育。

（二）完善大学生创新创业能力培育的举措

大学生创新创业能力培育举措的完善可以从课程体系建设、师资队伍建设以及创新创业平台建设三个方面着手。

1. 建设优质的课程体系

创新创业教育的课程体系不同于专业教育的课程体系，它需要结合创新创业教育的特点，同时结合高校自身实际，建设具有本校特色的创新创业教育课程体系。此外，课程体系的建设还需要做好分层，以便满足不同层次学生的不同需求。比如，面向全体学生，高校需要构建创新创业教育的基础课程，在此基础上，再开设一些进阶性的课程，以满足那些有进一步需求的学生。在课程内容设计上，还需要兼顾专业与通识的统一、理论课程和实践课程的融合，这样才能使课程体系更加完善，从而更加高效地促进大学生创新创业能力的提高。

2. 打造专业的师资队伍

教师作为大学生创新创业教育的组织者和引导者，在大学生创新创业能力培育中发挥着至关重要的作用，所以高校需要打造一批专业的师资队伍。在师资队伍的建设上，高校应将本校教师的培育作为重点，通过培训、深造等途径不断提高本校教师的能力。在此基础上，高校还需要拓宽教师的聘任渠道，除了专任教师，还可以聘任一些企业中的创新创业人才作为客座讲师，也许他们在专业知识储备上不如专任教师，但他们有着丰富的创新创业实践经验，这些对于大学生创新创业能力的发展也是非常有用的。

3. 搭建特色的创新创业平台

大学生创新创业能力的培育离不开实践，所以高校需要为大学生搭建特色的创新创业平台，如创新创业实践基地、企业孵化器等。需要注意的是，高校在搭建创新创业平台时应结合时代发展特征，如可以建设“互联网 +”实践平台，这样既可以降低物力、财力的投入，也可以通过虚拟环境的应用降低学生创新创业的风险。此外，高校还可以与企业形成合作关系，打造综合性的特色实践平台，以此进一步提高大学生创新创业能力培育的成效。

在这一方面，我校作出了很大的努力，一直致力于创新创业实践基地的建设，并在 2020 年被浙江省发改委认定为第四批省级大众创业万众创新示范基地。下一步，我校将继续按照《国家职业教育改革实施方案》要求，坚持“立足浙江、依托行业、服务三农”的办学方向，以“创新、合作、开放、共享”为理念，深化改革、突出创新，按照“科学规划、分步实施、有序推进、逐步完善”的工作思路，统筹推进项目建设。建立健全国家级创新创业教育基地的运营机制，制定系统化的创新创业人才培养方案，创新人才培养模式，以开放式创新创业实践平台、创新创业课程（项目）平台、校政社企创新创业合作共享平台建设为依托，实现创新创业教育与技术技能人才培养深度融合，将基地打造成服务供销行业、长三角区域主导产业发展的高素质创新型技术技能人才培养高地。

（三）优化大学生创新创业能力培育的环境

环境也是影响大学生创新创业能力培育的一个重要因素，所以在转变教育理念、完善教育举措的基础上，还需要对大学生创新创业能力培育的环境进行优化。关于环境的优化，笔者认为可以从校园环境以及大学生创新创业生态环境两个方面着手。

1. 打造大学生创新创业能力培育的校园环境

校园作为大学生生活、学习的主要场所，校园环境对学生的影响是最直接的，也是最大的，所以高校应致力于校园环境的打造。在环境氛围营造中，高校可以增加对创新创业相关内容的宣传，如借助宣传栏、校园广播以及校园官网进行宣传，增加学生对创新创业的认知。除此之外，高校还可以组织一些创新创业活动，如创新创业能力培训班、创新创业大赛等，并积极引导学生参与，以此来进一步营造良好的创新创业氛围。

例如，我校在 2020 年开办了浙江省大学生创新创业能力提升计划培训示范班，此次培训示范班利用双休日开展 5 天专题培训，师资团队包括“互联网 +”国赛评委、大学生科技作品国赛获奖指导教师、高校创业教育管理者、“乡村振兴”省赛评委、投资机构董事长，以及校友导师等。培训内容坚持知识技能传授与创新价值引领有机统一，按照认知、思维、实务和实践教学模块，循序渐进式引导创业有志青年科创探路、文创引领、农创扎根，主动服务于国家战略和区域经济振兴，充分满足大学生对于新兴行业领域探索的求知欲，为创客搭建创新创造的资源平台。期间，示范班学员赴国家级双创示范基地、国家创新人才培养示范基地“大创小镇”进行调研，并师生共创与钱塘新区 NICE 共创空间校企合作开发跨境电商、直播电商时尚热门课程。此次培训活动是我校开展高质量双创教育培训的重要行动，不仅促进了参与培训学生创新创业能力的提升，还进一步活跃了校园创新创业的氛围。

2. 打造大学生创新创业生态环境

大学生创新创业生态环境的打造不能仅仅停留在学校层面，而是要站在更高的层面上，从社会、高校、企业多个方面着手，打造一个大学生创新创业生态系统，如图 5-8 所示。

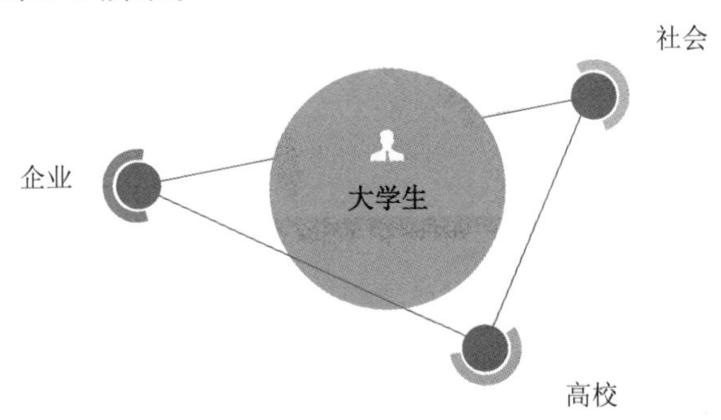

图 5-8　大学生创新创业生态环境示意图

在整个生态系统中，社会、高校、企业以及大学生之间的利益关系是相互依存的，在诉求个人利益的基础上，还需要考虑整个系统的良性运作，这样更有助于实现全部主体的利益诉求。因此，社会、高校、企业以及大学生都需要充分发挥其作用，形成合力，共同构建一个大学生创新创业生态环境，从而持续推动高校培育出高质量的创新人才。

第六章　育人视角下大学生社会实践能力培育的总体思路

在本章中，笔者站在大学生社会实践能力培育的总体思路上做了进一步的分析和研究。综合分析之后，笔者确定了树立理念、遵循原则、丰富路径和完善保障体系的总体思路，如图 6-1 所示。

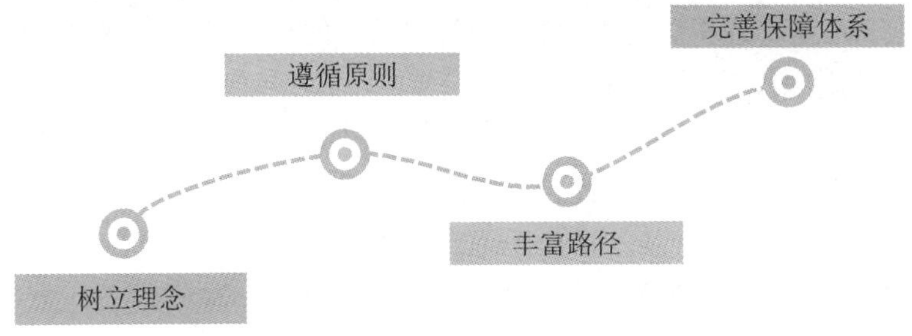

图 6-1　大学生社会实践能力培育的总体思路

第一节　树立大学生社会实践能力培育的先进教育理念

一、先进教育理念的内涵、特征与形成过程

要想更好地引导教师树立大学生社会实践能力培育的先进教育理念，首先需要教育工作者们对先进的教育理念有一个深入的认识。下面，笔者便针对先进教育理念的内涵、特征及其形成过程进行详细的分析。

（一）先进教育理念的内涵

1. 理念

“理念”一词是一个外来语，柏拉图在其哲学观中将“观念”译为“理念”，黑格尔、康德等人在其哲学观中将“理念”解释为理性领域内的概念。在汉语中，“理念”一词最早是从柏拉图的哲学观念中翻译过来的。那么，柏拉图所阐述的“理念”又是什么呢？根据《辞海》的解释可知，理念是把人从个别事物中抽象而得到的普通概念加以绝对化，并把它说成是事物的原型。在柏拉图看来，人类所产生的感性的认识是不可靠的，因为感觉的对象是个别事物，而个别事物只是“理念”的影子，他它不是真正的“理念”。由此可知，在柏拉图的认知里，“理念”是一种高度抽象的绝对化的普通真理，是对客观世界或客观事物应有的状态的反映。

在中国哲学中，“理念”最初是分开的，“理”多指事物的准则、条理，“念”多指“想法”“思考”，将其合并到一起，便得到了对“理念”的初步解释，即对事物准则、条理的看法。

无论是西方哲学观中对“理念”的解释，还是中国哲学观中对“理念”的解释，都有其合理的一面。在此，笔者结合两种解释，同时站在当前的时代背景下，对理念形成了一种新的解读：理念是人们在理性思考和亲身体验的基础上形成的关于事物自身价值及其价值实现途径的判断和看法。

2. 先进教育理念

知道了理念的概念，便不难对教育理念的概念进行界定了。所谓教育理念，就是人们在理性思考和亲身体验的基础上形成的关于教育自身价值及其价值实现途径的判断和看法。关于教育本身的看法，主要是了解和说明教育的本质、功能及其发展规律。首先，就教育的本质而言，教育理念可以看作人们对教育的基本判断和看法。其次，就教育的功能而言，教育理念具有激励、约束、指导等作用，并且教育理念具有坚定性，它能够驱使教师为了实现某种教育目的而采取相应的行动。最后，就教育发展的规律而言，教育理念也有其发展规律，它是在教师亲身体验的基础上逐步形成的，并非一蹴而就，而且随着教育的发展，教师的教育理念也需要不断革新，不断学习和接受新的教育理念，然后形成具有自身特色的思想意识。

由此可见，先进教育理念是随着时代发展和教育发展不断革新的教育理念，是能够满足时代发展和教育发展需求的教育理念。如果对先进教育理念的内涵做更为深入的解读，可以从先进教育理念指向的对象和层次着手，将其分为三个层次。

第一层次：关于教育事物本质、目的、角色、功能与价值等方面的先进教育理念。

第二层次：关于教育方法、管理方法、学习方法和课程操作等方面的先进教育理念。

第三层次：关于教育教学质量评价等方面的先进教育理念。

不同层次的先进教育理念有着不同的作用，其对教师的引导作用也有所不同。当前，很多教师更关注操作层次上的先进教育理念，特别是与教育方法方面相关的教育理念，这样做虽然对于教师的教育教学起到直接的指导作用，但却很难起到系统性的作用，因为就教育教学而言，如果仅仅关注操作层面的内容，忽视了对教育、教学等基本问题的深入思考，所获得的教育理念往往是表面的，或者是缺乏创造性的。因此，作为教育工作者，不仅要勇于打破对教育的传统认知，不断学习先进的教育理念，还需要从多个方面展开，对先进教育理念形成深刻且系统的认知。

（二）先进教育理念的特征

了解先进教育理念的特征有助于教育工作者对先进教育理念形成更加深入的认识，也便于教育工作者判断哪些是先进的教育理念，从而更加准确地选择先进的教育理念，并通过不断学习构建起具有自身特色的先进教育理念。具体而言，先进教育理念有如下三点基本特征。

1. 先进教育理念具有一定的真理性，能够揭示教育的规律

先进的教育理念必然是具有一定真理性的。当然，这里所说的真理性并不是绝对的，而是相对而言的，因为任何事物的发展都有其时代局限性，在当前这个时代认为是真理的东西，也许到了未来，便不再是真理。这种真理的相对性是需要教育工作者们认识到的。此外，先进的教育理念还需要揭示教育的规律，如教育过程的规律、教育学的规律、学生能力培育的规律、不同教育阶段的规律等。当然，并不是说一个教育理念能够揭示各个层面上的教育规律，而是说一个教育理念至少要揭示一个层面上的教育规律，这样的教育理念才可能是先进的。

2. 先进的教育理念能够在一定程度上反映社会发展的大趋势

教育是人类社会的重要组成部分，它在影响社会发展的同时，也受社会发展的影响。的确，教育是不能脱离社会而孤立发展的，它需要为社会的发展服务，也需要顺应社会发展的趋势。先进教育理念作为教育中的重要组成部分，是在社会发展大趋势的影响下形成的，所以先进的教育理念也能够在一定

程度上反映社会发展的大趋势。例如，在教育信息化的社会大背景下，先进的教育理念必然需要融入相关的内容，用以指导教育信息化的发展。

3. 先进的教育理念反映着教育改革的方向

教育需要随着社会的发展不断改革，这样才能不断满足社会发展的需求。而在教育的改革中，从教育理念到教育方法，都需要结合教育改革的需求作出变革，从而推动教育改革的进程。由此可见，先进教育理念的形成必然是以教育改革的方向为指导的，从这层意义上来说，先进的教育理念能够反映教育改革的方向。

（三）先进教育理念的形成过程

面对教育的多元化发展，先进的教育理念也层出不穷，虽然不同的教育理念有着不同的指导作用，但其形成大致都经过如下三个阶段（图 6–2）。

图 6–2　先进教育理念形成的过程

通常情况下，教师的先进教育理念是在其原有理念的基础上形成的，是教师在深入学习、反复思考、勤于总结之后形成的符合社会发展与教育发展要求的、具有理论高度的用于指导教育教学活动的思想体系。先进教育理念的形成不是一蹴而就的，但一旦形成，便会在教育工作者的头脑中树立起来，并成为其内心的信念，进而指导其教育教学行为，并对其教育教学行为产生一定的约束作用。

二、树立大学生社会实践能力培育的先进理念

理念是行动的先导，有怎样的理念通常便会导致怎样的行为。在教育教学中也是如此，教育理念引导着教育工作者的教育教学行为，要想提高大学生社会实践能力培育的效率，教育工作者首先需要树立大学生社会实践能力培育的先进理念。具体而言，大学生社会实践能力培育的先进理念主要分为以下三部分（图 6–3）。

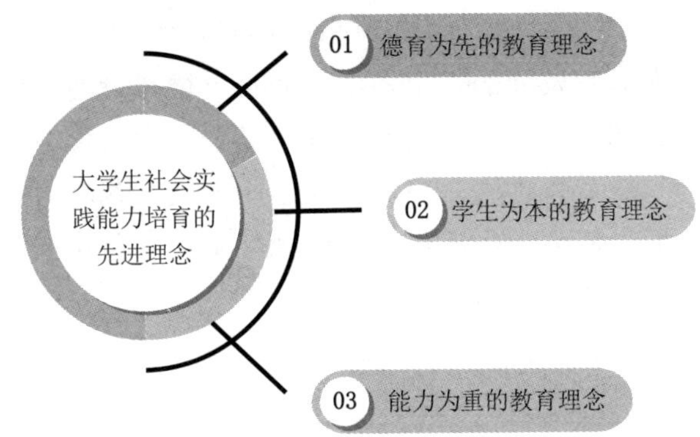

图 6-3　大学生社会实践能力培育的先进理念

（一）树立德育为先的教育理念

1. 德育为先理念的内涵

德育为先是指在高校实践育人活动中，要始终将“德育”放在首要位置，将“德育”贯穿实践活动的始终。在大学生社会实践能力培育活动中，虽然重心指向大学生社会实践能力的发展，但思想道德的发展始终是其根本。在中共中央、国务院颁布的《关于进一步加强和改进大学生思想政治教育工作的意见》中便指出，学校教育要坚持育人为本，德育为先，把人才培养作为根本任务，把思想政治教育摆在首要位置。习近平在《习近平向全国广大教师致慰问信》中也指出，广大教师要自觉增强立德树人、教书育人的荣誉感和责任感，学为人师，行为世范，做学生健康成长路上的指导者和引路人。由此可见，在高校育人活动中，无论重心指向学生哪项能力的发展，始终应将德育放在首要位置上，树立德育为先的教育理念。

要进一步理解德育为先教育理念的内涵，笔者认为还需要从如下三方面做出思考。

第一，在开展各学科教育、学生各项能力培养中，要将学生的道德规范教育作为基础，同时坚持学生的全面发展，从而促使大学生实现“德、智、体、美、劳”全面发展。

第二，在教育内容的选择上，不仅要关注该内容是否能促进学生社会实践能力的发展，还需要关注该内容是否有助于规范学生的道德，这样才有助于学生获得“德”与“能”的同步发展。

第三，在教育目标的考核上，要重视大学生道德素质的日常养成，并注重考核方式的多元化，以确保考核的科学性和合理性。

总之，德育为先理念的树立虽然不是直接指向大学生社会实践能力的发展，但道德素养是大学生发展的一个根本，而且道德践行能力也是大学生社会实践能力的重要组成部分，所以在大学生社会实践能力培育中，教育工作者必然需要树立德育为先的教育理念，在帮助大学生发展实践能力的同时，实现道德素质的提升，进而促使大学生成长为中国社会主义事业建设的合格接班人。

2. 德育为先理念的基本要求

在大学生社会实践能力培育中，德育为先理念的树立不能局限于形式，而是要真切地落实到行动中，并将其贯穿到大学生社会实践能力培育的始终。这就要求教师接受德育为先的理念，并将其内化为自身教育理念的一部分，这样才能确保教师真正将德育为先的理念贯穿到大学生社会实践能力培育之中。因此，高校应加强对教师的道德素养教育，提升教师的道德素养和德育水平，从而构建一支既具备专业教学能力，也具有德育能力的教师队伍。

此外，教育工作者还需要结合大学生社会实践能力培育的实际，将德育相关的内容有机地融入大学生社会实践能力培育的内容、目标、载体中，并通过隐性和显性相结合的教育活动，同步促进学生社会实践能力和道德素养的发展。比如，高校可以深入挖掘校园中的典型事迹和典型人物，并进行展示、宣传，让大学生通过身边的人或事引起共鸣，进而促使立德树人教育目标的实现。

（二）树立学生为本的教育理念

1. 学生为本理念的内涵

学生为本理念是指在大学生社会实践能力培育中，要始终围绕学生这一根本要素展开，要着眼于学生社会实践能力的发展。其实，教育指向的就是学生这一主体，教育的根本目的就是促进学生的发展，所以教育的本质归根到底是“为了学生的实践”，如果最终没有让学生得以发展，无论教育的形式如何，笔者认为都是失败的教育。具体到大学生社会实践能力的培育上，学生依旧是教育的核心，任何教育活动的开展都需要围绕学生去展开，将学生看作教育活动的主体，并指向学生社会实践能力的发展。

如果要进一步剖析学生为本教育理念的内涵，笔者认为可以从如下两方面作出思考。

第一，以学生为教育活动的主体。无论是在课堂教学中，还是在社会实践活动中，教师都需要凸显学生的主体作用，要做到“一切为了学生、为了一切学生、为了学生的一切”。

第二，一切教育活动的开展都需要从学生的兴趣爱好、知识水平、能力基础等实际出发，同时遵循大学生的身心发展规律，制定多元化、层次化的教育目标，采用多种教育方式，依托多种教育载体，最终使大学生的社会实践能力得到充分的发展。

2. 学生为本理念的基本要求

通过上文对学生为本教育理念的解读可知，学生为本教育理念就是始终把学生作为教育的中心，教师充当的是学生的引导者和帮助者的角色。因此，学生为本理念的首要要求就是教师要接受学生主体的理念，实现自身角色的转变，不能再将自己放在主导者的位置上，这样才能充分发挥学生的主体作用，从而促进学生在自主探索中获得社会实践能力的发展。

其次，教师要引导学生学会自我教育和自我管理。自我教育是指作为独立个体的人，自己对自己的教育，自己既当教育的主体，又当教育的客体，促使现实的我向理想的我逐渐转化的过程[①]。自我教育是学生能力发展的一个有效途径，也是学生主体性得以发挥的一个重要体现，所以教师在教育工作中要引导大学生学会自我教育。自我管理指学生对自己的学习和生活进行有效的管理。无论是在教师引导下的教育中，还是在学生的自我教育中，学生能否有效管理自我决定了学生学习的成效。因此，在发挥学生主体作用的基础上，教师还需要引导学生学会自我管理，让学生能够在学习或实践活动中严格管理自我，以此来提高学习或活动的效率。

最后，教育活动的开展要贴近学生的实际。在中共中央、国务院颁布的《关于进一步加强和改进大学生思想政治教育工作的意见》中便指出，高校思想政治教育要坚持以人为本，贴近实际、贴近生活、贴近学生，努力提高思想政治教育的针对性、实效性、吸引力和感染力。大学生社会实践能力培育同样如此，以学生为本的教育理念不仅要关注学生的主体性，而且还需要贴近学生的实际，了解学生的实际需求，结合学生的需求去制定学生发展的规划。以学生为本不是一句空话，也不是单纯地将学生放到主体位置上便可以实现的，而是要能够结合学生实际情况，这样才有助于更大限度地调度学生的主观能动性，进而使学生的主体作用得到最大限度的发挥。

（三）树立能力为重的教育理念

1. 能力为重理念的内涵

社会实践能力作为大学生能力素养中的一项重要能力，要使教育工作者

① 吴遵民．终身教育研究手册[M]．上海：上海教育出版社，2019：124.

重视大学生的社会实践能力，就需要让他们树立能力为重的教育理念。所谓能力为重，简单来说就是在大学生教育教学的思想认识层面，将大学生能力的提升作为重点。大学生社会实践能力的培育指向的就是大学生能力的发展，只有教育工作者具备能力为重的教育理念，才能重视大学生社会实践能力的发展，进而开展一系列的教育活动促进大学生社会实践能力的发展。当然，社会实践能力是一项综合性的能力，这一点笔者在前文已经有过详细的论述，所以对大学生社会实践能力的重视并不局限在某种能力上，而是要站在学生社会实践能力这一综合能力的发展上，从而使学生获得更加全面的发展。

2. 能力为重教育理念的重要性

能力为重的教育理念是时代的必然选择，也是大学生自身发展的需要。随着时代的不断发展，社会对大学生能力的要求越来越高，这就需要高校重视学生能力的发展，树立能力为重的教育理念，这样才能培育出满足社会发展需要的合格的人才。此外，对于大学生而言，他们对于自身的发展也有着多方面的需要，包括专业知识发展的需要、能力发展的需要、道德素养的发展需要等，这也需要高校树立能力为重的教育理念，从而更好地满足大学生能力发展的需求。总之，社会实践能力作为一种综合性的能力，是大学生能力培育中的重要一环，对大学生未来的生活和工作会产生重要的影响。因此，树立能力为重的教育理念，重视大学生社会实践能力的培育，就显得非常有必要。

3. 能力为重教育理念的基本要求

能力为重的教育理念就是要将大学生能力的发展作为重心，这就要求高校应从自身教育以及对学生的引导两个方面着手，从而有效促进学生能力的发展。

首先，从高校层面来看，高校作为大学生学习和生活的一个重要场所，在大学生的能力培育中发挥着至关重要的作用，所以高校首先要对其育人机制进行改革，即以国家教育政策和社会需求为导向，同时结合本校实际和学生实际，创新改革育人机制。具体到大学生社会实践能力的培育上，高校应注重丰富大学生社会实践能力培育的途径，并将能力为重的教育理念贯穿在各种途径中，从而使大学生的社会实践能力获得充分的发展。

其次，从学生发展的层面来看，学生是能力发展的主体，虽然很多大学生都有能力发展的需求，具备自身发展的内在动力，但如果缺少了外在动力的推动，也会影响大学生内在动力的可持续性，进而影响大学生社会实践能力的发展。因此，高校应加大必要的物质投入，为学生营造良好的校园氛围，并为学生提供更多可以实现社会实践能力发展的机会，从而使学生具备长时间发展的动力。教师需要引导学生在社会实践活动中学会自我反思、自我批评，让学生不断加深对自身的认识，认识到自身能力的不足，进而针对性地去发展自身的能力。

第二节　遵循大学生社会实践能力培育的基本原则

一、教育原则解析

虽然笔者在上文已经针对高校育人的原则进行过论述，但并没有针对教育原则进行过剖析。在大学生社会实践能力培育中，要构建有效的教育原则，首先需要教育工作者了解什么是教育原则。下面，笔者将针对教育原则的概念、性质、特点及其作用进行分析。

（一）教育原则的概念

在西方语言中，“原则”含有指导原理、基本要求的意思；而在汉语中，“原则”通常指观察问题、处理问题的准绳。如果将“原则”一词引申到教育教学中，则可将其简单地理解为教育教学要遵守的准则。当然，这只是简单的解释，要深入理解教育原则的概念，还需要对教育原则的性质做进一步的分析。

关于教育原则的性质，笔者认为可以从如下三个方面进行解读。

一是规范性。教育原则应具有规范性的内容，这样才能成为教育工作者开展教育工作的准则。

二是时代性。教育是随着时代的发展而不断发展的，教育原则同样需要跟随教育的发展不断变革，凸显其时代性。

三是理论性。教育原则虽然属于规范性的内容，但它并不是具体的方法，而是观念形态的东西，具有理论色彩。

在分析教育原则性质的基础上，笔者继续从教育原则概念界定的相关学说入手，分析几种针对教育原则进行界定的学说。

首先是“要求说”，这种学说认为教育原则是对教育的一般要求，教育工作者教育教学工作的展开要遵循教育原则。

其次是“规则说”，这种学说认为教育原则是指导教育工作者教育教学工作的基本规则，教育工作者教育教学工作的展开要以教育原则为规则和指导。

最后是“策略说”，这种学说认为教育原则其实属于一种教育或学习的策略，只是相较于教育教学中实施的具体的“行动策略”而言，教育原则属于一种“概括性策略”。

综合分析上述学说后，我们对教育原则有了一个更加深入的认识，再结合上文对教育原则性质的分析，笔者认为可以对教育原则进行如下界定：

教育原则是指根据一定的教育教学目的和任务，遵循教育教学过程的规律而制定的指导教学工作的基本准则。它是在总结教育教学实践经验基础上，对教育教学规律的反映，受教育教学目的的制约。教育原则是教育教学论的重要组成部分。教育原则不仅指导教师的教，也指导学生的学，贯穿教育教学过程的方方面面，贯穿教育教学过程的始终。

（二）教育原则的特点

作为指导教育工作者教育教学的一个基本准则，作为教育教学论中的重要组成部分，教育原则的特点突出体现在如下三个方面（图 6–4）。

图 6–4　教育原则的特点

1. 指导的间接性

在论述教育原则的性质时，笔者指出教育原则具有“理论性”这一性质，这就决定了教育原则对教育教学工作的指导并非是直接的，因为教育原则更多是理论层面的内容，教育工作者需要在教育原则的指导下制定更加具体的实施策略并用于教育教学之中。

2. 人类教育教学实践经验的全面概括性

教育原则不是人类凭空想象出来的，它是人类教育教学实践经验概括后的产物，而且随着时代和教育的不断发展，人类不断结合其教育经验对其进行修改，所以就任何时代的教育教学来说，教育原则都是人类教育教学实践经验的全面概括，对其所处时代的教育教学具有非常积极的指导意义。

3. 逻辑体系的严密完整性

在现代教育教学体系中，教育原则有很多，这些教育原则所发挥的作用也不同，但正是这些不同的教育原则构成了一个相互联系、相互作用的完整统一的教育原则科学体系。在这个逻辑严密的教学原则体系下，教育工作者教育工作的展开有着明确的指导方向，也有着教育教学工作实施的准则，这是保障教育教学质量的一个重要基础。

（三）教育原则的作用

教育原则作为教育工作者开展教育教学工作必须遵守的要求和准则，其所发挥的作用是不能忽视的。具体而言，教育原则的作用突出体现在如下四个方面。

第一，教育原则是教育教学论中的重要组成部分，缺少了教育原则，教育教学论自然也就不再完整。站在教育教学论的整体视角上，教育原则处在教育基本理论向教育方法和教育组织实施过渡的关键性位置上，其作用可见一斑。

第二，教育原则是沟通教育理论和教育实践的桥梁。在教育实践中，无论是课堂教学，还是实践教学，都需要教育原则作为指导，这样才有助于教育理论的有效转化，从而确保教育实践的成效。

第三，教育原则是进一步深化和发展教育理论的重要环节。有学者从教育本质、教育规律和教育原则的辩证递进关系着手，剖析了教育原则对教育理论的发展和深化作用，并提出了“初级本质（规律）→初级原则（实践）→二级本质（规律）→二级原则”的理论演进路线。由此可见，在教育理论发展中，教育原则发挥着极其重要的作用。

第四，教育原则有助于教育矛盾向积极的方面转化，包括理论形态条件向现实条件转化、一般条件向具体条件转化、静态无序向动态有序转化。在教育教学中，不可避免会出现教育矛盾，而教育原则的一个重要作用就是指引教育矛盾方向，甚至可以引导教育矛盾向着积极的方面进行转化。

二、大学生社会实践能力培育应遵循的具体原则

在任何一项社会活动中，都需要遵守一定的原则，这样不仅有助于效率的提高，而且还能够起到一定的约束作用。大学生社会实践能力培育也是如此，需要遵守一些基本准则。在针对教育原则的相关内容进行初步的分析后，笔者落脚到大学生社会实践能力的培育，进一步分析大学生社会实践能力培育

中应遵守哪些具体的原则。具体而言，主要包括如下四点（图 6-5）。

图 6-5　大学生社会实践能力培育的基本原则

（一）整体推进与关注差异相结合的原则

整体推进与关注差异相结合的原则是指，在大学生社会实践能力培育的过程中，高校既要关注全体学生社会实践能力的发展，又要关注不同学生间的差异性，使大学生在其原有的基础上获得应有的发展。整体推进要求高校具备全局思维，能够站在一个宏观的视角去审视学生社会实践能力的发展，将全体大学生看作一个整体，并致力于从整体上提升大学生群体的社会实践能力。这就要求高校在制定相关的方案时，能够面向全体学生，使教育方案具有普遍性和全覆盖性，进而使全体学生都能够获得社会实践能力的发展。

关注差异则要求高校在大学生社会实践能力培育的过程中能够关注到每一位学生，要从更加具体的层面着手，针对大学生间的差异性进行分析，然后将社会实践能力培育的方案落实到每一位学生身上，进而有针对性四提升每一位学生的社会实践能力。对大学生差异的关注是因材施教的必然要求，因为只有结合大学生的特点和实际需求去发展大学生的社会实践能力，才能够获得理想效果。因此，在注重整体推进的同时，高校还需要关注学生间的差异，并将两者有机结合起来，从而使高校组织的教育教学活动能够发挥更好的效果。

当然，要准确地把握整体推进和关注差异相结合的原则，还需要对整体把握和关注差异有更深入的认识。

首先，要深入理解整体推进中的整体性，这里的整体性包含两个方面：一是教育对象上要突出整体性；二是教育内容上要突出整体性。在教育对象上，教育者要关注学生群体性实践能力的提升，因为在当前的教育背景下，任何教育活动的组织都不能离开任何一位学生，这就要求在大学生社会实践能力培育的相关工作中，教育者能够抓全局、抓整体、抓宏观。从教育内容的层面来看，社会实践能力是一项综合性的能力，所以大学生社会实践能力培育的内容也必然需要关注学生能力发展的多个方面，而非突出某一个方面的能力，这显然无助于学生社会实践能力的整体发展。当然，在具体的实施中，可以具体针对学生某个能力的发展组织某项教育教学活动，但不能仅仅停留在该项活动中，还需要同时针对其他能力的发展组织某些教学活动，再通过一些综合性的教育活动，使学生的各项能力进一步融合，进而使学生获得社会实践能力的综合性发展。

其次，要深入理解关注差异中的差异性。其实，关于大学生间的差异性，笔者在前文已经进行了多次论述，因为这是大学生群体间客观存在的一个事实，在任何教育活动中，都不可能忽视这一客观事实。因此，在大学生社会实践能力培育中，教育者必须充分考虑大学生在实践能力发展上存在的差异性，并遵循大学生社会实践能力发展的差异化、个性化规律，同时运用多样化的手段、针对性的措施以及灵活化的设计去提升每一位大学生的社会实践能力。

（二）政策导向与实际实施相结合的原则

政策导向与实际实施相结合的原则是指，在大学生社会实践能力培育的过程中，高校应始终以国家的教育政策为导向，同时充分考虑具体实施过程中的实际情况，这样才能在保证方向正确性的基础上，最大限度地提高实践的效率。

大学生社会实践能力培育一直是我国高等教育人才培养的一种政策导向，也是在新形势下高校育人机制改革以及提高人才培养质量的一个重点工作。大学生社会实践能力培育相关工作的开展必须在国家教育政策的指导下，有目的、有步骤、有针对性地开展教育活动，这样能够确保育人工作始终朝着正确的方向前进。

当然，在具体的实施中，因为有很多具体的问题，所以在以政策为导向的基础上，在确保方向正确的同时，还需要结合实际情况进行必要的调整。这里的“实际”包含两个方面：一方面，是大学生社会实践能力的培育要考虑社会实际环境。社会实践活动是培育大学生社会实践能力的一个有效途径，高校需要组织形式多样的社会实践活动。在组织社会实践活动时，便需要考虑社会环境的实际情况，选择那些有助于大学生社会实践能力发展的内容，从而使社会这个大舞台真正发挥锻炼学生社会实践能力的作用。

另一方面，是大学生社会实践能力培育要充分考虑学生的实际情况。具体而言，就是要以学生为本。关于这一点，笔者在本章第一节已经有所论述，在此便不再赘述。

总之，大学生社会实践能力的培育是一项系统的工程，在实施这项系统的工程时，既需要从宏观上保证工程方向的正确（即以国家政策为导向来确保育人工作方向的正确性），又需要从微观上关注具体的实施细节（即通过对社会实际情况和学生实际情况的了解确保育人工作的实效性），这样才有助于高校育人工作效率的提高，进而促进学生社会实践能力的发展。

（三）自我教育与教师教育相结合的原则

自我教育与教师教育相结合的原则是指，在大学生社会实践能力培育中，既要注重学生主体作用的发挥，又要重视教师的引导和帮助作用，从而在教师和学生的共同作用下取得 1+1>2 的效果。

关于自我教育，笔者在前文也有简要提及，在此将做进一步的阐述。所谓自我教育，是指作为独立个体的人，自己对自己的教育，自己既当教育的主体，又当教育的客体，促使现实的我向理想的我逐渐转化的过程[①]。自我教育其实就是学生自己发现自己的过程，也是学生独立完成个体成长的过程。学生通过自我教育，不断实现自我发展，使自己逐渐形成了稳定的知识结构和完善的人格模式，最终成为一个相对“完整”的人（此处的相对是相较于过去的自己而言的）。在针对学生的教育中，自我教育是一个非常重要的内因，它与他人教育（包括家庭教育、学校教育和社会教育）有着密切的联系，从某种意义上来说，他人教育是建立在自我教育基础之上的（图 6-6），缺少了自我教育，他人教育必然会受到影响。大学生社会实践能力的培育同样如此，需要以大学生的自我教育为基础和支撑，所以教育工作者必然需要引导大学生进行自我教育。

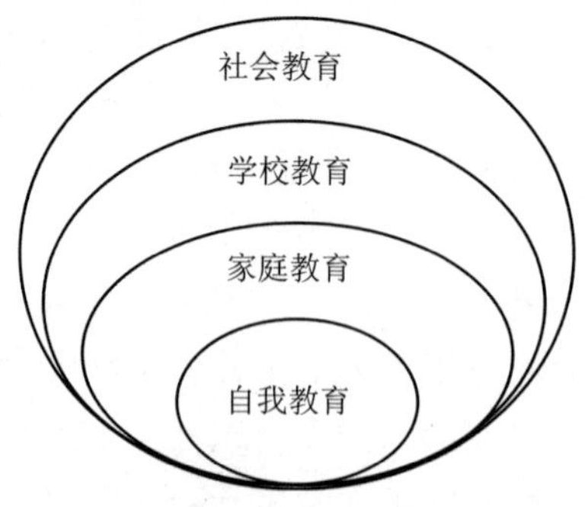

图 6-6　自我教育和他人教育的关系

① 吴遵民．终身教育研究手册[M]．上海：上海教育出版社，2019：124.

大学生的自我教育虽然不可或缺，但这并不是学生教育的全部，因为大学生社会实践能力的发展离不开他人教育。在他人教育中，学校教育是核心，其中，教师教育又是学校教育的核心，所以高校必然需要将大学生的自我教育和教师教育有机结合起来。针对教师的教育，教师除了按照教育方案落实，还需要发挥自身的示范作为。正所谓“德高为师，身正为范”，教师在学生心中具有引导性的作用，教师的言谈举止都会对学生产生影响，所以教师必须严格要求自己，并规范自身的行为，从而在“言传”和“身教”的双重作用下更加有效地促进学生社会实践能力的发展。

（四）系统性和循序渐进性相结合的原则

系统性和循序渐进性相结合的原则是指，在大学生社会实践能力培育中，要注重大学生社会实践能力培育的系统性，同时考虑学生能力发展的循序渐进性，从而使大学生的社会实践能力在系统的指导下获得稳步的发展。

之所以提出系统性的原则，是因为大学生社会实践能力的培育是一项系统的工程，它不能一蹴而就，需要高校从多个方面进行思考，并注重整体与部分之间、部分与部分之间的关系，从而更加系统地指导大学生社会实践能力的发展。具体而言，系统性原则主要表现在两个方面：一是整体性；二是大局观。首先，就整体性而言，大学生社会实践能力培育中的任何一项措施、一个教育原则、一个教育理念，都是这个教育系统中的一部分，它们共同构成了一个整体，并在这个整体中发生直接或间接的联系，共同对大学生社会实践能力的培育产生影响。其次，就大局观来说，主要是从时间维度来讲的，即面对大学生社会实践能力的培育，不能只顾眼前，而是要有一个长远的规划，将大学生的能力培育看作一项长期的工程，这样才能使大学生社会实践能力的培育始终有一个明确的方向。

在系统性原则的基础上，高校还需要遵守循序渐进的原则，因为一项系统工程的实现必然不是一蹴而就的，而是需要逐步实现的。此外，大学生社会实践能力的形成也是一个逐渐演进的过程，这就进一步凸显了循序渐进原则的重要性。其实，关于教育中的循序渐进原则，早在古代便已经有学者提出了。比如，孟子便主张教育要顺乎人的本性发展，自求自得，循序渐进。“源泉混混，不舍昼夜，盈科而后进，放乎四海。”（《孟子·离娄下》）其意思是源头的泉水，日夜不停地渐渐流出来，等坑被灌满之后，继续前进，最终流向大海。教育也是如此，如果教师不引导学生循序渐进，而是总想着让学生一夜成才，必然会导致“其进锐者，其退速”，最终一事无成。再如，韩愈主张学生的学习要日积月累，一步步前进。“焚膏油以继晷，恒兀兀以穷年。”(《进学解》)韩愈反对“学虽勤而不繇其统，言虽多而不要其中，文虽奇而不济于用，行虽修而不显于众”，要求学生踏实地、有成效地去勤学、发言和修行，最终成长为对社会有用的人才。

从某种意义上来说，系统性原则是站在宏观视角下构建的，它对于大学生社会实践能力培育所起到的作用更多是指导；循序渐进原则是站在微观视角下构建的，是落脚到具体的教学实践中，通过具体的措施引导学生获得社会实践能力的发展。宏观计划的制订需要落脚到具体的措施上，所以必然需要遵守循序渐进的原则；而在具体的实施中，也需要有宏观的计划指导，所以必然需要遵守系统性的原则。由此可见，两者是相辅相成的，缺一不可，所以必然需要将系统性原则和循序渐进性原则有机结合起来。

三、教育原则体系构建

上述四点原则是大学生社会实践能力培育的主要原则，除此之外，还需要遵守其他原则，只是在重要性上居于相对次要的地位，所以笔者没有进行论述。但是，就教育原则的整体而言，高校还需要构建教育原则体系，这样才能对大学生社会实践能力的培育进行更具系统性的指导和规范。

（一）教育原则体系构建的基本思路

教育原则体系构建是一项系统的工程，需要教育工作者有一个比较清晰的思路，这样才能够构建出概括性强、系统性强的教育原则体系。关于教育原则体系构建的思路，从不同的逻辑角度着手，其构建思路也存在差异。在此，笔者主要从角度着手，总结了两个教育原则体系构建的思路。

第一，从实事求是的思想方法着手，总结的思路大致如下：①以教育教学的目的作为核心，构建教育原则理论体系；②从经验层次上升到理论层次，再从理论层次落脚到实践层次，构建具有操作性的教育原则体系；③以现代科学教育理论为基础，构建符合时代发展要求与教育发展要求的教育原则体系。

上述思路虽然没有针对教育原则体系的构建提出具体的方案，但却是站在以往教育原则体系所存在的问题的基础上提出的一个思路，是实事求是思想方法的一个重要体现。

第二，从唯物辩证的方法论着手，总结的思路大致如下：①按照唯物辩证法基本范畴体系的构建思想，提出构建教育教学原则演绎体系应坚持“逻辑与历史的统一、科学与规范的统一”的方法论原则；②确立构建教育教学原则演绎体系的标准：完备性、独立性、简单性和可推导性；③确立构建教学原则演绎体系的依据：教学合理性（符合教育教学的目的性和教育教学的规律性）。

这一构建思路的优点在于：改变了过去教育原则体系构建时单凭经验和总结的“归纳式”的思维方法，从辩证发展已经动态生成的观点出发，剖析了教育教学的本质和发展规律，并由此构建出更加科学的教育原则体系。

关于教育原则体系构建的思路还有很多，笔者在此仅阐述两种自己总结的思路。

（二）教育原则体系构建的结构

在教育原则体系结构方面，笔者总结了两种结构：次序结构和层次结构，下面，便针对这两种结构做简要的阐述。

1. 次序结构

所谓次序结构，就是依据教育原则的重要程度，对其进行主次排序，构建一个具有前后、主次顺序的教育原则体系。关于教育原则次序结构的构建，有学者指出，教育原则不应分主次，因为教育原则的重要作用就是指导教育教学活动，只要该教育原则有助于教育教学矛盾的转化，就是合理的，也是重要的。同时，持该观点的学者还认为，教育原则体系中的各原则本身也是相互联系的，它们共同构成了一个整体，缺少了任何一个部分，教育原则体系都是不完整的，所以不能对其进行主次排序。

不可否认，上述观点有其合理性，因为教育原则体系的确是一个整体，各组成部分之间是相互联系的，缺一不可，但这种观点忽视了教育实践中可能会遇到的问题，如果不对教育原则进行主次排序，只对教育原则进行泛化的理解，这容易导致教育工作者缺乏对教育原则之间联系性的深刻分析，进而影响教育原则效用的发挥。当然，如果对教育原则进行严格的主次排序（比如，有的学者从基本原则、中心原则和根本原则的角度着手，对教育原则进行了严格的主次排序），又容易导致教育工作者在教育教学实践中出现顾一而不计其他的现象，这显然也会影响教育教学工作的质量。

基于上述认识，笔者认为大学生社会实践能力培育的教育原则体系的构建应该采用新的次序结构，即将教育原则分出主次，但不对其主次关系进行明显的界定，然后根据教育原则之间存在着的由此及彼、前后相继的逻辑递进关系，对教育原则进行主次排序，从而形成更具指导性和操作性的教育原则体系。

2. 层次结构

相较于次序结构而言，层次结构是针对教育原则体系结构进行的更深层次的探索。通过分析现有的文献资料可以发现，研究教育原则层次结构的学者无疑更多一些。所谓层次结构，就是将教育原则进行分层，不同的教育原则处在不同的层次中。笔者通过分析现代教育教学中常用的教育原则后，认为可以将教育原则构建为具有三个层次的层次结构体系。第一层是宏观层面上的原则，如目的性原则、科学性原则等，它不仅对教育教学有指导作用，同时还对第二层和第三层的教育原则具有一定的指导作用。第二层是在教育教学过程中作为特殊的认识过程提出的，如科学性原则、理论联系实际原则等。第三层是从教育教学作为社会交往现象提出的，如民主性原则、情境性原则等。

大学生社会实践能力培育的层次结构是一种内容全面、层次分明、关系明确的结构。当然，关于其层次，可以有多种形式，笔者提出的三层次结构只是一种相对简单的、具有概括性的层次结构，我们还可以在此基础上做更为细致的划分，从而得到层次更加多样、关系更加明确的结构。

在构建大学生社会实践能力培育的教育原则体系时，并不是原则的条目或内容越多越好，也不是越具体越好，其关键在于能从指导原理的层次推演出涵盖教育教学活动全过程中师生交往及认识和创造得以有序、有效进行的参照性标准和尺度，对于丰富多彩的现实和具体的教育教学生活，不必再制定限制性指令。的确，教育原则不是限制，而是解放；不是律令，而是指导；不是累赘，而是助手。与此同时，教育原则作为一种外在于教师教育和学生学习的东西，要使其真正内化，还需要教师和学生在具体的教育教学活动以及学习活动中不断学习、体验、领会和理解，这样才能使教育原则真正发挥其作用和价值。

第三节　丰富大学生社会实践能力培育的有效路径

在以教育理念为指导，教育原则为约束的基础上，高校还需要进一步丰富大学生社会实践能力培育的路径。笔者在综合分析高校实践教育实际情况以及大学生社会实践能力发展情况之后，认为大学生社会实践能力培育途径的丰富可以从如下四个方面着手（图 6–7）。

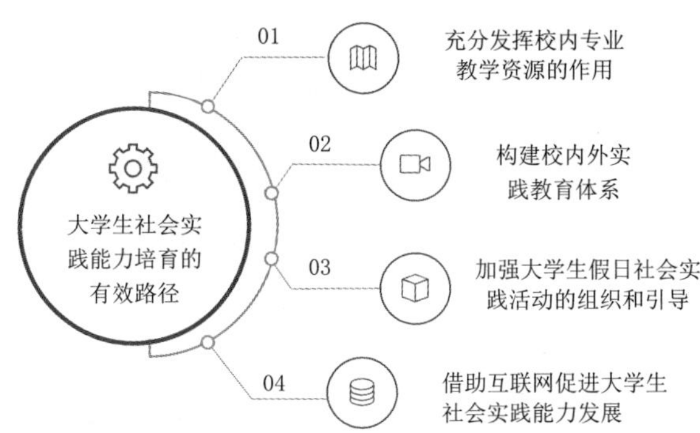

图 6-7 大学生社会实践能力培育的有效路径

一、充分发挥校内专业教学资源的作用

关于大学生社会实践能力的培育，很多高校都看到了社会实践活动的重要作用，所以他们大多都会将大学生社会实践能力的培育寄托于社会实践活动中。的确，社会实践活动是培育大学生社会实践能力的一剂良方，但在专业教育中也有着丰富的教育资源，高校应该充分利用这些教育资源，将专业教学和社会实践活动有机结合起来，从而促进大学生专业能力与社会实践能力的同步发展。

针对如何利用专业教学中的教育资源培育大学生的社会实践能力，笔者在查阅大量资料以及对本校教师进行访谈后，总结了十点策略，详细内容如表 6-1 所示。

表6-1 校内专业教学资源作用发挥的建议

序 号	专业教学资源作用发挥的建议
1	加强教学实践
2	改善课程教学模式
3	任课教师充实自我，课程设置上更加灵活
4	重视实践课程，关心指导实践
5	实践课程设置要有新意，能够吸引学生参与其中

续　表

序　号	专业教学资源作用发挥的建议
6	实践课程设置应从大一开始
7	真正认识到培养实践能力的重要性，改革现有课程，使得贴近实际，并将实践课程与社会实习相结合，加强操作性
8	加强专业教学实践，增加假期实践的机会
9	鼓励学生积极参与专业课程相关的项目，教师提供指导
10	开设的专业实践课程与当前社会上流行的先进技术结合得更紧密一些

具体而言，通过专业教育教学来培养和提升大学生实践能力，尤其是专业实践能力，应该以课程改革为抓手，尝试建设专业实践课程，彰显课程的实践性，发挥专业教学对大学生社会实践能力培养的重要作用。

二、构建校内外实践教育体系

在发挥专业教学资源的基础上，高校还需要立足于实践教育，这是大学生社会实践能力培育中必不可少的一环，所以需要高校构建实践教育体系，而实践教育体系的构建可以从校内和校外两个途径着手。校内主要就是加强校内实践基地的建设，校外则是加强校外实践基地的建设。

（一）高校实践基地的类型

1. 校内实践基地的建设

校内实践基地是指建立在学校内的实践基地，大多是针对学生专业实训建立的，存在涵盖面较窄、基地规模较小、设施不健全等缺点，优点是实践活动开展便利，易于教师对学生的指导。针对校内实践基地的缺点，高校应加强校内实践基地的建设，如适当扩大基地的规模，增加一些新的设施，覆盖更多的实践内容等。当然，校内实践基地建设受一些客观因素的影响，如空间环境、经费等，所以针对校内实践基地的建设需要充分考虑学校实际情况，避免出现因为实践基地建设而影响学校整体发展的情况。

2. 校外实践基地的建设

受一些客观因素的影响，校内实践基地难免存在一些不足之处，导致校内实践基地不能完全满足学生社会实践的需求，这无疑会影响学生社会实践能力的发展。因此，在建设校内实践基地的基础上，高校还需要加强校外实践基地的建设。在校外实践基地建设中，高校应有计划、有目的、有重点地进行，同时发动多方力量参与，如政府、企业、社会组织、个人等，以此来构建一个结构合理、体系完善的校外实践基地。如果实践基地的建设有多方参与，高校需要明确各参与主体的责任、权利和义务，以便各方能够充分发挥其作用。此外，为了使校外实践基地进一步发挥其作用，高校还应该推动实践基地从单一型向多元型转变，这样不仅可以满足学生社会实践的多元化需求，也能够提高校外实践基地的使用效率，进而在大学生的社会实践能力培育中发挥更大的作用。

（二）高校实践基地建设存在的问题

就高校实践基地建设的现状来看，虽然很多高校非常重视实践基地的建设，但仍旧存在一些问题，这些问题的存在影响着实践基地的成效，所以了解并分析这些常见的问题，是高校建设实践基地的第一步。具体而言，目前高校在实践基地建设上主要存在如下三个问题。

1. 校企职责、权利和义务存在界限不清的情况

在实践基地建设的模式中，校企合作共建是一种常见的模式，这种模式对于高校和企业来说都是非常有益的。正是由于实践基地是高校和企业共建的，所以在职责、权利和义务的划分上，需要高校和企业进行精准的划分，避免出现界限不清的情况，进而导致实践基地不能充分发挥其作用。然而，在实际操作中，却常常出现高校和企业在职责、权利和义务上的界限不清的问题，这导致了一些真空地带的产生，进而影响了实践基地作用的发挥。

2. 企业参与实践基地建设的积极性较弱

通过校企合作构建实践基地对高校和企业来说是一件双赢的事情，高校可以降低实践基地建设的经费投入，企业可以从高校获得技术或人才上的支撑。然而，笔者通过调查发现，目前企业参与基地建设的积极性并不高。深入分析其原因，发现企业更多关注的是自身的经济效益，对于社会实践对学生能力发展的重要性认识不足，所以很多时候企业大多接受的是学生去企业实习，而非和高校共同构建实践基地。对于高校而言，缺少了企业的支持，其实践基地的建设无疑会受到影响。

3. 缺乏系统且规范的教育体系保障

近年来，高校不断增加实践教学方面投入，但由于缺乏系统的实践教学理念，缺乏合适的、可操作性的、行之有效的管理准则及评估制度，实践教育

并没有真正贯穿人才培养全过程和渗透到大学教育体系中。这些都使得实践教学质量难以得到切实保证，最终流于形式。

（三）构建校内外实践教育体系的策略

1. 加强政策支持，鼓励企业积极参与高校的实践基地建设

笔者在上文指出，企业缺乏参与高校实践基地建设的积极性。基于这一问题，政府应发挥其鼓励和引导的作用，通过制定一些政策，引导和鼓励企业积极参与到高校的实践基地建设中。在对企业进行引导和鼓励时，可以从两个方面着手：一方面，通过正向的宣传，让更多的企业认识到企业和高校人才培养并不是两个不相关的事情，因为高校培养的学生大多都会到企业中任职，只有培养出高质量的人才，企业才能够获得更好的发展。另一方面，可以实施一些带有福利性的政策，如对参与高校实践基地建设的企业实行税收优惠、补贴等政策，让企业能够看到切实的实惠，这样无疑能够进一步提高企业参与的积极性。总之，企业在高校实践基地建设中发挥着非常重要的作用，政府应通过其政策的支持去带动企业的参与，从而达到企业和高校“双赢”的效果。

2. 加强校内实践基地与校外实践基地的联系

从某种意义上来说，校外实践基地是校内实践基地的补充，由于一些客观因素的限制，校内实践基地的建设有时不能在规模或模式上达到要求，这时就需要一些社会力量的参与，如政府、企业、社会组织等。为了构建校内外一体化的实践教育体系，在建设校外实践基地时，需要以校内建设的实践基地为依据，在其基础上进行拓展和延伸，避免建设重复性的项目，这样才能使两者各自发挥其作用，并起到 1+1>2 的效果。

3. 加强区域内高校的合作，实施共享策略

区域内不同类型的高校有着自身的优势和特色，在实践基地的建设上也各有侧重、各有优势，所以区域内的高校可以开展合作，共享实践基地。需要注意的是，实践基地共享并不是简单的“你使用我的实践基地，我使用你的实践基地”，还需要合作的高校间构建实践基地区域性共享机制。所谓区域性共享机制，简单来说就是教育资源共享的职能构建与资源共享，包括决策机制、协调机制、激励机制、预警机制、评估反馈机制，等等。总之，构建区域性共享机制，有助于推动高校间的合作，并使不同高校间实践基地的作用得到充分的发挥。

三、加强大学生假日社会实践活动的组织和引导

大学生假日社会实践活动主要指在寒暑假开展的社会实践活动，可以是学校组织的，也可以是学生自发组织的。相较于双休日、法定节假日等假期，寒暑假的时间更长，这个时候，学校可以组织更加系统化的社会实践活动，这也有助于大学生社会实践能力的系统化。因此，针对大学生社会实践能力的培育，高校不能忽视寒暑假这一宝贵的机会。当然，如果是高校组织的，高校在利用寒暑假开展社会实践活动时，需要考虑学生的假期安排，不能强制学生参与，应通过鼓励和引导的方式，让大学生积极主动地参与进来。

（一）大学生假日社会实践活动的优势及基本特征

1. 假日社会实践活动的优势

寒暑假的一个突出优势就是时间长，学生有充足的时间参与各种社会实践活动，尤其可以参与一些周期较长的社会实践活动。不同的社会实践活动对于学生社会实践能力的发展发挥着不同的作用，而有些周期较长的社会实践活动是必不可少的，但在校学习期间，大部分的时间会被学习占用，这就导致一些周期较长的社会实践活动很难展开。而在寒暑假，学生有比较充裕的时间，所以高校或者学生可以利用这个机会，组织一些在校期间无法开展的社会实践活动，从而进一步促进大学生社会实践能力的发展。此外，在寒暑假期间，学生也更加自由，他们可以参与高校组织的社会实践活动，也可以自发组织社会实践活动，邀请志趣相投的同学一起参与。由于是学生自发组织的，所以他们完全可以按照自己的需求或兴趣去组织，所起到的效果也会更加理想。

2. 假日社会实践活动的基本特征

在寒、暑假组织的社会实践活动有三个突出的特征：自主性、开放性和丰富性。

（1）自主性

自主性是指大学生社会实践活动选择和组织的自主性。笔者在上面已经指出，假日社会实践活动有学校组织和学生自发组织两种形式。无论在哪种形式中，学生都有一定的自主性。面对高校组织的社会实践活动，学生可以结合自己的兴趣选择自己想参与的项目，而在自发组织的社会实践活动中，学生可以从自身出发，开展那些能够满足自身兴趣和需求的社会实践活动。需要注意的是，在学生自发组织社会实践活动时，为了确保学生的安全，教师应让学生提前向学校报备，学校则需要安排相应的指导教师，只不过教师不参与到活动

中，但当学生需要帮助时，教师应及时给予学生指导。

（2）开放性

开放性主要是从空间范畴来讲的。大学本身就具有开放性的特征，只是容易受到时间和空间的限制。而在寒暑假期间，大学生的时间比较充裕，高校在组织社会实践活动时可以打破空间上的约束（在经费得以保障的基础上），选择更广泛的地域，组织更加丰富的社会实践活动，从而提升大学生社会实践活动质量，促进学生社会实践能力的发展。

（3）丰富性

丰富性主要是从社会实践活动的项目来讲的。其实，丰富性是在自主性和开放性基础上形成的。自主性决定了大学生可以选择和组织各种形式的社会实践活动，而开放性为大学生社会实践活动项目的组织提供了更多的选择，这便赋予了大学生假日社会实践活动丰富性的特征。

（二）提升大学生假日社会实践活动质量的方法

1. 高校和社会应加强对大学生假日社会实践活动的关注

当前，高校针对大学生社会实践活动的组织主要集中在学生在校期间，对于寒暑假的重视程度不高，但寒暑假作为学生参与社会实践活动的一个重要时期，高校应加强重视，充分利用大学生寒暑假的优势，认真做好大学生假日社会实践活动的宣传工作，提高学生对假日社会实践活动的认识，从而提高大学生参与社会实践活动的积极性。除了组织和宣传之外，高校还需要加强对大学生假日社会实践活动的指导，引导大学生设计假日社会实践活动方案，从而为社会实践活动的有效实施做好准备。与此同时，社会也需要加强对大学生假日社会实践活动的关注，为大学生营造良好的社会环境，使大学生在社会实践活动中能够受到社会文化的熏陶，从而提高社会实践活动的效益。

2. 将大学生假日社会实践活动纳入教育教学规划中

寒暑假虽然不是法定节假日，但却是适用于全世界在校教师和学生的一个较长的假期。从某种意义上来说，寒暑假是教师和学生的阶段性休息时间，在寒暑假期间，教师和学生无需为教学或学习忙碌，他们有完全的自主性，可以结合自身的需要对假期进行安排。但是，笔者通过调查发现，大学生对其寒暑假大多缺乏科学和合理的安排，导致他们的假期生活质量偏低。基于这一认识，笔者认为高校应加强对大学生寒暑假生活的指导，将大学生假日社会实践活动纳入教育教学规划之中。当然，在采取这一措施时，高校应始终明确一点，就是大学生在寒暑假期间是自由的，高校不能强制大学生必须去做什么，而是要以鼓励和指导的姿态去引导学生积极参与到社会实践中，这样既可以促进大学生社会实践能力的提升，也能够促进大学生假日生活质量的提高。

3. 构建积极向上的假日校园文化氛围

校园文化活动的教育力量在高校大学生能力素质培养特别是社会实践能力提升方面具有独特优势和显著作用。校园文化活动有利于大学生把参与活动与所学专业知识和自身能力素质培养结合起来，因此应该说是一份宝贵的教育资源和育人财富。高校大学生是校园文化活动的主体，内容丰富、形式多样的校园文化活动能够满足不同学生的爱好、兴趣和个性特点和大学生的成才发展需要。有效的校园文化活动能启迪师生的智慧，促使师生去探索、去实践、去创造，增强师生产生新思想、新知识、新方法、新成果的能力。在寒暑假期间，高校应该积极努力构建活跃积极、高雅和谐的校园文化活动氛围。高校在组织大学生假日社会实践活动时，可充分发挥和利用网络优势，积极组织开展校园网络文化活动，在高雅活跃的校园文化活动氛围中，积极努力培养高校大学生健康向上的假日生活状态和情绪。

四、借助互联网促进大学生社会实践能力发展

在本书第三章，笔者基于互联网思维针对高校育人机制的创新进行了系统的论述，在此，笔者将继续以互联网为着手点，针对如何借助互联网促进大学生社会实践能力发展展开论述。如今，互联网已广泛应用到高校教育教学之中，并且互联网的应用在某些方面弥补了传统教育方式的不足，所以借助互联网促进大学生社会实践能力的发展不失为一个新的思路。

笔者通过分析互联网与大学生社会实践能力培育的关系，认为其应用更多体现在大学生的社会实践教育中，所以笔者总结的三点应用策略主要是从这个角度出发的。

（一）借助互联网构建较为完善的大学生社会实践认识体系

借助互联网构建大学生社会实践认识体系可以从两个方面着手。首先，高校应树立实践育人的思维，聚合学校、企业、社会组织和政府的力量，同时广泛运用互联网平台，建设各类网络媒体阵地，全方位地发布和实践教育有关的活动信息，精准对接大学生社会实践能力发展的需求。其次，高校应注重形成社会实践的“线上”思维，并借助线上途径构建虚拟课堂、虚拟信息社区和虚拟实验室，以此来补充“线下”社会实践的不足。虚拟平台作为一种依托于互联网构建的平台，通过文字、音频、视频等丰富的形式，可以创设生动的实

践情境，满足教师与学生、学生与学生之间实时或非实时互动交流的需求，从而提高大学生社会实践的效率。当然，上述两种情况的实现需要教育者具备一定的网络教育能力，所以高校需要加强教育工作者的网络教育，提高教育工作者的网络素养。

（二）借助互联网构建较为完善的大学生社会实践管理机制

借助互联网构建较为完善的大学生社会实践管理机制可以从两个方面着手。第一，完善互联网 + 大学生社会实践组织工作机制。高校可以施行信息化建设与应用首席信息官负责制，加强高校信息化建设和应用的统筹，促进数据的流动、整合和管理。同时，互联网 + 大学生社会实践组织参与的方式要实现日常化、多样化，将各式各样的社会实践活动纳入数据库中进行整合归类，将其变为有效的数据，供学生灵活获取和使用。第二，构建完善的互联网 + 大学生社会实践考核机制。在针对大学生社会实践能力的考核中，高校应建立多元的评价标准，采取多元的评价方式，并充分运用互联网拓宽评价的途径和提高评价的效率，从而促使评价发挥诊断、导向、反馈的功能，进而促进学生全面、可持续发展。

（三）借助互联网构建较为完善的大学生社会实践保障机制

借助互联网构建较为完善的大学生社会实践保障机制可以从两个方面着手。第一，构建完善的互联网 + 大学生社会实践基地建设机制。关于基地建设，笔者在上文已经做了简要阐述，这是促进大学生社会实践能力发展的一个有效路径，所以高校必然需要加强大学生社会实践基地的建设。在社会实践基地建设中，高校可充分利用互联网发布基地建设的需求，并运用云计算技术进行匹配，当产生最佳的匹配结果后，高校便可以结合自身特点，充分利用社会上的种种资源，建立不同类型的线上线下实践基地，组织各类实践活动，以此来满足不同学生社会实践的需求。与此同时，高校还可以借助互联网加强对基地的网络监督，并利用“高校—学生—社会”大数据库消除一些不稳定的因素，从而确保基地的长期稳定。

第二，构建完善的互联网 + 大学生社会实践安全保障机制。高校可以借助互联网打造学生综合服务网络平台，并让专业教师参与，对学生进行全程管理和服务，指导学生在实践活动中如何加强与学校的沟通。此外，高校还需要加强对学生的信息保护，因为随着互联网的发展，虽然极大地方便了人们的生活，但也面临着信息泄露的风险，高校必须将这一风险降到最低，确保大学生

“线上＋线下”的安全，从而为高校更好地开展互联网＋大学生社会实践保驾护航。

第四节　完善大学生社会实践能力培育的保障体系

保障体系是大学生社会实践能力培育的一个重要支撑，缺乏了保障体系的支撑，在具体的实践中，容易导致很多措施不能真正落实到位，进而影响大学生社会实践能力培育的成效。因此，在整体思路中，完善保障体系是最后一个不可或缺的环节。关于保障体系的构建，笔者在上文立足互联网的视域下进行了简要的论述，在本节中，笔者将站在一个宏观的视角下，从政策支持、条件保障、制度建设和考评机制四个方面着手，构建一个全方位、立体的大学生社会实践能力培育保障体系，如图 6-8 所示。

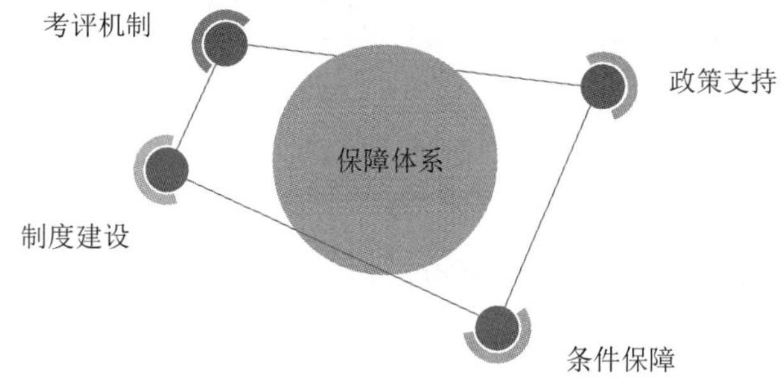

图 6-8　大学生社会实践能力培育保障体系

一、加大政府的政策支持

政府虽然没有在大学生的社会实践活动中占据主导地位，但仍然发挥着非常重要的作用，尤其在政策支持上，政府的作用不可或缺，也不可替代。因此，在大学生社会实践能力培育保障体系建设中，首先要从政府政策层面着手，加大政府的政策支持。具体而言，政府的政策支持主要作用在高校和企业两个方面。

（一）鼓励高校积极践行大学生社会实践能力培育的政策支持

高校作为大学生社会实践能力培育的一个重要主体，无论是校内课程的建设，还是校外实践基地的建设，抑或是校外社会实践活动的组织，都有助于大学生社会实践能力的发展。当然，相关教育活动的组织也会给高校带来一定的压力，包括人力、财力、物力等多方面的压力，所以为了更好地激发高校的积极性，政府应充分发挥其引导和支持作用。比如，在经费的支持上，政府可以直接给高校拨付一些专用的经费，也可以通过自身的力量促使企业参与与合作，让企业为高校提供一定的经济支持，而高校则借助自身优势为企业提供必要的服务，从而实现互惠互利。

（二）鼓励企业积极参与大学生社会实践能力培育的政策支持

企业在大学生社会实践能力培育中也发挥着非常重要的作用，所以政府也可以从企业的角度着手，通过政策支持，鼓励企业积极参与与高校的合作，从而在与高校的合作中进一步促进大学生社会实践能力的发展。笔者查阅资料发现，目前政府对企业的政策支持主要体现在税务方面，即通过减税的方式提高企业参与的积极性。不可否认，减税的确能够提高企业参与的积极性，但政府不能仅仅停留在单一的政策支持上，还需要探索更多的路径。比如，政府应站在宏观的视角下进行顶层设计，并将制度落实到具体的企业与高校中，从而推动双方合作。再如，政府可以为企业和高校制定一些合作协议，以此来保障双方的利益。

政府作为高校和企业合作育人之外的第三方，要充分发挥其作用，通过政策上的支持推动高校和企业的合作，从而提高大学生社会实践能力培育的成效。

二、加强条件保障

条件保障主要从财力、物力和人力三个角度去分析，笔者认为条件保障建设主要涉及三个方面：设立专项经费、加强大学生社会实践基地建设、加强教师队伍建设。

（一）设立专项经费

专项经费是指专门用于大学生社会实践能力培育的经费。笔者在上文便已经提出，在大学生社会实践能力培育中，无论是校内课程的建设，还是校外实践基地的建设，抑或是校外社会实践活动的组织，都需要经费的支持，为了更好地保障经费的落实，高校可以就此设立专项经费。当然，高校在教育中需要投入经费的地方有很多，所以专项经费的建立并不是要向该方面倾斜多少经费，而是要借此加强对经费的管理。通常情况下，专项经费都是专款专用的，而且需要进行单独的核算，这就能够确保经费的利用率，从而使有限的经费发挥最大的效用。

（二）加强大学生社会实践基地建设

社会实践基地在大学生社会实践能力培育中发挥着非常重要的作用，这不仅是培育大学生社会实践能力的有效途径，也是条件保障中的重要一环，所以高校需要加强社会实践基地的建设。在建设实践基地时，高校可以从校内实践基地建设和校外实践基地建设两个方面作出思考。至于相关内容，笔者在本章第三节已有论述，在此便不再赘述。

（三）加强教师队伍建设

教师是高校教育教学活动的组织者和实施者，在很大程度上影响着大学生社会实践能力的发展，所以高校应从人力方面作出思考，加强教师队伍的建设。关于教师队伍的建设，笔者认为可以从两个方面着手。

一方面，要着眼于教师的师德建设，这是教师队伍建设的基础和根本。在师德建设中，笔者认为首先要找准目标，即明确新时代师德建设的总体要求和指导思想，以保证师德建设始终朝着正确的方向前进。其次，应秉承以人为本的理念，无论是针对教师的培训，还是针对教师的管理，都要将教师放在核心位置上，围绕教师去展开，这样才能让教师感受到信任与尊重，从而激发教师自我发展的主观能动性。

另一方面，要着眼于教师社会实践指导能力的建设。笔者在前文多次提及，虽然在现代教育教学活动中，教师应重视学生主体性的发挥，但教师依旧要发挥其指导作用，在大学生社会实践能力培育中对学生进行积极的指导，从而引导大学生实现更好的发展。

当然，无论着眼于哪方面，在高校教师队伍建设中，高校都需要建立有效的激励制度，这是提升教师队伍质量的有力保证。有效的激励制度可以调动教师参与学习、参与研究的积极性，进而使教师在持续的学习中获得专业化的发展。例如，学校可以建立定期理论学习制、择优外出学习制、青年教师优质课比赛制、科研专项评分制等制度。在制定激励政策时，学校应结合本校实际情况以及教师的实际情况，制定更加适合的制度，这样才能使激励制度发挥最大的效用。

三、完善制度建设

大学生社会实践能力培育的制度建设也是促进大学生社会实践能力发展的一个重要基础和保障，所以除了上述几点保障措施，还需要高校结合大学生社会实践能力培育的需要来完善其制度建设。具体而言，完善制度建设主要体现在两个方面：完善领导组织制度以及指导管理制度。

（一）完善领导组织制度

在大学生社会实践能力培育中，学校领导发挥着重要的领导组织作用，所以有必要进一步完善高校的领导组织制度。关于高校领导组织制度的完善，笔者认为可以从两个方面着手：确立学校党委的领导地位以及实行党委领导下的校长责任制。

1. 确立学校党委的领导地位

学校党委是党在学校的基层组织，是带领教职工完成党在学校各项任务的政治核心，所以必须确立党委在学校的领导地位。当然，党委虽然处于领导地位，但在权力的具体实施中，要始终贯彻民主集中制的原则，而这就需要党委处理好如下三个关系。

第一，坚持党委领导下的校长负责制，协调好党政关系。在确立学校党委领导地位的基础上，还需要建立校长责任制，并协调好党委班子和校长班子之间的关系，两者只有相互配合、相互协调，才能更好地指导大学生社会实践能力培育工作的展开。

第二，坚持集体领导和个人分工相结合，协调好班子与成员间的关系。在民主集中制中，集体领导和个人分工是一项重要的内容，也是高校领导层开展其工作的一个重要依据。在具体的实施中，民主集中制的贯彻主要体现在以下方面：重大的问题必须由集体讨论决定，如学校的办学方向、工作方针、发展规划、重大改革等都属于重大问题，需要集体讨论后才能决定。在作出决策后，班子成员则根据自身的职责进行分工，切实做好落实工作。

第三，坚持从群众中来到群众中去，协调好党群、干群的关系。作为学校的党委，要始终秉承从群众来到群众去的原则，强化全心全意为人民服务的意识。高校是知识人才密集的单位，教师、学生的文化程度高、民主意识强，所以在高校中贯彻民主集中制有着更加重大的意义。实践也证明，充分发扬党内民主和校内民主，有利于加强监督制约机制，如建立健全定期向党员报告工作制度，定期向教代会和民主党派负责人通报重要工作的制度，在决策前，邀请教代会、民主党派负责人参加，广泛听取党内外的意见，自觉接收群众的监督。再如，建立健全党内民主生活会制度、教代会制度、民主评议制度、联系（接待）群众制度等，从制度上保证民主监督的落实。

总之，要确立学校党委的领导地位，同时贯彻民主集中制的原则，从而在党委的领导下，更好地开展大学生社会实践能力培育的相关教育活动，进而为大学生社会实践能力的发展提供领导组织保障。

2. 实行党委领导下的校长责任制

在党委的领导下，实行校长责任制，校长负责学校具体的教育教学管理工作和行政工作。一般来说，校长有如下五项权利。

第一，拥有行政指挥权。在法律、法规、政策允许的范畴内，依据学校党委的决定，校长对本校教育教学相关的行政工作具有指挥权。

第二，拥有改革权。在政府和教育部门规定的范畴内，校长有权利就教育教学相关工作提出改革方案，包括教职工聘任制，学校内部劳动、人事、分配制度等方面的改革，然后提交党委批准后，由教职工代表大会审议是否通过，通过后，校长负责改革工作的组织和实施。

第三，拥有奖惩权。校长有权利依照规章制度对教职工进行奖惩。当然，如果要对教职工进行重大的奖惩，需要学校领导组织同意后，报上级教育部门批准。

第四，拥有一定的经费和设备使用权。在党委的授权下，校长对经费以及教育教学设备等具有一定的使用权，能够依据教育教学的需求对经费进行合理的支配。

第五，拥有国家和政府部门授予的其他权利。

在大学生社会实践能力培育的领导组织制度中，校长是一个重要的领导角色，他应该充分发挥其作用，积极支持大学生社会实践能力培育相关教育教学活动的展开，从而为大学生社会实践能力的发展保驾护航。

（二）完善指导管理制度

大学生社会实践能力培育的指导管理制度建设主要包括三个方面。

第一，高校应针对大学生社会实践活动需要，要求教师对学生进行指导。社会实践活动是培育大学生社会实践能力的一个重要途径，但在具体的实践活动中，学生不免会遇到各种问题，所以教师的指导不可或缺。

第二，针对大学生的社会实践活动，教师也需要进行有效的管理，以此来提高大学生社会实践活动的效率。

第三，实践基地是培育大学生社会实践能力的一个重要场所，所以对实践基地的管理也至关重要。

在建设过程中，高校应做到以下三点。

首先，在大学生社会实践活动的指导中，高校应选择具有较强专业知识和技能的教师，他们能够准确发现学生社会实践活动中存在的问题，并给出专业的建议。当然，为了使大学生在社会实践活动中有较高的自由度（这样才更有助于大学生社会实践能力的培育），教师对学生的指导不能是事无巨细的，这样只会让学生对教师产生依赖感，从而影响大学生社会实践能力的提升。此外，教师不能在学生一遇到困难的时候就指导和帮助学生，而是要留给学生自我分析问题的空间，当学生不能通过自己的力量解决问题的时候，教师再给予一定的指导和帮助，这样学生才能够在问题的分析与解决中获得能力的进一步发展。

其次，针对大学生社会实践活动的管理，高校应制定以下制度：目标管理制度、过程监督管理制度以及安全监督管理制度。

一是目标管理制度。高校组织社会实践活动的一个目标就是促进大学生社会实践能力的发展，所以在制定具体的社会实践活动项目时，应根据实践目标去制订具体的社会实践计划，并按照计划按部就班地实施。当然，在具体实施的过程中，可能会遇到一些问题，此时可以根据实际情况的需要对计划进行调整。此外，还需要控制好有可能干扰大学生社会实践活动组织的一些信息（干扰信息是指那些可能对大学生社会实践活动参与要素或者实践效果产生负面影响的因素）。比如，机械故障、人员调动等，都可能会影响社会实践活动的效果，此时就需要高校针对不同情况下的突发事件进行充分、全面的考虑，并制定出适宜的管理制度和实施制度，从而确保社会实践活动目标的达成。

二是过程监督管理制度。在制定目标管理制度的基础上，高校还需要制定更加具体的过程监督管理制度，因为具体的实施情况是影响社会实践活动成效的关键因素，所以必然需要针对其实施过程进行监督和管理。监督和管理的目的主要有两个：一是监督教师和学生切实落实社会实践活动计划，这是确保社会实践活动发挥作用的一个基本保障；二是监督实施过程中可能出现的问题和错误，以便随时能够针对问题和错误进行纠正和调整，从而确保社会实践活动的顺利进行。

三是安全监督管理制度。监督管理既是一种管理，也是一种激励，还是一种责任。这种责任就是对参与社会实践活动的大学生的人身财产安全的责任。没有大学生的安全，社会实践活动组织的意义也就荡然无存了。因此，高校必须建立安全监督管理制度。尤其对于一些需要走出校园的社会实践活动来说，更需要关注学生的人身财产安全。当然，作为参与生活实践活动的大学生，也需要自我树立起较高的安全意识，做到一切听指挥，不擅自离开队伍行动。与此同时，实践团队的领导者要事先制订周密的计划，联系好社会实践的地点，了解当地的气候、地质和医疗条件等，带上合适的衣物和充足的药物，并且制定出现突发事件的处置预案，切实保证大学生的安全。

最后，针对实践基地的管理，由于有校内实践基地和校外实践基地之分，所以在制定管理制度时，应注意做好区分。针对校内实践基地，应结合学校以及实践基地的实际情况，制定与之相匹配的管理办法。例如，针对实践基地的安全管理，可制定如下四条管理条例。

一是各二级学院要经常对教职工和学生进行安全、卫生知识教育。坚持“安全第一，预防为主”和“谁主管，谁负责”的原则，切实做好防盗、防破坏、防火灾、防事故、防环境污染，保持环境的整洁和整齐，确保实践工作的顺利进行。

二是学校对各实践基地按规定配备消防器材，各学院应根据自身的工作特点，提出安全方面的具体要求和实施细则，并定期检查消防灭火器材，通知有关部门进行安全检修。

三是各学院相关人员要加强用电安全管理，各种配电线路不得自行改动，不得超负荷用电，定期检查，及时排除电线老化等安全隐患。

四是各学院要制定严格的操作规程，确保实习人员的安全和健康。在振动、噪声、电工、焊接、高温、高压、辐射等场所落实相应的劳动保护措施。

针对校外实践基地的管理，尤其针对那些校企合作共建的实践基地，高校应按照“统筹规划、合理设置、合作共建、资源共享、互惠双赢、全面开放”的原则，共同进行管理。上述提到的几点管理原则，每一条都至关重要，高校和企业不能忽视任何一条，缺少了任何一条，都有可能影响实践基地作用的发挥，进而影响大学生社会实践能力的培育。

四、健全考评机制

大学生社会实践能力培育考评机制的健全可以从考评原则与考评方法两个方面着手。

（一）明确考评原则

1. 科学性原则

体系完整、指标科学是高校大学生社会实践能力培育工作考核评价的基本要求。在考评内容上，既要有基本内容的考评，也要有延伸性内容的考评；在考评方式上，根据不同问题，既有综合考评，也有调查取证，既有自评得分，也有督查得分。在开展工作时还应注重考评资料的收集存档，如建立大学生社会实践积分制度考评信息资料库，积累过程性评价资料，并将其作为考评的依据。

2. 时代性原则

高校培育的人才应该是符合时代发展需求的人才，所以针对教育开展的一系列措施都需要遵守时代性的原则。社会实践能力作为大学生的一项重要能力，该能力的发展也需要遵守时代性的原则，所以相关考评机制的构建工作也需要在时代性这一原则下展开。比如，现代教育强调学生的终身发展，包括社会实践能力的终身发展，这一点笔者在前文也有过论述，所以针对大学生社会实践能力培育的评价不能只着眼于眼前，还应该分析其对学生长远发展的影响，这样得出的评价结果才更具时代价值。

3. 综合性原则

综合性原则主要包括两个“综合”：一个是大学生的综合性考评；另一个是考评方法的综合性运用。首先，针对大学生的考评来看，大学生社会实践能力本身就是一项综合性的能力，教师针对学生的考评不能只局限在某个方面，而是要综合进行分析。其次，就考评方法而言，每一种考评方法都有其优势和局限，为了减少考评方法的局限性，教师应综合运用多种方法。关于具体方法的运用，笔者在下文会做进一步的分析。

4. 差异性原则

差异性原则主要是针对学生而言的，因为大学生间的差异是客观存在的，包括性格差异、知识结构差异、能力差异、兴趣爱好差异等，这些差异的存在决定了教育活动的实施和考评都需要遵守差异性的原则。当然，为了提高考评的效率，不能一味地追求差异性，还需要同步实现考评的整体性，在整体性的基础上凸显差异性，从而在保证考评效率的基础上提高考评的针对性，进而促进学生的个性发展和优势发展。

（二）完善考评方法

在对考评方法进行综合分析之后，笔者认为大学生社会实践能力培育考评方法的完善可以从三个“结合”入手：形成性考评和终结性考评相结合、定性考评与定量考评相结合、他人考评与自我考评相结合。

1. 形成性考评和终结性考评相结合

形成性考评是一种基于对大学生社会实践能力培养过程的观察、记录、总结而做出的发展性考评。形成性考评既关注学生的主体性，也关注学生发展的全过程，这样不仅有助于激发学生的主观能动性，也有助于更加全面和客观地了解学生发展的情况，进而得出更加科学的考评。与形成性考评不同，终结性考评更多关注的是结果，是针对学生社会实践能力发展情况做出的结论性考评。终结性考评虽然忽略了学生发展的过程，但却直观地反映了学生最终能力的形成情况。可以说，形成性考评和终结性考评各有优点、各有侧重，要做好大学生社会实践能力培育情况的考评，就需要将这两种方法有机结合起来，充分发挥两种考评方法的优点，最终取得 1+1>2 的效果。

2. 定性考评与定量考评相结合

定性评价是评价者对评价对象平时的表现、现实和状态或文献资料的观察和分析，直接对评价对象做出定性结论的价值判断。定性评价强调观察、分析和归纳的过程，同时受评价者知识体系和主观经验的影响。因此，开展定性评价时，需要评价者对评价对象进行系统的观察、分析，并运用科学的方法对其进行归纳总结，从而得出更加科学的论断。

与定性评价强调观察、分析和归纳不同，定量评价是一种强调数据收集和数据处理的方法，这是一种数学方法，通过对数据的收集和整理，对评价对象做出定量结果的价值判断，如运用教育测量与统计的方法、模糊数学的方法等，对评价对象的特性用数值进行描述和判断。定量评价以教育测量为基础，具有量化、精确化、客观化、标准化等鲜明的特征，在一定程度上满足了教育评价的需求。但定量评价过分依赖数据，忽视了那些难以用数据量化的评价内容，也忽视了评价对象的个性化发展，这是其局限性所在。因此，针对大学生社会实践能力培育进行评价时，需要将定性评价和定量评价结合起来，这样既可以实现考核目标的量化，也可以实现评价内容的全面化。

3. 他人考评与自我考评相结合

他人考评主要指教育工作者针对学生开展的考评。教师在培育大学生社会实践能力的过程中，针对学生能力的发展情况予以评价，并在此基础上对学生进行针对性的指导，从而促使学生获得更好的发展。为了使评价更加全面和客观，除教师之外，高校还可以引入更多的评价主体。比如，在社会实践活动中，当有企业、社会组织参与时，可以邀请他们针对学生的表现情况进行评价，虽然他们没有掌握专业的评价方法，但却可以从不同的角度提出见解，这对于促进评价的客观性和全面性也具有一定的意义。

当然，针对大学生社会实践能力的考评，既要有他人考评，也要有自我考评。就大学生社会实践能力考评体系而言，虽然他人考评发挥着主要的作用，但他人考评也有其局限性，它不能实现对大学生的全天候、全过程考评，这就需要学生能够针对自身情况开展客观的自我考评。虽然自我考评不可避免会存在一定的主观性，但能够对他人考评起到补充性的作用，而且通过学生的自我考评也能够增强大学生的自我认知，并在此基础上实现自我教育、自我完善和自我提高。

第七章　育人视角下大学生社会实践活动的具体实施

在本章中，笔者针对大学生社会实践活动进行系统的分析。社会实践活动是大学生社会实践能力培育的一个重要途径，也是综合性培育大学生社会实践能力的一个有效途径，所以针对大学生社会实践活动的实施过程进行探究，以充分发挥社会实践活动对大学生社会实践能力培育的作用就显得非常有必要。

第一节　大学生社会实践活动的形式

要厘清大学生社会实践活动的形式，就需要从一个比较科学和比较全面的视角出发。目前，学界针对大学生社会实践活动形式的划分有不同的观点，在众多的观点中，笔者梳理出了几种认可度较高的形式划分，主要包括三种形式：专项社会实践、主题社会实践和个体社会实践，如图 7-1 所示。

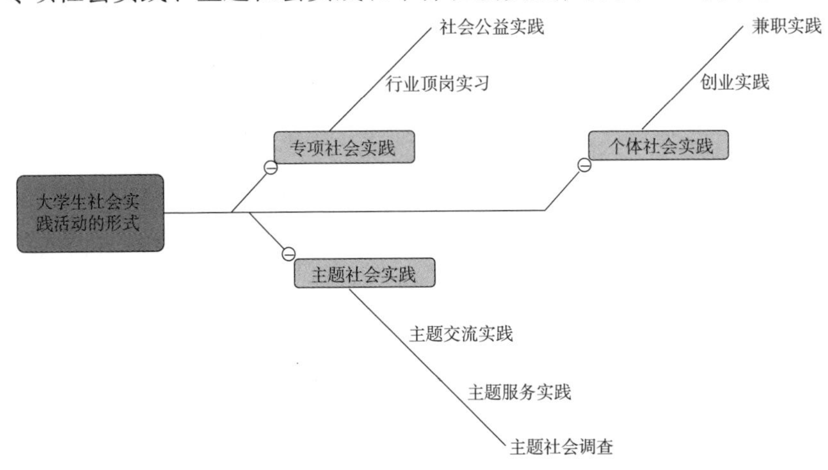

图 7-1　大学生社会实践活动的形式

一、专项社会实践

专项社会实践是指高校采取社会公益实践、行业顶岗实习、义务支教等模式，开展的以实现大学生服务社会、贡献企业、参与劳动、促进就业目的的专项实践活动。其中，社会公益实践和行业顶岗实习两种形式最为常见。专项社会实践具有针对性强、参与主体广泛等优点。下面，便针对社会公益实践和行业顶岗实习这两种最常见的形式做简要介绍。

（一）社会公益实践

顾名思义，社会公益实践就是带有公益性质的社会实践活动，通常是大学生自愿参与的。通过参与社会公益实践活动，不仅能够提升自我，还能够帮助他人，所以这是一项利己利人的社会实践活动形式。

社会公益实践活动一般可分为救济型社会公益实践、保障型社会公益实践和发展型社会公益实践三类，其详细划分如表 7-1 所示。

表7-1　大学生社会公益实践分类

类　型	具体体现的方面
救济型社会公益实践	救济贫困 救助灾害 扶助病残 帮扶弱小
保障型社会公益实践	医疗卫生 环境保护 公共设施建设 基础教育
发展型社会公益实践	科学建设 文化建设 体育建设 社会倡导

作为一种具有公益性质的社会实践活动形式，公益性是其最根本的属性，也是一个重要的特征，可以说它所有的活动都是围绕“公益”这个核心价值展开的。的确，大学生社会公益实践不以私利为目的，体现出强烈的社会关怀，

包括大学生的参与都是自愿的，不带有任何的强迫性。其实，处于青春年华的大学生，他们普遍具有较强的社会责任感，愿意尽自己所能服务社会、奉献社会，而社会公益实践为大学生提供了一个途径，让大学生能够积极参与到社会服务中，从而使大学生在为他人、为社会服务的同时，也获得自我的发展与完善。

（二）行业顶岗实习

顶岗实习是指高等学校在校学生在教学、生产、管理、服务等岗位上完全履行其实习岗位的所有职责，独立完成工作任务的一种社会实践活动形式[①]。行业顶岗实习在培养应用型、专业性和技术型人才等方面发挥着重要的作用，是高校（尤其是职业类院校）经常组织的一类社会实践活动形式。

依据不同的标准，行业顶岗实习可分为不同的形式，具体划分如表 7-2 所示。

表7-2　行业顶岗实习分类

分类依据	类　型
功能	就业顶岗实习 支教顶岗实习 置换顶岗实习
管理	集中顶岗实习 分散顶岗实习

需要注意的是，依据功能对行业顶岗实习分类时，虽然可分为就业顶岗实习、支教顶岗实习和置换顶岗实习三种类型，但这三种实习模式并没有绝对意义上的界限，三种实习模式可能有重叠之处。

二、主题社会实践

主题社会实践就是基于一定的内容组织的实践活动，具有目的明确、针对性强、内容突出等优点。常见的大学生主题社会实践有主题交流实践、主题服务实践和主题社会调查三种类型。

① 李进才，邓传德，朱现平，等．高等教育教学评估词语释义 [M]．武汉：武汉大学出版社，2016: 129.

（一）主题交流实践

大学生主题交流实践通常有两种类型：校内主题交流实践和校外主题交流实践。校内主题交流实践包括校院之间、学院之间、专业之间以及学科之间的主题交流；校外主题交流实践包括学校与学校之间、学校与企业之间、学校与社会组织之间、学校与政府之间的主题交流。无论哪种形式，都离不开“交流”和“实践”两个主题。

关于主题交流实践中“交流”的实施，可以在实践活动开始之前，不同主体间彼此分享自己的社会实践经验，然后共同商讨实践地的选择、实践的流程、实践的安全措施等。当然，也可以在实践活动结束之后，彼此之间针对实践过程中的心得和感悟进行分享，并总结实践活动的成效。无论在实践开始之前交流，还是在实践结束之后交流，交流都是必不可少的，这样才能实现相互学习、共同进步的目的。

（二）主题服务实践

主题服务实践是指带有一定服务性质的主题实践活动，无论是为社会大众服务，还是为社会公共环境服务，都属于该活动类型的范畴。通过主题服务实践活动，不仅可以锻炼学生的能力，还可以增强大学生的社会责任感。例如，我校曾组织学生开展了“建设农产品品牌，助力乡村振兴”的社会实践活动。学生们在教师的带领下，走进了临海市“桃不了”生态基地，实践小分队在进行实地考察的基础上，开展了问卷调查工作，了解到“桃不了”品牌产品的推广仍旧存在一定的不足，如缺乏线上推广的渠道；没有建立健全品牌文化体系等。针对这些不足，实践小分队设计出“桃小圣”这一品牌吉祥物来深度刻画“桃不了”的品牌形象，同时动用了身边的资源，将锦绣黄桃的照片和其他衍生农产品的照片以及相关品牌信息发布到各社交平台，进行一定范围的宣传，让更多的人对该品牌有了一定的认知。在此次社会实践活动中，学生们得到了一个新的身份——新农人，他们凭借着自身的专业知识，为促进乡村产业振兴奉献了自己的一份力量，同时促进了自身社会实践能力的提升。

（三）主题社会调查

主题社会调查是指大学生在教师的指导下，基于前期准备的调查问卷（调查问卷见附录二），深入社会开展涉及社会、文化、经济、环境等方面的具体问题的一项社会实践活动，包括调查问卷设计、调查问卷发放、统计数据、分类整理、归纳总结等环节。社会调查是大学生了解社会的一个有效途径，也是锻炼大学生信息收集、信息整理等能力的一个有效途径。例如，我校曾组织学生开展过“拒做城市青年低头族”的问卷调查活动，旨在了解当代年轻人使用手机的情况，并以此来呼吁当代青年要减少对手机的依赖，去发现生活中更多健康有意义的活动。

在主题社会调查中，调查问卷的设计非常重要，这是确保社会调查活动有效开展的一个基础。关于调查问卷的设计，笔者认为问题设计是核心，而在问题的设计中，问题的语言、数量和顺序是三个需要学生关注的点。问题的语言要尽量简明，避免使用一些抽象的专业术语；问题的陈述要尽可能简短，避免出现调查者不愿意阅读问题的情况；问题的数量不能过多，通常以回答者在10分钟内完成为宜；问题的顺序应该是先易后难，开放式的问题要放到最后。表7-3是笔者针对大学生手机依赖性设计的一个调查问卷，可供参考。

表7-3　大学生手机依赖性调查问卷

<table>
<tr><td colspan="4">亲爱的同学：
你好，我们是×××，现在就大学生手机依赖性问题进行调查，十分感谢你能抽出宝贵的时间参与我们的调查。为了确保数据的有效性，请你认真回答以下问题。该问卷调查仅用于学术研究，我们将对你提供的信息采取严格的保密措施。十分感谢你的参与。</td></tr>
<tr><td>性别</td><td></td><td>年级</td><td></td></tr>
<tr><td colspan="4">1. 你是什么时候开始拥有手机的？（ ）
A. 初中　B. 高中　C. 大学

2. 你每天使用手机的时间大约有多长？（ ）
A. 一小时以内　B. 一到三小时　C. 三到五小时　D. 五小时以上

3. 你在睡觉前是否还会使用手机？（ ）
A. 是　B. 否

4. 你经常将手机带在身边吗？（ ）
A. 是　B. 否

5. 如果出门忘了带手机，你会？（ ）
A. 非常不安　B. 有点担心，但问题不大　C. 无所谓</td></tr>
</table>

续 表

6. 你平时上课时会玩手机吗？（ ） A. 经常玩　B. 偶尔玩　C. 感觉无聊时会玩　D. 从不 7. 在课下空闲时间或者感到无聊时，你会首先选择用手机进行消遣吗？（ ） A. 经常　B. 偶尔　C. 看情况　D. 从不 8. 你认为使用手机对你的学习和生活产生影响了吗？（ ）（可多选） A. 有帮助　B. 影响了学习　C. 降低了课余生活质量　D. 其他 9. 你是否产生过“我的铃声响了”的幻觉？（ ） A. 经常　B. 偶尔　C. 从不 10. 你是否有在微信、QQ 上侃侃而谈，但面对面时却无话可说的情况？（ ） A. 经常　B. 偶尔　C. 从不 11. 如果手机一段时间没响，你是否会感到不适并采取一些行动？（ ） A. 会，并立刻查看手机　B. 会，但不会查看手机　C. 不会，无所谓 12. 你对手机的认识是？（ ） A. 通信工具　B. 通信兼娱乐的设备　C. 其他 13. 假定你存在收集依赖，你觉得自己的程度是？（ ） A.0　B.1　C.2　D.3　E.4　F.5 14. 你是如何看待手机依赖的？ 再次感谢你的参与，祝你生活愉快！！！

三、个体社会实践

个体社会实践也是大学生参与社会实践的一个重要途径，主要包括兼职实践和创业实践两种类型。

（一）兼职实践

大学生兼职是我国高校中非常普遍的一种社会现象，这是一种有偿性的社会实践活动，能够在一定程度上缓解大学生的经济压力，同时还能促进学生综合能力的提升。兼职实践通常分为校内实践和校外实践两类，校内实践主要是由学校提供一些勤工俭学的岗位，如图书整理、楼道巡查、教师助理等；校外实践则比较复杂，有些是学校联系组织的，有些是大学生自己联系的，如家教服务、传单发放等。兼职实践丰富了大学生社会实践活动的形式，而且带有有偿的性质，对于一些家庭经济比较困难的大学生来说起到了非常好的帮助作用。需要注意的是，在大学生的兼职实践中，学校应做好两方面的工作：一方面是学生的安全，另一方面是学生的学习，避免为了兼职实践而危害学生身体健康以及耽误学生学习情况的出现。

（二）创业实践

相较于兼职实践而言，创业实践虽然不是那么普遍，但在大学校园中也并不少见。创业实践是大学生个体实践的一个重要类型，也是大学生创新创业教育中的重要一环。其实，对于大学生来说，他们掌握了专业的知识，而且借助校园这一平台能够获取比较丰富的创业资源，所以大学生具备开展创业实践活动的主观条件和客观条件。此外，大学生开展创业实践活动还是满足社会经济发展、满足大学生就业需求的一种体现。

当然，创业实践并不是一件简单的事情，为了保障大学生创业实践活动的顺利开展，高校应从如下两方面作出努力。

第一，做好大学生创新创业教育，推动高校创新创业教育良性发展。创业并不是“过家家”，它需要大学生具备一定的理论知识储备，还需要具有一定的实践操作能力，而创新创业教育课程的作用就是指导大学生掌握创业相关的一些理论知识和实践操作，从而为大学生的创业实践奠定坚实的基础。

第二，加强大学生创业实践基地的建设，为大学生创业实践活动的开展提供必要的场地支持。

总之，大学生创业实践活动虽然是以学生为主体，但学校仍旧要发挥引导和支持作用，从而培育更多知识型、应用型、创新型的适应社会发展需求的高素质人才。

第二节　大学生社会实践活动的功能

功能是指事物所能发挥的效能或作用。大学生社会实践活动作为高校教育体系中的一项重要内容，其功能可以从三个方面进行分析：基础功能、教育功能和创新功能。这三个方面的功能相互联系、相互促进，共同构成了大学生社会实践活动功能体系（图 7-2）。这三个功能既指向大学生社会实践能力的发展，也指向学生的全面发展。

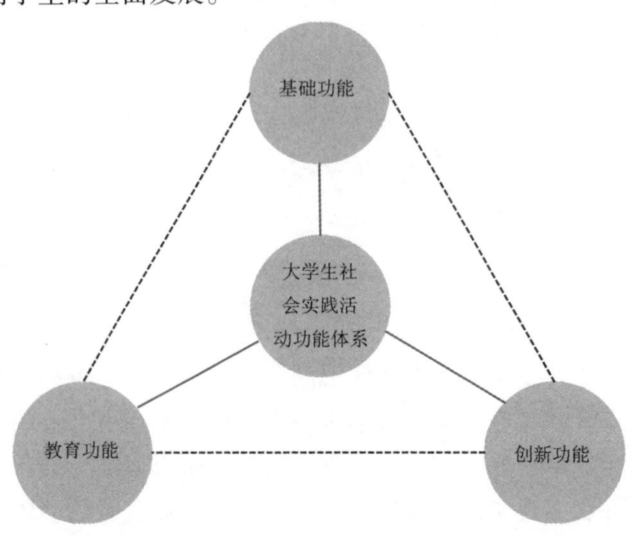

图 7-2　大学生社会实践活动功能体系

一、大学生社会实践活动的基础功能

基础功能是指事物最基础的功能。大学生社会实践活动的基础功能主要包括认知功能、拓展功能、检验功能和服务功能。

（一）认知功能

认知功能是指大学生在社会实践活动中通过亲身的参与，不断增强对社会的认知。大学生的身心发展虽然已初步成熟，但人生观、价值观却不稳定，仍旧具有一定的可塑性，而且大学生对社会的认知并不全面，这容易导致大学生用理想主义的眼光去看待社会的发展和建设。其实，社会发展和建设存在复杂性，其道路不可能总是一帆风顺的，不可避免会遇到挫折，而当遇到挫折时，大学生要做的不是怀疑、否定，而是要进一步坚定信心，并努力学习，以便在未来为社会主义事业的建设贡献自己的力量。

显然，通过社会实践活动，便可以增加大学生和社会接触的机会，让他们在实践中去看、去听、去问、去思考社会的真相以及人生的真谛，同时知晓党的方针和路线，从而在对社会的全面认知中树立正确的价值取向和奋斗目标。不可否认，大学生应具备一定的理想主义精神，但在此基础上，他们也应充分认识中国的国情，客观分析社会发展与建设过程中出现的各种得失，并正视各种问题和挫折，同时不断锻炼自身艰苦创业、吃苦耐劳的精神，最后增强自身的社会责任感和历史使命感。

（二）拓展功能

大学生社会实践活动的拓展功能主要体现在两个方面：知识的拓展和能力的拓展。

首先，是知识的拓展。当前，各高校理论知识体系的建设都是比较完善的，学生在理论知识的学习以及掌握上也能够达到一个比较好的效果，但在理论知识的运用上，效果并不理想。其实，很多知识并不能仅停留在理论层面，这样不仅会使知识的价值大打折扣，还不利于学生对知识的深入认知。而社会实践活动为学生理论知识的运用提供了一个途径，学生通过在社会实践活动中运用理论知识，对理论知识形成有了更加深入的认知，从而实现知识的拓展，同时，还能够促进学生实践操作能力的提升，可谓一举两得。

其次，是能力的拓展。社会实践活动除了能够促进学生实践操作能力的提升，还能够促进学生社会交往能力、组织管理能力、语言表达能力等多项能力的发展。现代社会对大学生能力的要求越来越高，仅具有某方面的能力很难满足社会发展对大学生的能力要求，而通过社会实践活动，无疑能够促进学生综合能力的发展，从而实现大学生全面发展和社会发展的和谐统一。

（三）检验功能

大学生社会实践的检验功能可以从学生和学校两个角度来阐述。

首先，从学生的角度来看，通过参与社会实践活动，可以检验他们所学的理论知识是否正确，检验他们对知识的掌握是否牢靠，检验他们是否能够将知识运用到实践操作中，然后结合反馈到的信息进行修正，从而使自己的知识结构更加合理。社会实践活动除了能够检验大学生的知识掌握情况，还能够检验大学生的能力发展情况，包括认知能力、组织管理能力、社会交往能力、语言表达能力等，并为学生能力的发展提供一个广阔的天地。

其次，从学校的角度来看，社会实践活动为学校提供了一个检验自身教育成效的途径。高校的育人目标是促进学生的全面发展，同时使学生满足社会发展的需要。显然，仅仅通过考试的方式并不能确定学生是否满足社会发展需要，而通过社会实践活动，高校便可以获得大量有益的反馈信息，在对反馈信息的分析中总结出当前教育模式的优缺点，然后予以调整和改革，从而促进高校育人质量的进一步提高。

（四）服务功能

大学生具备一定的科学文化知识和专业技能，这为其服务社会提供了客观条件，而社会实践活动的服务功能就体现在为大学生提供了一个服务社会的途径。其实，早在20世纪80年代，我国各高校就开始了大学生服务社会的实践活动，服务的对象包括中小企业、中小学校以及各种需要服务的社会组织，而通过社会服务实践活动的开展，不仅能强化大学生的市场意识，促进学生综合素质和综合能力的发展，还有助于增强大学生的社会责任感。

例如，我校的食品营养与检测专业曾开展过“食全食美”之蒲公英计划——让“食全食美小分队和你们聊聊怎样吃到安全的食品”系列暑期社会服务实践活动。活动以宣传食品安全与营养健康为目的，通过教师的专业特长，学生的专业学习，教、学与实践相结合，散播食品安全知识与健康生活理念。暑假期间，团队师生在浙江省杭州经济技术开发区、永康市方岩镇派溪村、桐乡市崇福镇南阳村、绍兴市嵊州市剡湖街道城隍坊社区及江西省凤林镇凤溪村等多地区开展了服务活动。服务对象包括对食品安全及营养知识极为渴求的学龄及学龄前儿童、老年人等。通过此次活动，我们像蒲公英的种子一般，将所学、所做进行了应用与推广，不仅起到了教学实践目的，更起到了公益宣传效果，让更多的人具备食品安全知识与健康生活理念。

二、大学生社会实践活动的教育功能

教育功能是大学生社会实践活动中最重要的一项功能，教育功能并不是笼统的、抽象的，而是一系列子功能的有机结合，主要包括认同功能、陶冶功能、塑造功能和辐射功能。

（一）认同功能

大学生社会实践活动的认同功能主要体现在两个方面：角色认同和社会规范认同。

首先，是角色认同。大一是大学生角色认同的关键期，因为该阶段是学生从高中生转变为大学生的开始阶段，如果大学生能够比较顺利地完成角色认同，实现从高中生身份向大学生身份的转变，便可以用相应的标准去要求自己，进而使自己大学四年的学习和生活顺利且有意义的展开。显然，社会实践活动便是一个促进大学生身份认同的有效途径。大学阶段，学生的学习压力相对较小，有更多的时间开展实践活动，在实践活动中，学生可以接触到很多课堂上接触不到的内容，这能够让学生深刻认识到大学学习生活与高中学习生活的不同，从而促使学生实现思维方式的转变以及角色身份的转变，进而为大学生四年学习生活的开始奠定良好的基础。

其次，是社会规范认同。社会规范指人们共同遵守的、规定在特定情境下人们应该采取适当行为的准则，它将复杂的社会生活维系在一种有序的状态下①。关于社会规范，虽然没有明文规定，但却是社会大众默认的一种准则，谁也不能破坏该准则，如果破坏了该准则，必然会受到社会大众的谴责。对于大学生来说，他们大部分的时间都是在校园中，虽然对于社会规范也有一些认知，但认知并不全面，导致认同感也不强。而通过社会实践活动，可以让大学生在亲身参与中体验到社会规范的重要性，并对社会规范中的一些价值观产生认同感。

（二）塑造功能

高校教育的一个功能就是使学生获得全面的发展，并将学生塑造成一个对社会发展有用的人才。社会实践活动作为传统课堂教学的重要补充，自然在大学生的塑造中发挥着重要的作用。比如，人的思想品德是在社会实践的基础上主客体因素相互作用、相互协调的产物。个体的品德总是在具体、真实的情境中，在处理人与社会、人与自然、人与人的过程中得以践行、体认与升华。学生群体共同参与社会实践活动的过程中，必然会形成心态上的共振，还可以培养合作精神、团队精神、奉献精神，增强道德自觉意识和意志力，完善人格的塑造和培养。同时，在社会实践活动中，可以使学生把丰富的感性经验和理论思维相结合，能陶冶情操、提升精神境界，培养良好的生活态度和精神面貌。

（三）陶冶功能

陶冶是指对人的思想和性格产生有益的影响。相较于塑造而言，陶冶更倾向于潜移默化的影响，追求的是一种“润物细无声”的效果。对于大学生来说，他们对教育的重要性有着深刻的认识，并且愿意接受教育，但现代大学生大多具有较强的个性，而且具有较强的自我意识，所以他们在内心深处对说教式的教育存在一定的抵触心理。因此，很多学者认为，针对大学生开展的教育活动应该将其教育性适当隐藏，避免直接的说教，而是通过一系列的活动去潜移默化地影响学生。

---

① 广播影视业务教育培训丛书编写组．广播电视综合知识[M].北京：中国国际广播出版社，2016：206.

显然，大学生实践活动便具有这种陶冶功能，有些社会实践活动虽然有着明确的主题，但并没有将教育的目的直接展示出来，而是隐藏在实践活动中。学生参与社会实践活动的过程，其实就是潜移默化地接受教育的过程。例如，我校曾组织过“寻工匠精神，品浙商文化”的社会实践活动，学生们利用暑假时间走访了一些具有工匠精神的匠人，深入了解了工匠精神背后的坚持与付出。比如，一个小分队参观了杭州工艺美术博物馆，并采访了馆内的一位大师——张新根，他是中国第一个在竹簧上刻字的人，并且将这件事坚持了一生，虽然只是刻字这样一件小事，但大师精益求精的工匠精神却让学生们大受震撼，并真切感受到什么是工匠精神。虽然只是一次短短的访谈，但却能够给学生们留下深刻的影响，并使其一生受益。

（四）辐射功能

和前文所述的几个教育功能不同，大学生社会实践活动的辐射功能指向的主体不是参与实践活动的大学生，而是那些没有参与实践活动的大学生以及校园外的人们。大学生社会实践活动的辐射功能主要体现在校内和社会两个层面。

首先，从学校层面来看，社会实践活动的开展能够影响那些没有参与到社会实践活动中的学生。对于大学生来说，他们大多具有较高的思想道德素养，但由于受到一些主客观条件的影响，缺乏参与社会实践活动的动力，而通过他人的影响，能够让这些学生看到社会实践活动的重要作用，从而提高他们参与社会实践活动的积极性。此外，社会实践活动的开展也有助于校园文化的建设。社会实践活动的开展能够促进学生综合素质和综合能力的提升，这对于校园文化建设本身就起到了支撑作用，再加上丰富多彩的社会实践活动，校园的氛围得以烘托，所以无论从哪个方面来看，社会实践活动对于校园文化的建设都会起到一定的推动作用。

其次，从社会层面来看，大学生虽然身处校园之中，但他们的一些行为所产生的影响同样会辐射到社会中，再加上社会实践活动本身就是在社会环境中实施的，所以对社会产生的辐射作用会更加明显。例如，笔者前文提到的“食全食美”之蒲公英计划——让“食全食美小分队和你们聊聊怎样吃到安全的食品”系列暑期社会服务实践活动，不仅是社会实践活动服务功能的一种体现，同时还体现了其对社会的辐射功能：通过本次活动，让更多的人具备了食品安全知识与健康生活理念。

三、大学生社会实践活动的创新功能

如今，大学生社会实践活动的形式和内容都在不断丰富，这不仅有助于大学生社会实践能力的发展，也能够满足大学生创新能力发展的需求。具体而言，大学生社会实践活动的创新功能主要体现在对学生探索精神和创新能力的发展上。

（一）有助于大学生探索精神的发展

探索精神是一种好奇与热爱、怀疑与理性思考、求真与证伪以及破旧立新的精神，是为了真理而顽强不懈、不畏艰辛，甚至为此而献身的决心和行动，是人们在科学活动中应该具有的意识和态度。探索精神是创新能力的一个重要基础，因为只有勤于探索、敢于探索、学会探索，才能够发现他人所不能发现的现象和规律。此外，学生探索精神的培育，对于学生深刻理解知识的内涵、锻炼意志、深入理解科学本质、培养科学精神等也发挥着十分重要的促进作用。在社会实践活动中，学生处于主导地位，他们需要自主进行探索，自主分析问题，自主解决问题，这对于学生探索精神的培育无疑起到了非常重要的作用。

（二）有助于大学生创新能力的发展

创新能力是运用知识和理论，在科学、艺术、技术和各种实践活动领域中不断提供具有经济价值、社会价值、生态价值的新思想、新理论、新方法和新发明的能力[①]。在培养学生探索精神的基础上，通过一些更具针对性的社会实践活动，可以进一步促进学生创新能力的发展。例如，我校在 2021 年承办了第二届“美丽嵊泗 你我助力”大学生创新创业大赛，大赛在杭州市高科技企业孵化园举行，属于一种专题性的社会实践活动，其专题就是“创新”，目的在于激发青年大学生创新创业活力。通过本次创新创业大赛，更多学生加深了对创业理念的了解，证明了自己的价值，激发了大学生创新创业的热情，增强了大学生的团队合作意识，营造了“鼓励创新、支持创业”的氛围。

① 杨京艳．点亮你的职业发展与就业梦想 [M]. 上海：上海交通大学出版社，2020: 93.

第三节　大学生社会实践活动的原则

要想提高大学生社会实践活动的质量，充分发挥大学生社会实践活动的育人功能，在组织和实施大学生社会实践活动时便需要遵循一定的原则。结合高校育人的指导思想和目标以及笔者对大学生社会实践活动的认知，笔者认为大学生社会实践活动的组织和实施应遵循的原则可以从一般性原则和特殊性原则两个角度进行思考，如图 7–3 所示。

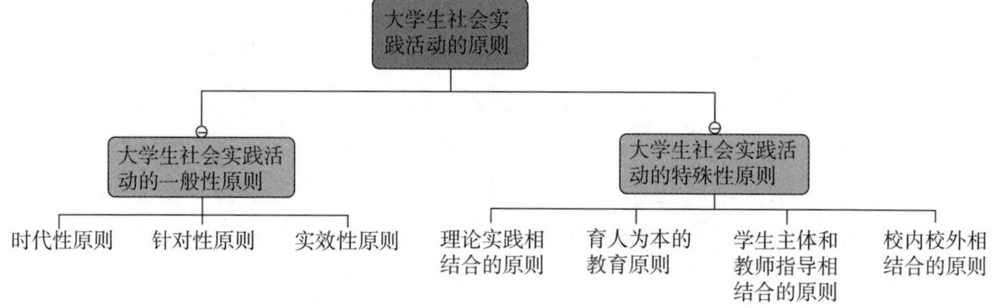

图 7–3　大学生社会实践活动的原则

一、大学生社会实践活动的一般性原则

（一）时代性原则

大学生社会实践活动要想取得一定的成效，并产生较大的社会影响，就需要与时代主旋律相融合，针对社会热点、难点组织实践活动，这样才能赋予实践活动新的活力，从而使其作用得到充分的发挥。比如，“中国梦”“乡村振兴”作为当前这个时代的热点话题，在组织社会实践活动时便可以围绕这些去组织，让学生深刻认识“中国梦”的重要性，并深入到美丽的乡村中，了解乡村振兴的“前因”“后果”，进而为中国社会主义事业的建设贡献自己的一份力量。

（二）针对性原则

大学生社会实践活动的针对性原则主要包括三个“针对”：针对本地特点、针对专业特点、针对学生特点。

1. 针对本地特点

大学生社会实践活动虽然对地域没有限制，但考虑到时间、经费等因素，社会实践活动大多都是在本地开展。因此，本地区的各种资源都可以为大学生社会实践活动服务。大学生可充分利用这一优势，深入了解本地经济、文化、历史等资源，并结合这些资源开展社会实践活动，从而最大限度地发挥本地资源的作用。

2. 针对专业特点

针对不同的专业，要设计不同类型的社会实践活动，既要与专业内容相匹配，也要与专业学习的进度相匹配。比如，师范生应偏向于教学方面的社会实践活动，农学生应偏向于农用技术等方面的社会实践活动，化学专业的学生应偏向于实验操作等方面的社会实践活动……总之，在组织社会实践活动时要注意从学生所学专业出发，做到专业对口，从而最大限度地促进学生专业素养的发展。

3. 针对学生特点

笔者在前文多次指出学生客观存在的差异性，这是教育工作者必须认识到的一点，而学生之间存在的差异性就决定了社会实践活动的开展要针对学生的特点。由于大学生数量较多，组织社会实践活动时很难关注到每一个学生的个性特点，此时教师应把选择权交给学生，让学生自主选择社会实践活动的方式和内容，这样既尊重了学生的选择权，也能够让学生结合自身特点选择合适的社会实践活动，可谓一举两得。

（三）实效性原则

从古至今，人们做任何事情都要讲求实际的效果，如果没有效果，那么做这件事的意义将会大打折扣。大学生社会实践活动也是如此，讲求其所取得的实际效果，包括学生在社会实践活动中获得的发展，社会实践活动对学校的积极影响，对社会的积极影响，等等。因此，大学生社会实践活动要多关注其实际效果，切忌流于形式，只注重社会实践活动数量的多少、声势是否浩大，这显然偏离了社会实践活动的初衷。

二、大学生社会实践活动的特殊性原则

（一）理论实践相结合的原则

理论对于实践具有重要的指导作用。首先，理论透过事物的现象抓住了

事物的本质，反映了事物的发展规律，人们通过理论纵观全局，并预见事物的发展趋势，进而指导自身实践的方向。其次，理论可以为人们提供科学的方法，让人们能够更加有效地开展社会实践活动。

由此可见，大学生社会实践活动虽然以实践为主，但实践并不是孤立存在的，它需要以理论为基础、为支撑，两者相辅相成，缺一不可。因此，大学生社会实践活动的开展应坚持理论和实践相结合的原则，用理论指导实践，以此来提高社会实践活动的效率。与此同时，在实践中检验理论、发展理论，从而最大限度地发挥社会实践活动的作用。

（二）育人为本的教育原则

育人为本是现代教育的灵魂和生命，也是现代教育的本质要求和价值诉求。所谓育人为本，就是现代教育不仅要关注学生当前的发展，更要关注学生长远的发展，关注学生的全面发展，同时，现代教育还需要和人的价值、人的幸福、人的需求、人的尊严等有机结合起来，以全面发展的广阔视野培育人才，以终身学习的精神塑造人才。大学生社会实践活动作为高校育人体系中的重要组成部分，自然也需要坚持育人为本的教育原则，从而造就满足时代发展需要的高素质人才。

（三）学生主体和教师指导相结合的原则

关于学生主体和教师指导相结合的原则，笔者在本书第一章第二节论述高校育人的原则时已经进行了阐述，虽然大学生社会实践活动和高校育人不是一个概念，但大学生社会实践活动是高校育人体系中的重要组成部分，所以两者有很多相通的地方。概括来说，教师是引导者、组织者，其职责在于引导、在于组织、在于服务，要时刻关注学生的社会实践情况，并及时提供引导和帮助；学生是主导者，其职责在于参与、在于亲身实践、在于自主探索，要在教师的引导下积极思考、认真反思，从而有所收获。通过教师和学生的有机结合，能够产生 1+1>2 的效果。

（四）校内校外相结合的原则

大学生社会实践活动的形式多种多样，但综合来看可概括为校内实践活动和校外实践活动两类。两类实践活动各有特点，所发挥的作用也不同，高校不能因偏重校内实践活动而忽视了校外实践活动，也不能因偏重校外实践活动而忽视了校内实践活动，而是要将校内校外实践活动有机结合起来。相较于校内实践活动而言，校外实践活动由于有更多的主体参与，所以相对复杂，这就需要高校给予更多的关注，以确保实践的效率。此外，当校外实践活动涉及一些企业和组织时，学校还应该秉承互利共赢的原则，不仅要使参与实践活动的学生受益，还要让参与实践活动的企业或社会组织受益，这样有助于校外实践活动的可持续发展。

第四节 大学生社会实践活动设计与实施

一、大学生社会实践活动设计

大学生社会实践活动的设计流程如下：社会实践活动项目选题、社会实践活动团队组建、社会实践活动方案编制，如图 7-4 所示。

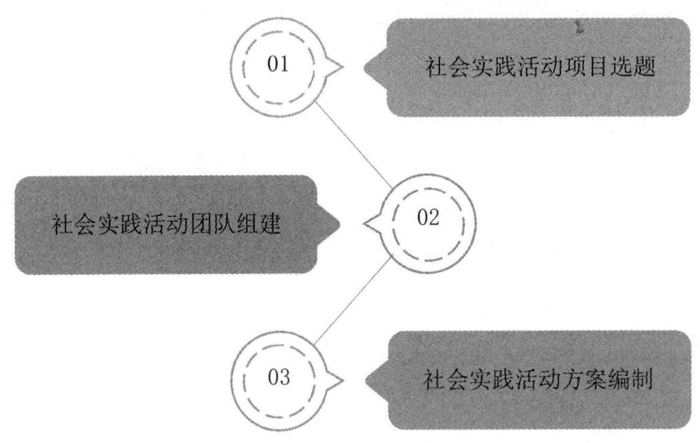

图 7-4 大学生社会实践活动设计的流程

（一）社会实践活动项目选题

大学生社会实践活动是一项系统性的活动，在具体实施前，首先需要做的就是确定社会实践活动的项目选题。如果项目选题存在问题，那么会在很大程度上影响社会实践活动的实施效果。在进行项目选题时，需要注意以下三点要求。

1. 科学选题的要求

大学生社会实践活动选题必须具备科学性，这是选题的一个根本要求。

所谓科学性，就是要以先进的科学理论为指导，运用科学的手法去确定社会实践活动的项目选题。具体而言，大学生社会实践活动的科学选题主要体现在如下三个方面。

（1）符合大学生身心发展特点

对于大学阶段的学生来说，有该阶段的身心发展特点，而且不同年级段学生的身心发展特点也存在差异。基于这一认识，在选题时，就需要充分考虑参与社会实践活动的大学生的身心发展特点，并选择那些符合大学生身心发展特点的选题。

（2）能够进行科学合理的质量评价

在社会实践活动中，效果评价是一个重要的环节，如果缺少了效果评价，那么社会实践活动的效果将很难得到保障。因此，在确定选题时，需要设计科学合理的质量评价标准，并能够依据评价标准进行科学合理的质量评价，从而用质量考核去保障社会实践活动的效益。

（3）需要包含有效的社会实践活动模式

社会实践活动模式设计的有效与否也会影响社会实践活动的效益。目前，常见的模式主要有主题社会调查模式、公益活动模式、勤工俭学模式、参观访问模式、模拟实践模式、义务支教模式、以就业创业为导向的职业训练模式等。在设计每一种模式时，需要考虑该模式包含的内容，同时明确社会实践活动实施的目标，从而确保社会实践活动模式的有效性。

2. 理论联系实际的要求

理论是实践的指导，社会实践活动的实施需要以理论为基本前提，这样才能更好地指导社会实践活动开展的方向，并通过社会实践活动加深学生对理论的认知。因此，在社会实践活动的选题过程中，教育工作者需要处理好理论知识和实践之间的关系，并在理论的指导下把教学和生活、直接经验和间接经验、观点和材料有机结合起来，从而提高社会实践活动的效益。

3. 选题创新的要求

大学生社会实践活动选题的范围很广，包括社会观察类、就业创业类、劳动服务类等。无论选择哪种类型的社会实践活动，在选题时应该尽可能做到创新性，设计出更符合新时代高校育人需求的新型社会实践模式。例如，面对乡村振兴这一宏大的主题，高校作为文化和人才的聚集地，应该肩负起乡村振兴的使命，结合乡村振兴设计一些相关的社会实践活动。

（二）社会实践活动团队组建

1. 社会实践活动团队组建的模式

社会实践活动团队组建的模式主要有两种：校内社会实践团队和校际社会实践团队。

（1）校内社会实践团队

校内社会实践团队是一种常见的团队组建模式。通常情况下，在开展社会实践活动时，会在本校组建社会实践团队，然后结合团队中学生日常的表现，甄选出优秀的学生作为队长（主要负责组织团队成员）。由于校内社会实践团队成员都是本校人员，所以在社会实践活动具体实施中，对队内人员的组织更加容易，这是校内社会实践团队的优势所在。

（2）校际社会实践团队

整合区域内高校的教学资源，建立区域高校联盟，是推动高等教育协同发展、资源共享以及合力满足学生需求的一项重要举措，也是弥补高校教学资源不足的一条有效途径。在社会实践活动中，通过区域内高校间的合作，也能够弥补高校社会实践活动资源不足的情况。因此，除了组建校内社会实践团队外，高校间也可以开展合作，结合彼此的资源优势，组建校际社会实践团队。

2. 社会实践活动团队组建中的注意事项

在组建社会实践活动团队时，无论是校内社会实践团队，还是校际社会实践团队，都需要注意如下两点事项。

（1）注意团队成员间的凝聚力

社会实践活动团队的凝聚力影响着团队成员间的合作，进而影响着社会实践活动的成效。因此，为了确保社会实践活动的成效，在组建社会实践活动团队时，教育工作者必须注意团队成员间的凝聚力。笔者认为，保证团队成员凝聚力的一个有效的方式就是使团队成员具有相同或相近的价值导向。但很多时候，教育工作者在组织社会实践活动时，却常常会忽视这一点，忽视学生的价值导向，这就容易导致学生以一种比较消极的状态投身于社会实践活动中，进而影响社会实践活动的成效。因此，在组建社会实践活动团队时，教育工作者需要以社会实践活动的选题为依据，然后遴选价值取向相同和相近的学生，组建一支具有相同价值观的学生团队，从而使团队能够团结一致地投身于社会实践活动中。

（2）注意教师的积极参与

在社会实践活动中，学生是实践的主体，学生应通过亲身的参与获得社会实践能力的提升。当然，在具体的实践中，学生不可避免会遇到一些棘手的问题，当学生不能通过自身努力解决问题的时候，教师应充分发挥其理论深厚、技术娴熟的优势，对学生进行必要的指导，引导学生逐步解决问题，并在解决问题的过程中获得能力的发展。

（三）社会实践活动方案编制

1. 社会实践活动方案编制的原则

在编制社会实践活动方案时，需要注意以下四点原则。

（1）针对性原则

社会实践活动方案编制的针对性主要体现在三个方面：针对国家的教育方针、针对教育部门的工作指示、针对本校的育人任务。首先，从宏观上要符合国家的教育方针，要以国家的教育方针为大的指导方向。其次，从中观上要针对教育部门的工作指示，进一步明确社会实践活动方案编制的方向。最后，从微观上要结合本校的实际情况，编制更具针对性的社会实践活动方案。

（2）目的性原则

通常情况下，没有目的，便没有方向，也容易没有成果。因此，在编制社会实践活动方案时，必须确立明确的目的，让教育工作者清楚通过社会实践活动应该达成怎样的目的，并能够将该目的通过一定的形式始终贯彻下去。

（3）可行性原则

可行性原则是指社会实践活动方案具有实施的可行性。在编制社会实践活动方案时，教育工作者不能为了创新而创新，也不能为了追求形式而忽视内容，导致社会实践活动失去实施的可行性，进而影响社会实践活动的成效。因此，社会实践活动方案必须具备可操作性，这样才能在具体实施过程中更好地发挥社会实践活动的作用。

（4）灵活性原则

在具体实施社会实践活动的过程中，客观的情况可能会发生变化，此时便要结合实际情况对社会实践活动方案进行修订。为了便于修订，在编制社会实践活动方案时，就需要遵守灵活性的原则，使编制的方案具有一定的弹性，以便于方案随着具体客观情况的变化而作出相应的调整。

2. 社会实践活动方案编制的步骤

社会实践活动方案的编制大致可分为四个步骤，如图 7–5 所示。

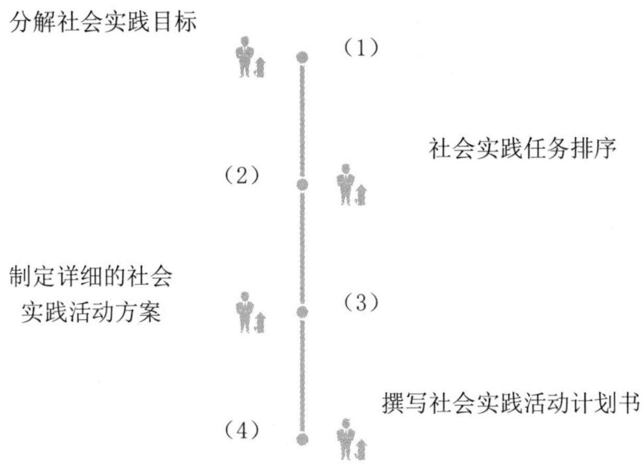

图 7-5　大学生社会实践活动方案编制的步骤

（1）分解社会实践目标

目标对一个人顺利完成某项活动具有重要作用。其主要表现为目标为人们的行为明确了方向，使人们充分了解自己的行为所产生的影响；可以让他们意识到什么是最重要的事情，有助于人们合理安排时间；可以清楚地评估每个行为的开展情况，对每个行为的效率作出积极正面的评价；可以提前预测结果，稳定成员的情绪，从而产生持续的信心、热情和动力。针对社会实践的目标，可依据其时间跨度和范围对目标进行分解，而分解后的目标能够为社会实践活动方案的编制提供明确的坐标，从而使方案的编制更具针对性。

（2）社会实践任务排序

分解后的社会实践目标通常对应着具体的工作任务，面对这些任务时，需要结合任务的轻重缓急对任务进行排序。比如，大学生在进行社会实践调研时，其任务排序应该为电话预约、查询路线、准备相关资料、拜访相关人员、撰写社会实践日志。当然，在具体的社会实践过程中，不同的社会实践活动有不同的人物，所以应结合社会实践的具体情况进行合理的排序。

（3）制定详细的社会实践活动方案

在对社会实践任务进行排序后，便可以结合具体任务制定更加详细的社会实践活动方案，该方案主要包括如下内容：①社会实践活动方案的名称；②社会实践活动背景；③社会实践活动的目的、目标和意义；④社会实践活动所需要的资源；⑤社会实践活动开展的具体内容（包括实施时间表、人员组织配置、社会实践活动对象、社会实践地点等）；⑥社会实践活动经费预算；⑦社会实践活动中应注意的事项和问题。

（4）撰写社会实践活动计划书

为了进一步确保社会实践活动的成效，还需要参与者撰写社会实践活动计划书，内容主要包括标题、正文和结尾三部分。

①标题

大学生社会实践活动计划书的标题一般有三种类型：全称标题、简称标题和文章式标题。

a. 全称标题

该类标题一般包含四项内容：计划制订的单位名称、计划实施时间、计划的主体内容和计划的类型。比如，《化学系 2021 年暑期大学生社会实践活动方案》便是一个全称标题。

b. 简称标题

该类标题是全称标题的缩写，省略的内容并不固定，可以省略单位，也可以省略时间。比如，《2021 年暑期大学生社会实践活动方案》便省略了计划实施的单位。

c. 文章式标题

该类标题通常是按照计划的要求或内容来制定的，比如，《组织社会实践活动，提升大学生社会实践能力》，如果计划还没有得到批准，则需要在标题的正下方或者后面标注其成熟度，如“讨论稿”“草案”等字样，然后加上圆括号。

②正文

大学生社会实践活动计划书的正文通常有两种写法：一种是常规写法；另一种是变项写法。常规写法一般按照“指导方针”“主要目标”“实施步骤”“政策措施”“要求”等几部分来写；变项写法则是依据实际的需要对项目进行增删，适用于特殊性的单项工作。需要注意的是，无论哪种写法，“主要目标”“实施步骤”“政策措施”这三项都是必不可少的。

正文通常由前言、主体和结语三部分构成。

a. 前言

前言是计划书的总纲，语言应简练、扼要，表达准确。前言的作用是回答项目“为什么做”和“能不能做”这两个问题。

b. 主体

主体是计划书的核心内容，需要做到任务明确、目的清楚、措施得力、时限明确等。

c. 结语

结语通常包括意见和希望两部分内容。需要注意的是，结语并不是必不可少的，有时也可以不写结语。

③结尾

结尾一般包含两部分内容：制订计划书的单位和计划书完成的日期。日期一般写在正文的右下方，主要包括年、月、日，如果有必要，结尾处也可加盖公章。

二、大学生社会实践活动实施

（一）大学生社会实践活动实施的总体流程

大学生社会实践活动实施的总体流程大致包含三个阶段，即项目计划与设计、活动实施与执行、活动总结，如图 7–6 所示。

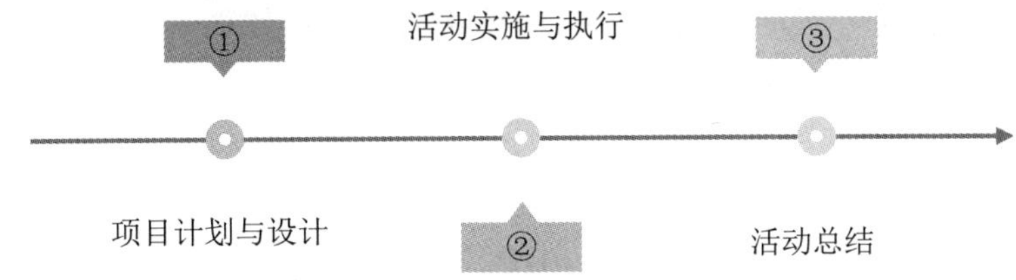

图 7–6　大学生社会实践活动实施的总体流程

1. 项目计划与设计

项目计划与设计是指根据项目的目标，设计主题和活动流程，提前将项目要开展的各项活动进行安排，确定行动方案，同时撰写一份予以指导、规范实践行为的计划书，以确保项目能够顺利完成。

（1）项目计划

项目计划大致分为如下四个阶段。

①社会实践活动目标的分解

根据社会实践活动目标的时间跨度与范围，将社会实践目标分解成几个小目标。

②社会实践任务排序

依据任务的轻重缓急，对社会实践活动的任务进行排序。

③确定社会实践活动方案

一般情况下，在设计社会实践活动方案时，可以围绕七个问题进行思考：

做什么？为什么做？谁去做？在哪里做？何时做？怎样做？需要什么资源？

④撰写社会实践活动计划书

相关内容笔者在上文已有论述，在此便不再赘述。

（2）活动设计

活动设计大致包含八个阶段。

①进行前期咨询

在设计社会实践活动之前，学生应向学校团委、各院系的社会实践指导教师进行咨询，了解社会实践活动相关的内容、流程等。

②确定社会实践活动主题

社会实践活动组织者（教育工作者或学生）根据学校提供的选题范围，结合学生专业、兴趣等初步确定社会实践活动的主题。在初步确认主题后，整个团队参与讨论，确定最终的主题。

③制定社会实践活动方案

社会实践活动方案应由团队中的人员共同制定（如果人员过多，可选出一些代表人员），制定完成之后，可以邀请专业的教师提出指导意见，并进行修改，确定最终方案。

④社会实践活动申请

向学校相关部门提交申请材料，申请开展社会实践活动。

⑤做好活动前的准备工作

在开展社会实践活动之前，需要再次确认社会实践活动路线、社会实践活动内容、社会实践活动中需要的装备、证件等。

⑥开展社会实践活动

根据活动方案开展社会实践活动，学生每天需要撰写社会实践活动日志。

⑦整理实践活动材料

在社会实践活动结束后，团队成员共同整理相关的材料，整理完后由团队的负责人撰写社会实践活动验收报告。

⑧提交验收材料

将整理后的社会实践材料以及验收报告等交送给学校的相关部门。

2. 活动实施与执行

通常情况下，大学生社会实践活动的实施与执行包含四个阶段：行前准备、活动的具体实施、方案调整和活动记录。

（1）行前准备

行前准备是指在实践活动具体实施之前要做好重组的准备，包括衣食住行的准备、相关方案的准备以及思想准备。

（2）活动的具体实施

在具体实施社会实践活动时，需要按照原定的计划开展，按部就班地实施。

（3）方案调整

通常情况下，社会实践活动方案在经过确认和批准后便不再进行修改，但有时会遇到一些特殊的情况，此时便需要结合实际情况对方案进行必要的调整。

（4）活动记录

在社会实践活动具体实施过程中，应做好活动记录，可以采用传统的纸质材料记录方式，也可以用录音笔、手机等进行记录。

3. 活动总结

在社会实践活动结束后，要及时进行资料整理、分析和总结，总结此次社会实践活动中存在的不足，为下一次社会实践活动的实施奠定基础。

（二）大学生社会实践活动实施的管理机制构建

要想有效提升大学生社会实践活动实施的效率，就需要构建合理的管理机制。具体而言，针对大学生社会实践活动实施的管理机制构建可以从如下四个方面作出思考。

1. 制定项目负责人责任制度

高校应要求各项目负责人切实加强组织领导，强化对项目运行的管理规范，制定《项目负责人管理规范》，加强对项目负责人的监管，包括对活动目标、活动要求、活动开展情况、人员上岗情况、突发事件处理等事务的监管。

2. 构建项目指导教师选拔与培训制度

教师在社会实践活动中发挥着至关重要的作用，所以高校需要结合社会实践活动的需要选拔优秀的教师，并对这些教师开展专业化的培训。在选拔指导教师时，应选择那些具备相关知识或具有专业背景的教师，这样能够使教师更快地肩负起指导学生的重任。针对指导教师的培训主要体现在两个方面：一方面是师德素养教育；另一方面是专业知识教育。师德素养是每一位教师都应具备的最核心的素养；而专业知识是指导学生社会实践的重要支撑，同样不可或缺。

3. 构建大学生人文关怀机制

大学生社会实践活动管理主要的服务对象应当是大学生。大学生社会实践活动管理应当回归学生本位，在开展相关管理工作的过程中，建立对大学生进行人文关怀的工作意识，并配套制定相应的关怀措施。比如，在社会实践活动开展初期，注重大学生自身的个性化选择，通过建立个人社会实践活动档案，以学生辅导员为抓手，切实了解大学生对于参与社会实践活动的实际意向与自身需求。

4. 构建社会组织参与的管理机制

大学生社会实践活动有时需要社会组织的参与，而作为大学生社会实践活动中的重要一员，社会组织不仅有辅助大学生开展社会实践活动的责任，还具有管理、监督大学生的责任。因此，在有社会组织参与的社会实践活动中，高校可以和社会组织共同构建管理制度，充分发挥社会组织监督、管理的作用，从而进一步保障大学生社会实践活动的成效。

（三）大学生社会实践活动实施中需要注意的问题

在大学生社会实践活动实施过程中，有一些问题需要注意，包括资金问题和进度调控问题。

1. 资金问题

资金问题涉及资金的筹集和使用，在筹集资金时，可以通过如下三个渠道。

第一，高校应扩大社会交流合作，与企业、社会组织等开展互利性质的社会实践活动。通过这些活动，高校可以获得部分资金的支持，而企业可以获得人才上的支持，从而实现双方互利互惠。

第二，高校应积极组织社会实践活动，以此来获得更多的资金支持。在组织社会实践活动时，高校可加强与政府、社会团体、民间组织、福利机构的联系，与他们共同开展社会实践活动，费用由这些机构承担，引导学生积极参与，使其从活动中获得锻炼和陶冶。

第三，社会实践活动可实行项目化运作的方式，以项目中的一些经费作为大学生社会实践活动的经费，以此来解决经费不足的问题。

在使用资金时，有如下三点需要注意。

第一，要确保专项资金专项使用，不将资金挪作他用，同时确保资金按时、足额到账。

第二，在发放资金时，可采取分批发放的方式。比如，在社会实践活动开始之前，先发放一半的活动资金，在该部分资金马上使用完时，发放剩余部分的资金。

第三，为明确每一笔资金支出的方向，需要为每一笔支出的资金开具发票，并注明经办人、用途，然后交给负责人管理。在社会实践活动结束后，要及时上交《活动收支明细表》。

2. 进度调控问题

大学生社会实践活动需要按照计划有步骤地实施，这样才能确保社会实践互动有序地进行，从而确保社会实践活动达到应用的成效。当然，在具体的实施中，不可避免会遇到一些突发事况，这就会影响社会实践活动实施的进度。面对这种情况，便需要社会实践活动负责人结合实际情况对进度进行调控，以确保社会实践活动能够有序地进行下去。

第五节　大学生社会实践活动的创新

大学生社会实践活动作为培育大学生社会实践能力的一个重要途径，只有结合时代发展以及教育发展要求不断创新，才能不断增强大学生社会实践活动的实效性。具体而言，大学生社会实践活动创新的路径主要体现在三个方面（图 7–7）。

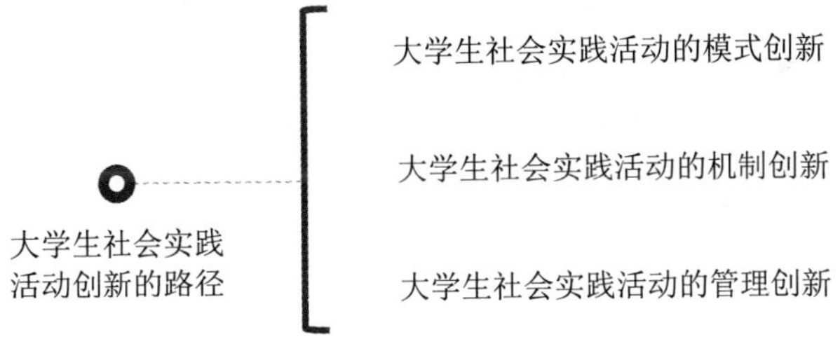

大学生社会实践活动创新的路径
- 大学生社会实践活动的模式创新
- 大学生社会实践活动的机制创新
- 大学生社会实践活动的管理创新

图 7–7　大学生社会实践活动创新的路径

一、大学生社会实践活动的模式创新

大学生社会实践活动模式是指在理论指导下构建起来的一个比较稳定规范的社会实践活动体系。实践模式是影响大学生社会实践活动的一个重要因素，所以针对实践模式进行创新非常有必要。

（一）大学生社会实践活动模式创新的主要形式

面对社会时代发展以及现代教育发展的需求，大学生社会实践活动的形式也需要不断创新，因此，高校领导以及各学院领导应加大对学生的鼓励和引导，让学生结合本校、本专业的特色，针对社会实践活动的形式进行大胆的探索和创新，从而不断丰富社会实践活动的形式。此外，高校还应该鼓励和引导学生深入到周边的乡镇，结合乡村振兴政策，开发一些新的社会实践活动形式，从而进一步扩大大学生社会实践活动的范围并提高其务实性。具体而言，大学生社会实践活动模式创新的主要形式有如下三种。

1.“同专业高中低年级混合”的社会实践活动形式

这种实践形式是将同一个专业不同层次的学生组合到一起，通常按照高（博士）、中（硕士）、低（本科）的方式进行组合，如果学校没有博士点和硕士点，可以按照年级高低的方式进行组合，如大一、大二、大三的学生组合到一起。这种组合方式有助于实现资源的共享以及不同层次学生间的优势互补，是一个值得尝试的创新方向。

2.“学生社团＋社区”的社会实践活动形式

这种实践形式通常以学生社团为活动的主体，通过深入社区的方式了解社会，并开展一系列的社会实践活动，如科学知识普及、文化传承、扶助老幼病残等。学生社团作为学生自发组织起来的一种非营利性的群众组织，是学生参与社会实践活动的一个重要平台，而通过“学生社团＋社区”的社会实践活动形式，可以进一步丰富学生社团活动的形式并提升活动的意义。

3.“学生＋家乡”的社会实践活动形式

当前，乡村振兴是我国社会发展的一个主题，而且就以往的社会实践活动经验来看，围绕乡村开展的社会实践活动相对较少，因此，“学生＋家乡”是大学生社会实践活动形式创新的一个方向。需要注意的是，此处的“家乡”并不是必要条件，虽然大学生对自己的家乡更加了解，能够更好地将所学专业和家乡发展需求联系起来，但有些学生由于离家乡较远，回到家乡开展社会实践活动并不现实，所以此处的家乡可以是自己的家乡，也可以是实践小队任意一人的家乡。

（二）大学生社会实践活动模式创新的具体措施

要想实现大学生社会实践活动模式的创新，必然需要结合创新的需求采取一些具体的措施。具体而言，大学生社会实践活动模式创新的措施主要包括如下四点。

1. 活动内容的专业化、多样化

社会实践活动内容是影响活动最终成效的一个重要因素，所以在设计活动内容时，应尽可能做到专业化和多样化。所谓专业化，就是活动设计要结合学生所学专业的特点，使学生的专业优势能够充分发挥出来，这样不仅有助于大学生社会实践能力的发展，还有助于大学生专业素养的发展。多样化就是大学生社会实践活动的内容丰富新颖、形式灵活多样，同时还具有较强的务实性，能够产生一定的成效。

2. 活动时间的日常化、集中化、长期化

活动时间的日常化就是要抓好日常的实践活动，让大学生在课余时间、双休日、节假日等都可以参与社会实践活动，从而使大学生社会实践活动成为一件和课程学习一样平常的事情。活动时间的集中化就是利用寒暑假等集中性的时间组织社会实践活动。相较于课余时间、双休日，寒暑假的时间更长，也更加集中，能够组织一些比较大型的社会实践活动。活动时间的长期化就是使社会实践活动贯穿学生大学生涯的始终，贯穿教育教学的全过程，这样才能形成一个完整的实践育人体系。

3. 社会实践活动的课程化、学分化

大学生社会实践活动虽然大多是在课堂外开展的，但却是高校育人体系的重要组成部分，对大学生的发展起着重要的作用。因此，大学生社会实践活动可以看作一项没有课程化的课程。虽然就外在形式来说，大学生社会实践活动没有课程化，但却可以将其纳入大学课程体系中，并纳入学生综合素质测评体系与学分体系中，以此进一步提高大学生参与社会实践活动的积极性。

4. 活动管理的全程化、全员化

活动管理的全程化就是抓好社会实践活动的每一个环节，包括征集方案、制订计划、申报立项、培训、安全预案、启动仪式、指导、检查、宣传、保障、总结、表彰等全过程。任何一个环节出现问题都可以影响社会实践活动的成效，所以为了保障大学生社会实践活动的成效，需要对每一个环节都予以一定的关注。当然，要实现活动管理的全程化存在较大的难度，而且也会在一定程度上束缚学生的手脚，所以在此基础上可以采取管理全员化的方式，即让每一个参与社会实践活动的学生都成为管理者，并赋予他们一定的权利，这样能够弥补管理全程化的一些不足，从而使活动管理的效率最大化。

二、大学生社会实践活动的机制创新

大学生社会实践活动机制是指能够推动大学生社会实践活动高效、优质运行并达到预期目标的一种机制。活动机制作为影响大学生社会实践活动成效的一个重要因素，对其进行创新非常有必要。具体而言，大学生社会实践活动机制的创新主要体现在如下两个方面。

（一）大学生社会实践活动运行机制创新

大学生社会实践活动运行机制的创新主要体现在三个“结合”上，这三个结合从不同的层面影响着大学生社会实践活动的运行，如图 7-8 所示。

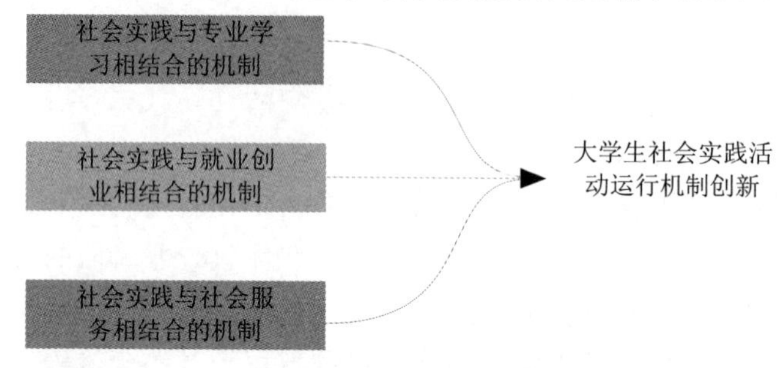

图 7-8　大学生社会实践活动运行机制创新的三个方面

1. 社会实践与专业学习相结合的机制

课程教学是高校的中心工作，而学习和掌握专业知识是学生学习的一个重要任务。社会实践活动作为高校课程教学的一个重要补充，虽然指向的是学生社会实践能力以及综合素质的发展，但同样应该对学生的专业学习产生积极的影响。因此，高校在组织社会实践活动时，应充分考虑学生专业学习的特点，开展专业性实践活动，使学生能学以致用，将课本知识应用到现实实践中，在服务社会、服务他人的过程中巩固专业知识，深化对专业理论知识的理解与掌握，为专业能力的提高搭建平台。

2. 社会实践与就业创业相结合的机制

大学生毕业后大多要走上就业创业的道路，为了使学生顺利完成身份的转变，高校在组织社会实践活动时可以将其与学生的就业创业联系起来，从而在提升学生社会实践能力的同时提高学生的就业竞争力，并为学生未来的创业打下一个良好的基础。比如，学校可以和当地的一些企业形成合作关系，依据“双向受益、互惠互利”的原则开展社会实践活动，让学生真正去到工作的一线，增进学生对就业的认知。

3. 社会实践与社会服务相结合的机制

作为新时代的大学生，应该具备较强的社会责任感和历史责任感，所以社会实践活动的组织应该和社会服务紧密联系起来，如卫生服务、文化服务、环境保护服务等。这些带有社会服务性质的社会实践活动虽然是无偿的，但其所产生的社会效益以及学生从中获得的成长却远远超过其经济价值，这一点是毋庸置疑的。

（二）大学生社会实践活动激励机制创新

激励机制是大学生社会实践活动系统有效运行的一个重要动力。当前，大学生社会实践活动激励机制在效度、激励强度、频度等方面存在一些问题，导致激励制度的效用没有得到充分的发挥。因此，针对大学生社会实践活动激励机制进行创新非常有必要。具体而言，大学生社会实践活动激励机制创新可以从如下三方面着手。

1. 形成有效的激励合力

在大学生社会实践活动中，应形成教育主管部门、各级共青团组织、高校、地方党委政府、企事业单位、新闻媒体共同支持、相互配合的局面和工作机制，这是形成激励合力的一个重要基础。在此基础上，再通过如下三个方面进一步促进激励合力的形成。第一，切实加强对大学生社会实践活动的组织，社会各界应为高校组织社会实践活动创造条件，提供便利。第二，着力形成党委统一领导，分管校领导具体领导，相关部门各司其职，共青团组织和院系组织实施的工作体系。第三，把大学生社会实践活动作为对高等学校办学质量和水平评估考核的重要指标，纳入高等学校党的建设和教育教学评估体系，激励高校重视大学生社会实践活动。

2. 综合运用激励办法

激励因素是指对人们积极性、主动性等起调动作用的因素[①]。对于大学生来说，激励因素的类型有很多，包括物质因素、文化因素、环境因素和精神因素等，而不同的激励因素对学生的激励作用也不同。因此，在制定激励制度时，高校应注意激励方法的综合运用，根据不同学生的特点和需求，采取不同的激励方法，从而最大限度提高激励的作用。

3. 注重激励的全过程性

大学生社会实践活动主要包括启动、实施和总结三个阶段，虽然实施阶段是核心，但启动和总结阶段也发挥着重要的作用，在这两个阶段同样应该采取适当的激励方法，使激励贯穿社会实践活动的整个过程。在启动阶段，应注意学生内驱力的激发，可通过鼓励、事前承诺等方式调动学生参与社会实践活动的积极性。在实施过程中，应注重物质激励与精神激励相结合、内在激励与

① 刘宪臣．领导学简明自学手册[M]．吉林：吉林人民出版社，1988: 84.

外在激励相结合、环境激励与情感激励相结合、个体激励与集体激励相结合等方式，以避免长时间单独使用一个方法而导致激励方法效力降低情况的出现。在总结阶段，对大学生实践成果进行及时、客观、公正、全面的评价，总结其中的不足和成果，对于取得较好成果的学生予以奖励，甚至可以树立典型，发挥示范带头的作用。

三、大学生社会实践活动的管理创新

为了充分发挥大学生社会实践活动的积极作用，助推大学生社会实践能力的提升，除了上述两个创新路径，还需要针对大学生社会实践活动的管理进行创新探索。关于活动管理的创新，笔者在前文提到了活动管理的全程化和全员化，这的确是活动管理创新的有效举措，但仅仅停留在这两个方面是远远不够的，高校还需要进一步开阔视野，探索更多新颖的管理模式。在此，笔者以PDCA管理循环模式为例，针对其在大学生社会实践活动管理中的创新运用做简要论述。

（一）PDCA管理循环模式简述

PDCA管理循环模式是一套科学化的管理体系，是由美国质量管理学家休哈特博士首先提出的。PDCA管理循环模式将质量管理分为四个阶段：计划（plan）、执行（do）、检查（check）、处理（action），而PDCA循环模式就是按照计划、执行、检查、处理四个阶段循环不止地进行全面质量管理的程序，如图7-9所示。每循环一次，质量就会提高一些。

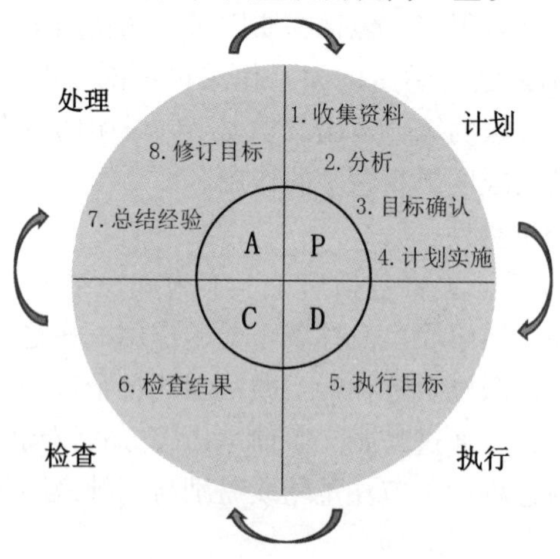

图7-9 PDCA管理循环模式示意图

（二）基于 PDCA 管理循环模式的大学生社会实践活动管理体系

结合大学生社会实践活动的特点，笔者将 PDCA 管理循环模式运用到大学生社会实践活动管理之中，形成了系统的管理体系，该体系也分为四个阶段，如图 7-10 所示。

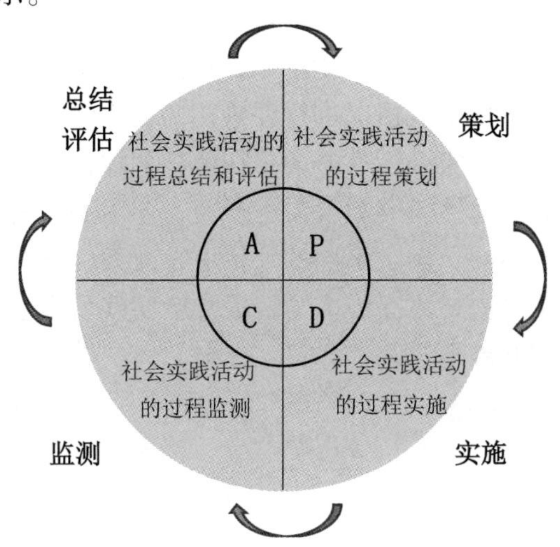

图 7-10　大学生社会实践活动的 PDCA 管理循环模式

1. 社会实践活动的过程策划（P）

在高校社会实践活动中，“过程策划”是首要环节，在很大程度上决定了社会实践活动能否顺利地开展和进行。因此，在高校社会实践活动管理中，必须加强对学生社会实践活动的组织策划，主要包括社会实践方案设计，主题确定的依据、原则、方法，社会实践活动的地点、时间和日程安排，社会实践活动的形式，参加人员及经费预算等。

2. 社会实践活动的过程实施（D）

“过程实施”是大学生社会实践活动的核心环节，也是活动管理的关键环节。该环节主要包括前期宣传、动员与培训；临行准备，涉及思想、知识技能、物资、身体承受力、经费等方面；资料收集；结束事项；返校总结；成果交流等。学生社会实践力的提升主要是在该环节实现的，所以加强该环节的管理非常有必要。

3. 社会实践活动的过程监测（C）

“过程监测”也是整个管理体系中的重要一环，但由于大学生社会实践活动的范围比较广泛，给学校的过程监测带来了一定的困难。因此，学校可以采取划片分区的方式，针对学生实践的区域进行划分，然后采取垂直管理的方式，对大学生社会实践团队进行指导、帮助。此外，为了保障学生的安全，学校管理者还需要建立应急预案，以便能够随时应对学生实践过程中出现的各种问题。

4. 社会实践的过程总结和评估（A）

“过程总结和评估”是社会实践活动的最后一个环节。在社会实践活动结束之后，学校应结合学生实践情况进行评价，并就整体实践情况反思成果和不足，以便进一步完善社会实践活动方案。在考核和评价中，尤其要注意区分实践研究的类型，针对描述性研究和解释性研究、学术型研究和应用性研究、定量研究和定性研究的不同，制定不同的评价考核方案，只有这样才有利于推动社会实践活动向纵深发展，不断提高学校的社会实践教育水平，使社会实践活动能够长期高质量地开展下去。

参考文献

一、经典著作和重要文献

[1] 马克思，恩格斯．马克思恩格斯全集（第 1–4 卷）[M]. 中共中央马克思恩格斯列宁斯大林著作编译局，译．北京：人民出版社，1995.

[2] 马克思，恩格斯．马克思恩格斯全集（第 42 卷）[M]. 中共中央马克思恩格斯列宁斯大林著作编译局，译．北京：人民出版社，2016.

[3] 马克思，恩格斯．马克思恩格斯选集（第 2、3 卷）[M]. 中共中央马克思恩格斯列宁斯大林著作编译局，译．北京：人民出版社，2012.

[4] 列宁．列宁选集（第 1–4 卷）[M]. 北京：人民出版社，1995.

[5] 毛泽东．毛泽东选集（第 1–4 卷）[M]. 北京：人民出版社，1991.

[6] 邓小平．邓小平文选（第 1–3 卷）[M]. 北京：人民出版社，1994.

[7] 中共中央文献编辑委员会．江泽民文选（第 1–3 卷）[M]. 北京：人民出版社，2006.

[8] 中共中央文献编辑委员会．胡锦涛文选（第 1–3 卷）[M]. 北京：人民出版社，2016.

[9] 中央宣传部，中央党史和文献研究院，中国外文局．习近平谈治国理政（第二卷）[M]. 北京：外文出版社，2017.

[10] 中央宣传部，中央党史和文献研究院，中国外文局．习近平谈治国理政（第三卷）[M]. 北京：外文出版社，2020.

[11] 中共中央宣传部．习近平总书记系列重要讲话读本 [M]. 北京：学习出版社，人民出版社，2014.

[12] 《十九大报告辅导读本》编写组．党的十九大报告辅导读本 [M]. 北京：人民出版社，2017.

[13] 中共中央宣传部．习近平新时代中国特色社会主义思想三十讲 [M]. 北京：学习出版社，2018.

二、政策文件类文献

[1] 教育部思想政治工作司组. 加强和改进大学生思想政治教育重要文献选编(1978—2014)[M]. 北京：知识产权出版社，2015.

[2] 教育部 . 中共中央国务院印发《关于加强和改进新形势下高校思想政治工作的意见》[N]. 人民日报，2017-2-28(1).

[3] 习近平 . 坚持中国特色社会主义教育发展道路 培养德智体美劳全面发展的社会主义建设者和接班人 [N]. 人民日报，2018-9-11(1).

[4] 习近平 . 把思想政治工作贯穿教育教学全过程 开创我国高等教育事业发展新局面 [N]. 人民日报，2016-12-09(1).

三、著作类

[1] 袁贵仁 . 马克思主义人学理论研究 [M]. 北京：北京师范大学出版社，2017.

[2] 张耀灿，郑永廷，吴潜涛，等 . 现代思想政治教育学 [M]. 北京：人民出版社，2006.

[3] 陈万柏，张耀灿 . 思想政治教育学原理 [M]. 北京：高等教育出版社，2001.

[4] 张耀灿 . 思想政治教育学原理 [M].3 版 . 北京：高等教育出版社，1999.

[5] 沈壮海 . 思想教育的文化视野 [M]. 北京：人民出版社，2005.

[6] 沈壮海 . 思想政治教育有效性研究 [M]. 武汉：武汉大学出版社，2001.

[7] 李斌雄 . 中国共产党的价值观研究 [M]. 北京：中国社会科学出版社，2003.

[8] 胡德海 . 教育学原理 [M]. 兰州：甘肃教育出版社，2008.

[9] 冯建军，周兴国，梁燕冰，等 . 教育哲学 [M]. 武汉：武汉大学出版社，2011.

[10] 方明. 陶行知名著精选 [M]. 北京：教育科学出版社，2006.

[11] 赵祥麟，王承绪 . 杜威教育名篇 [M]. 北京：教育科学出版社，2006.

[12] 苏霍姆林斯基 . 给教师的一百条建议 [M]. 天津：天津人民出版社，1981.

[13] 黄明安 . 全国高校育人环境建设研究 [M]. 北京：中国医药科技出版社，1998.

[14] 郝桂荣 . 高校文化育人研究 [M]. 沈阳：辽宁大学出版社，2018.

[15] 杜安国，何小梅 . 高校文化育人理念与实践 [M]. 广州：广东高等教育出版社，2019.

[16] 蒋达勇 . 广东高校组织育人工作研究 [M]. 广州：广东高等教育出版社，2020.

[17] 万超，周探伟，慈继豪．高校大学生社会实践与创新能力培育[M]. 长春：吉林人民出版社，2021.

[18] 朱芳转．新时代高校大学生社会能力提升研究实践[M]. 北京：科学技术文献出版社，2020.

[19] 刘锦鑫，杜爽，袁娜．大学生社会实践能力研究[M]. 哈尔滨：东北林业大学出版社，2018.

[20] 郑畅，李俊．社会调查与社会实践[M]. 武汉：湖北科学技术出版社，2008.

四、期刊类

[1] 习近平．深入实施新时代人才强国战略 加快建设世界重要人才中心和创新高地[J]. 求是，2021(24): 4-16.

[2] 靳玉乐．新时代高校教师一般育人能力探讨[J]. 高校教育管理，2021，15(4): 1-12.

[3] 刘书林．新时代高校实践育人功能研究的一部力作——评张红霞新著《文化多样化背景下大学生志愿服务育人功能研究》[J]. 思想教育研究，2021(5): 158.

[4] 潘春玲．新形势下高校志愿服务育人功能的作用机理及实现路径[J]. 思想教育研究，2021(3): 126-130.

[5] 闫研．自媒体视域下高校“三全育人”工作策略研究[J]. 思想教育研究，2021(3): 140-144.

[6] 王成端，程碧英，曾宪文．应用型本科高校“四圆同心”育人机制研究与实践[J]. 中国大学教学，2020(5): 26-31.

[7] 滕利荣，孟庆繁，王贞佐，等．构建高校与社会协同实践育人新模式[J]. 中国大学教学，2012(7): 74-75.

[8] 史龙鳞，陈佳俊．新时代高校学生社区协同育人的机制研究——基于浙江大学“一站式”学生社区综合管理模式的观察[J]. 思想教育研究，2021(3): 149-154.

[9] 罗莎，熊晓琳．新时代高校文化育人实现理路探赜[J]. 思想教育研究，2020(4): 135-139.

[10] 武贵龙．高校“三全育人”综合改革试点工作的探索与实践——以北京科技大学为例[J]. 思想教育研究，2020(4): 144-148.

[11] 李薇薇 . 高校社会实践育人体系构建的路径选择 [J]. 中国高等教育，2021(9): 58-59.

[12] 尹冬梅 . 用劳动教育新要求指引高校实践育人 [J]. 中国高等教育，2021(5): 27-29.

[13] 李昕 . 营造“三全育人”生态圈：高校思政工作“新三同”的理念与实践 [J]. 中国高等教育，2020(17): 24-26.

[14] 杜玉波 . 推动制度化常态化科学化 不断开创实践育人工作新局面 [J]. 中国高等教育，2014(19): 4-6.

[15] 刘教民 . 构建高校社会实践育人新模式的实践与思考 [J]. 中国高等教育，2014(19): 17-20.

[16] 李永琢 . 高校辅导员与专业课教师协同育人机制研究 [J]. 时代农机，2019, 46(8): 126, 128.

[17] 白玲 . 新形势下高校“三全育人”机制构建及路径优化 [J]. 黄冈职业技术学院学报，2019, 21(4): 38-43.

[18] 胡媛 . 新媒体环境下高校学生党建与大学生思政教育协同育人机制探讨 [J]. 学园，2019, 12(13): 91-92.

[19] 王果，柳玉 . 产教融合背景下高校育人机制创新与实践——以长沙学院动画专业为例 [J]. 艺海，2019(3): 95-97.

[20] 李丁霞，马栋林，孙伟国 . 高校基于易班网络平台的育人机制研究 [J]. 教育现代化，2019, 6(5): 25-27.

[21] 谢腾云 . 高校大学生社会实践能力培养研究 [J]. 文学教育（下）, 2020(9): 124-125.

[22] 叶灵云 . 民办高校大学生社会实践能力培养研究 [J]. 产业科技创新，2020, 2(12): 123-124.

[23] 李婉娴，周新成，谢林武，等 . 大学生社会实践能力提升研究——以浈江区行政服务中心实践教学基地为例 [J]. 经济研究导刊，2020(10): 127-129.

[24] 靳闯 . 高校大学生社会实践能力培养探析——以营销专业学生为例 [J]. 营销界，2019(52): 291-292.

[25] 蒋飞 . 浅析当前经济环境下高校大学生社会实践能力的提升路径 [J]. 现代营销（信息版）, 2019(12): 184-185.

[26] 袁婷婷 . 人本理念与高校资助育人机制探究 [J]. 山西青年，2018(20): 237.

[27] 黄珊．立德树人视域下高校完善“三全育人”机制途径的研究[J]. 农家参谋，2018(20): 164.

[28] 贾如．探析高校构建“三全育人”机制的具体实施路径[J]. 和田师范专科学校学报，2018, 37(5): 58-61.

[29] 黄洪梅．高校辅导员与班主任协同育人机制研究[J]. 开封教育学院学报，2018, 38(9): 113-114.

[30] 龚文琴，李敬辉，何振鹏．应用型高校辅导员与思政、专业课教师三位一体协同育人机制研究[J]. 教育现代化，2018, 5(38): 292-293.

[31] 张莉．高校大学生社会实践能力的培养[J]. 西部素质教育，2019, 5(11): 69, 71.

[32] 易雯静，路良刚，张振．高校“全程导学制”育人机制的研究与实践[J]. 南昌教育学院学报，2018, 33(4): 92-94.

[33] 杜岳青，李俊．新时代大学生社会实践能力培养创新研究[J]. 现代商贸工业，2019, 40(26): 109-110.

[34] 朱新文，吴伟萍，林雪．“互联网+”时代下大学生社会实践能力提升路径研究[J]. 科学大众(科学教育), 2019(3): 140-141.

[35] 宋玉静．高校思想政治教育协同育人机制研究[J]. 鞍山师范学院学报，2018, 20(1): 85-88.

[36] 刘恩泽．浅谈高校大学生社会实践能力的培养[J]. 家庭生活指南，2018(9): 60.

[37] 胡伊雯．探究思政教育专业大学生社会实践能力培养[J]. 报刊荟萃，2018(9): 149.

[38] 陈远宏，庄一民．高校导师团协同育人机制的创新实践路径——以黎明大学为例[J]. 延安职业技术学院学报，2017, 31(3): 43-47.

[39] 辛屾淼，薛海．高校“思政课教师—辅导员合力”下的协同育人机制探析[J]. 湖北函授大学学报，2017, 30(8): 85-86, 89.

[40] 牛晓琳．探析新时期社会主义核心价值观下的高校育人机制[J]. 教育教学论坛，2016(38): 35-36.

[41] 唐军，熊艳．新时期高校育人机制探索与尝试研究[J]. 亚太教育，2016(23): 21.

[42] 胡银平，宋艳华．高校思政课教师与辅导员合力育人机制建立研究[J]. 晋城职业技术学院学报，2016, 9(2): 5-8.

[43] 徐明霞，张娜，栗红侠．大学生社会实践能力状况调查分析与对策研究——以辽宁省医学院校为例[J]. 传承，2016(3): 98-99.

[44] 金鑫．培养和提高大学生社会实践能力的方法和途径[J]. 中外企业家，2015(35): 153-154.

[45] 薛钰．大学生社会实践能力欠缺的问题分析及对策[J]. 学园，2018, 11(11): 183, 189.

[46] 赵杨．应用型本科院校大学生社会实践能力创新研究[J]. 农村经济与科技，2017, 28(24): 197-198.

[47] 靳朝南．培养和提高当代大学生社会实践能力的研究[J]. 现代职业教育，2017(7): 112.

[48] 向小兵．校企合作模式下高校艺术专业大学生社会实践能力培养研究探讨[J]. 电脑迷，2016(11): 190-191.

[49] 常珊珊．大学生社会实践能力培养策略探析[J]. 现代交际，2016(12): 227-228.

[50] 刘川生．高校实践育人工作有效机制研究[J]. 思想理论教育导刊，2016(12): 119-124.

[51] 石贵舟．高校实践育人机制创新研究[J]. 教育与职业，2016(4): 37-40.

[52] 魏巍．论大学生社会实践知行模式的链接[J]. 学校党建与思想教育，2012(3): 76-77.

[53] 骆郁廷，史姗姗．论马克思主义实践育人的德育思想及其现实价值[J]. 马克思主义研究，2013(10): 136-145.

五、学位论文类

[1] 赵洁．习近平“立德树人”教育观研究[D]. 乌鲁木齐：新疆师范大学，2021.

[2] 石莹．先秦儒家君子人格思想融入大学生道德教育研究[D]. 成都：西南交通大学，2020.

[3] 施春梅．新时期大学生思想政治教育认知结构研究[D]. 长春：东北师范大学，2021.

[4] 王忠．大学生思想政治教育实践育人机制创新研究[D]. 长春：东北师范大学，2016.

[5] 胡新峰．大学生思想政治教育机制研究[D]. 长春：东北师范大学，2014.

[6] 曾昭皓．德育动力机制研究[D]. 西安：陕西师范大学，2012.

[7] 呼和．大学生社会实践育人机理及运行机制研究[D]. 北京：北京科技大学，2018.

[8] 蔡毅强．高校立德树人系统化运行机制研究[D]. 福州：福建师范大学，2020.

[9] 董晶．高校人文性与科学性的立德树人模式研究[D]. 南京：南京财经大学，2014.

[10] 周明星．“00后”大学生中国特色社会主义文化自信培育研究[D]. 成都：西南交通大学，2020.

附　件

附件一　企业人才需求调查问卷

<table>
<tr><td colspan="4">你好：
我们是浙江经贸职业技术学院的教师和学生，为了贯彻“以社会需求为导向”的人才培养理念，掌握当前社会对人才的需求情况，我们开展了此次问卷调查活动。贵企业在人才招聘、人才需求、人才培养等方面的经验将为我校人才培养提供宝贵的意见。在此感谢贵公司的支持。
说明：此次调查的信息仅用于学术研究，没有任何商业用途，所有数据都会保密。</td></tr>
<tr><td>企业行业</td><td></td><td>企业名称</td><td></td></tr>
<tr><td colspan="4">1. 贵公司的性质是（　　）
A. 国有企业　B. 三资企业　C. 民营企业　D. 其他

2. 贵公司招聘人才的渠道有哪些（　　）（可多选）
A. 到学校专场招聘　B. 参加学校招聘会　C. 参加社会招聘会
D. 去人才市场招聘　E. 企业内部员工推荐　F. 利用互联网等媒体发布信息
G. 其他

3. 贵公司在招聘时更看重哪些品质和能力（　　）（可多选）
A. 职业道德　B. 专业技能　C. 道德修养　D. 学习能力
E. 协同组织能力　F. 表达交流能力　G. 创新能力　H. 分析能力
I. 其他</td></tr>
</table>

续 表

4. 贵公司试用期人员没有通过试用期的主要原因是（　　）
A. 工作态度不端正　　B. 缺乏职业道德　C. 个人道德修养不够
D. 实践操作能力较差　E. 没有协作精神　F. 其他

5. 贵公司认为现阶段毕业生存在哪些缺点（　　）（可多选）
A. 理论知识掌握较好，但缺乏实践操作能力
B. 吃苦耐劳精神欠缺
C. 心浮气躁，对自身认识不足
D. 缺乏创新能力
E. 学习态度消极，不能主动提升自己
F. 其他

6. 贵公司认为大学生最需要提高哪些方面的能力（　　）（可多选）
A. 专业知识和技能　B. 职业道德　C. 心理素质　D. 合作能力
E. 实践经验　　　　F. 综合素质　G. 责任感　　H. 其他

7. 贵公司认为毕业生的学习成绩和实际工作中表现出的能力的相关程度为（　　）
A.80% 以上（学习成绩好，工作能力也强）
B.60% ～ 80%（学习成绩好，工作能力基本也比较强）
C.40% ～ 60%（学习成绩好，工作能力不一定强）
D.40% 以下（学习成绩和工作能力相关性弱，仅作为参考）

8. 贵公司认为高校毕业生所取得的证书和能力的相关程度为（　　）
A.80% 以上　B.60% ～ 80%　C.40% ～ 60%　D.40% 以下

9. 贵公司认为大学生就业难的主要因素是（　　）
A. 大学生专业知识和专业技能掌握程度较低
B. 大学生对企业的岗位认知不足
C. 大学生对社会的认知不足
D. 大学生综合能力不足

10. 结合贵公司的情况，请说出大学生表现最好和表现最差的方面（各选 3 个），表现最好的方面是（　　），表现最差的方面是（　　）
A. 专业知识　B. 研究能力　C. 实践操作能力　D. 创新能力
E. 团队合作　F. 组织协调　G. 敬业精神　　　H. 人际交往
I. 人文素养　J. 心理素质　K. 分析和解决问题的能力
L. 发展潜力　M. 其他

续 表

11. 贵公司认为大学生应该在哪些方面加强培育或训练（　　）（可多选） A. 团队合作能力　B. 吃苦耐劳精神　C. 专业知识和专业技能 D. 沟通能力　E. 心理素质　F. 求职礼仪 G. 创业知识　H. 资格认证培训　I. 企业管理知识培训 J. 其他 12. 贵公司认为毕业生在到达岗位后大约多久能够适应岗位？大学生的岗位不适主要表现在哪些方面？ 13. 贵公司是如何理解“就业竞争力”一词的，你认为哪些能力可以提升大学生的就业竞争力？ 14. 贵公司对当前高校人才培养有哪些建议？ 你有什么想说的话可以在本问卷的空白处写明。 最后，再次感谢贵公司的支持。

附件二　大学生社会实践调查问卷

<table>
<tr><td colspan="4">你好：
为进一步了解当前大学生社会实践活动情况，更好地提升大学生社会实践活动能力，特开展此项调查活动，希望你能客观、如实作答。在此，感谢你的配合与支持。
说明：此次调查的信息仅用于学术研究，没有任何商业用途，所有数据都会保密。</td></tr>
<tr><td>性别</td><td></td><td>年级</td><td></td></tr>
<tr><td colspan="4">1. 你所学的专业是（　　）
A. 理工农医　B. 文史哲　C. 经管　D. 艺术　E. 其他

2. 你们学校或学院经常组织社会实践活动吗（　　）
A. 经常　B. 偶尔　C. 很少　D. 从不组织</td></tr>
</table>

续 表

3. 你认为学校或者学院应该经常组织社会实践活动吗（　　） A. 应该经常组织　B. 偶尔组织即可　C. 不需要组织　D. 无所谓
4. 你们学校通常由谁负责组织社会实践活动（　　） A. 学校团委、学生会　B. 学生工作部　C. 学院 D. 班级　E. 学生社团　F. 其他部门
5. 你们学校的社会实践活动内容和形式是否丰富（　　） A. 非常丰富，能够满足我们的需求 B. 一般，通常都是按照要求展开 C. 内容和形式都比较单一，没有新意
6. 你们学校组织的社会实践活动有哪些类型（　　）（可多选） A. 志愿服务类　B. 思想教育类　C. 文体艺术类　D. 社会实践类 E. 技能培养类　F. 科技创新类　G. 就业创业类　H. 其他
7. 上述几种实践活动类型你喜欢参与哪种（　　）（可多选） A. 志愿服务类　B. 思想教育类　C. 文体艺术类　D. 社会实践类 E. 技能培养类　F. 科技创新类　G. 就业创业类　H. 其他
8. 你大约多久参与一次社会实践活动（　　） A. 一周　B. 半个月　C. 一个月　D. 三个月 E. 半年　F. 一年　G. 从不
9. 你认为参与社会实践活动的价值是什么（　　）（可多选） A. 提升综合素质和综合能力　B. 开阔视野、增长见识 C. 增强集体观念　D. 锻炼人际交往能力 E. 其他　F. 没有收获
10. 你身边的同学在课余时间都做些什么（　　）（可多选） A. 学习、读书　B. 考证书　C. 运动健身 D. 发展兴趣爱好　E. 参与社会实践活动 F. 娱乐、休息　G. 玩手机　H. 聚会、购物 I. 看剧、看小说　J. 打游戏　K. 打工兼职 L. 其他
11. 你们学校组织的社会实践活动能够满足学生的需求吗（　　） A. 能够满足　B. 有时能　C. 不能

续 表

12. 你们学校组织的社会实践活动创新性高吗（ ） A. 很高 B. 一般 C. 不高 13. 你们学校的教育工作者经常对学生参与的社会实践活动进行指导吗（ ） A. 经常 B. 偶尔 C. 从不 14. 你们学校的学生参与社会实践活动的积极性如何（ ） A. 很高 B. 较高 C. 一般 D. 很低 15. 你身边同学参与社会实践活动的主要目的是什么（ ） A. 提升综合素质与能力 B. 开阔视野 C. 发展兴趣爱好 D. 迫于学校要求 E. 其他 16. 如果学生参与社会实践活动的积极性不高，你认为可能是哪些原因导致的（ ）（可多选） A. 学生集体意识淡薄 B. 实践活动不能满足学生的需求，也不能引起学生的兴趣 C. 实践活动缺乏创新性 D. 实践活动对于学生能力素质的锻炼起不到很好的效果 E. 活动宣传不到位，学生不了解 F. 学生缺乏自信，不愿意表现自己 G. 学生不愿意让集体活动约束自己 H. 其他 17. 如果学校社会实践活动的质量不高，你认为是哪些原因导致的（ ）（可多选） A. 活动经费没有保障 B. 活动基地建设不到位 C. 缺乏有效的激励机制 D. 活动内容和形式缺乏新意 E. 其他因素 18. 你认为可以采取哪些措施提高大学生参与社会实践活动的积极性（ ）（可多选） A. 加强学生思想教育，让学生认识到社会实践活动的重要性 B. 加大对社会实践活动的宣传力度，让更多的学生充分了解社会实践活动的主题和意义 C. 丰富实践活动的形式和内容 D. 健全实践活动的激励制度，并针对学生的活动情况予以科学的评价 E. 充分了解学生情况，结合学生实际设计组织社会实践活动 F. 其他

续 表

19. 你认为社会实践能力包括哪些能力（ ）（可多选）
A. 道德能力 B. 宏思维能力 C. 组织能力
D. 学习能力 E. 适应能力 F. 沟通能力
G. 合作能力 H. 思辨能力 I. 创新能力
J. 发展能力 K. 自律能力 L. 生存能力
M. 领导能力 N. 其他能力

20. 你通常通过什么途径提升自己的社会实践能力（ ）（可多选）
A. 参与社会实践活动 B. 参与专业技能培训
C. 阅读相关书籍 D. 参与素质拓展活动
E. 参与社团活动 F. 打工、兼职
G. 其他

21. 你认为影响大学生社会实践能力培养的主要因素有哪些（ ）(可多选)
A. 国家的重视 B. 社会的支持 C. 高校的培养
D. 家庭的保障 E. 个人的努力 F. 其他

22. 你认为大学生可以通过哪些途径提升自己的社会实践能力（ ）
A. 多学习社会实践相关的理论知识，丰富自己的认知
B. 积极参与社会实践活动，在亲身实践中提升自己的能力
C. 积极参与拓展训练，开阔自己的视野
D. 积极参与校园活动，有意识地提升自己的社会实践能力
E. 积极吸收和提炼社会实践成果，为自己所用
F. 其他

23. 对于如何提升大学生的社会实践能力，你还有哪些宝贵的建议和想法?

再次感谢你的支持与配合！！！